창업에서 중견기업까지

– 실무중심으로 –

안양대학교 석호삼 교수/공학박사 지음

➤ 국내 기업 중 5년 생존율 1위 '제조업' 39.9%
➤ 음식숙박업, 10곳 중 2곳만 살아남아
➤ OECD 창업기업 5년 생존율 평균 41.7%

국내 창업기업 10곳 중 7곳은 창업 후 채 5년을 넘기지 못하고 문을 닫는 것으로 나타났다.

2020년 10월 09일 국감 중소벤처기업부로부터 제출받은 '창업기업 생존률 현황' 자료에 따르면, 국내 창업기업의 5년차 생존율은 29.2%로 집계됐다. OECD 주요국 창업기업 5년 생존율 41.7%에 비하면 상당히 낮은 수준이다.

창업기업 중 5년차 폐업률이 가장 높은 업종은 예술·스포츠·여가서비스업(헬스장, 실내경기장 등)으로 81.6%에 달했다. 숙박·음식점업은 80.9%, 도·소매업은 74.0%, 청소·경호·여행사 등 사업지원 서비스업은 73.7% 순으로 집계됐다. 국내 업종 중 5년차 생존율이 가장 높은 업종은 제조업이었다. 그러나 5년 생존율은 39.9%에 그쳤다.

OECD 주요국의 5년차 생존률은 평균 41.7%로 국가별로는 프랑스가 48.2%로 가장 높았으며, 영국 43.6%, 이탈리아 41.8%, 스페인 39.7%, 독일 38.6%, 핀란드 38.5%가 뒤를 이었다.

우리나라 창업기업의 생존율은 경제협력개발기구(OECD) 주요국에 비해 턱없이 낮으며 업종간 편차도 크고 그래서 "생계형 창업보다는 기술기반 창업을 확대할 수 있는 정책적 기반 마련이 필요하다"

위와 같이 창업으로 성공하기가 쉽지 않은 일이므로 생존율 높이기 위해서 서울지방중소벤처기업청 비즈니스지원단 창업/벤처 분야, 전문상담위원으로 근무한 경험으로 창업에서 중견기업까지 책**(개정5판)**을 출판하게 되었습니다. 이 책을 읽는 독자분들에게 많이 도움 되기를 바랍니다.

2025년 05월 석호삼

차 례

제1장　　　　창　업

제1절 「중소기업창업지원법」의 창업 ················· 01
1 창업이란? ··· 01
1. 【중소기업창업지원법】의 창업 ················· 01
2. 사업개시일 ··· 01
3. 【조세특례제한법】의 창업(개인지방소득세의 감면 포함) ················· 02
4. 【지방세특례제한법】의 창업기업(지방소득세의 감면 제외) ········ 02
5. 다음의 경우는 창업에서 제외 ················· 03
6. 조세특례제한법】【지방세특례제한법】상의 창업 ················· 03
7. 창업 인정 여부 사례 ································· 05
8. 창직의 개념도 ··· 06

제2절 창업진흥원 주요업무 ································· 07
1 창업진흥원 주요 지원체계 ····················· 07
1. 창업 사업화 지원 ······································ 07
1.1. 예비창업패키지 지원사업 ····················· 07
1.2. 초기창업패키지 지원사업 ····················· 08
1.3. 창업도약패키지 지원사업 ····················· 08
1.4. 창업도약패키지 지원사업 ····················· 09
1.5. 재도전성공패키지 지원사업 ················· 09
1.5.1. 재도전성공패키지 지원사업 ··············· 10
1.6. 초격차 스타트업 1000+육성사업(DIPS 1000+) ············ 10
1.7. 민관공동창업자 발굴육성(TIPS) ··········· 11

- I -

1.8 창업중심대학 ··· 11
1.8.1 창업중심대학 ··· 12
1.8.2 창업중심대학 ··· 12
2. 창업교육 ··· 13
2.1 청소년비즈쿨 ·· 13
2.2 창업에듀 ·· 13
3. 창업 인프라 ·· 14
3.1 지역창업 특화지원(1인 창조기업지원센터, 중장년 기술창업센터) ··· 14
3.2 메이커 스페이스 ·· 14
3.3 창업존 운영 ·· 15
3.3.1 창업존 운영 ··· 15

제3절 중소기업창업 지원 ·· 16
1 중소창업기업의 지원 ·· 16
1. 중소창업기업의 지원 【부담금】 ··· 16
2. 지식집약서비스업 창업기업 【부담금】면제 ·························· 17
3. 지식서비스업에 해당하는 업종(제10조 제1항 관련) ················ 17
4. 중소창업기업의 지원) 【조세지원】 ····································· 18
5. 벤처기업확인 제도 ··· 19
6. 창업지원에서 제외되는 업종의 범위 ··································· 20

제4절 Q&A 자주묻는 질문 ··· 21
1. 근로계약서(필수항목) ·· 21
2. 계약서 작성방법? ··· 21
3. 인허가사업의 법인설립과 사업자 등록? ······························· 22
4. 자택에서 사업장 가능여부? ·· 22
5. 창업법인의 지분변동과 사업계획의 승인 효력 ······················ 23
6. 법인의 설립등기와 법인설립신고·사업자등록 ······················· 24

7. 감면되는 부담금의 종류 ··· 24
8. 창업법인의 지분변동과 사업계획의 승인 효력 ············· 27

제2장　　중소기업

제1절 중소기업이 될 수 있는 대상 ··· 28

① 중소기업 판단기준 및 확인방법 ··· 28
1. 중소기업 범위 기준(중소기업기본법 시행령 제3조 등) ············· 28
② 중소기업여부확인방법 ··· 30
1. 중소기업 현황정보시스템(sminfo.mss.go.kr)을 통해 ············· 30
2. 증빙자료 제출이 온라인으로 완료된 경우 ····························· 30
3. 관계기업에 속하는 기업의 경우 ··· 30
③ 관련법령「중소기업기본법」제1조 및 제2조】 ·························· 33
제1조(목적) ··· 33
제2조(중소기업자의 범위) ··· 33
④ 중기업·소기업·소상공인의 구분 ·· 34
1. 현재는 2016년 1월 1일 자로 변경된 기준 ···························· 34
2. 소기업은 중소기업 중에서 아래의(제8조제1항)기준을 충족 ······· 34
⑤ 소상공인의 구분 ··· 36
1. 소상공인은 상시 근로자 수가 10명 미만이어야 하며, ············ 36
2. 근로자 및 제외인원에 대한 정의 ··· 37
3. 상시 근로자 수 산정방법 ··· 37
4. 관련법령 ··· 38
5. 한국표준산업 분류상의 제조업 정의 ······································· 40
6. 제조업 인정 여부 ··· 40

제2절 Q&A 자주묻는 질문시작 ··· 41

1. 중소기업확인서 ·· 41
2. 개인기업과 법인기업 ··· 43
3. 개인기업과 법인기업 장·단점 ··· 44
4. 개인기업과 법인기업 세제상의 특징비교 ······················· 45
5. 개인기업과 법인기업 회계처리상의 특징비교 ··············· 46
6. 중요서류는 3년간 보존 ··· 47

제3장 사업자가 알아두어야 할 기본상식

제1절 사업자등록 ·· 48

1. 모든 사업자는 사업을 시작하면서 반드시 ····················· 48
2. 사업을 시작하기 전에 등록할 수 있음 ·························· 49
3. 사업자등록은 사업장마다 하여야 함 ······························ 49
4. 다음의 경우에는 사업자등록을 하지 않아도 된다 ········ 49
5. 여러 가지 사업을 겸업할 때의 사업자등록 ·················· 49
6. 공동사업자의 경우 사업자등록하는 방법 ······················· 50
7. 사업자등록을 한 번 부여받으면 평생 사용하게 됨 ······ 51
8. 사업자등록 변동/정정신고를 하는 방법 ························· 51
9. 사업자가 폐업신고를 하는 방법 ······································ 51
10. 사업자등록 신청서 작성 시 유의사항 ··························· 52
11. 간이과세적용을 받기 위한 간이과세 적용신고 ············ 53
12. 간이과세적용을 받기 위한 간이과세 적용신고 ············ 53
13. 간이과세자와 과세특례자는 세금계산서를 교부 할 수 없음 ··· 53
14. 특별소비세·교통세 또는 주류판매와 관련된사업자의 등록 ··· 53
15. 근로계약서 필수 기재사항 ·· 54

제2절 Q&A 자주묻는 질문 ·········· 57
1. 창업보육센터 입주업체의 도시공장 설립가능 여부 ·········· 57
2. 공장등록을 하지 않고 사업을 영위하던 공장을 ·········· 59

제4장 창업의 Process

제1절 창업절차 ·········· 60
1. 창업과정 ·········· 60
2. 사업화 형태 ·········· 60
3. 개인기업과 법인기업 ·········· 61
4. 법인기업의 형태별 구분 ·········· 62
5. 개인기업의 설립절차 ·········· 63
6. 주식회사의 설립절차 ·········· 63
   6.1. 발기인 조합 ·········· 63
   6.2. 정관작성 ·········· 64
   6.3. 정관의 인증 ·········· 65
   6.4. 주식발행 사항의 결정(상법 제291조) ·········· 66
   6.5. 출자의 이행(상법 제295조) ·········· 67
   6.6. 이사와 감사 선임(상법 제296조, 제383조) ·········· 69
   6.7. 주주의 모집 및 주식의 청약(상법 제302조) ·········· 70
   6.8. 주식의 배정과 인수(상법 제303조~제304조) ·········· 71
   6.9. 창립총회 개최 법인설립 등기 ·········· 72
7. 인허가 사항 여부 검토 ·········· 73
   7.1. 허가, 등록, 신고, 자유업종 예시 ·········· 73
8. 제조업 창업 절차도 ·········· 75
9. 서비스업 창업 절차 ·········· 76
10. 도·소매업 창업 절차도 ·········· 77

제2절 개인사업자 그리고 법인사업자 설립(요약) ······· 78

1. 창업의 계획단계에서 할 일 ················· 78
2. 회사설립 및 사업자등록 절차 ················· 79
2.1 개인사업자로 창업하는 경우 ················· 79
2.2 법인사업자로 창업하는 경우 ················· 79
3. 공장의 설립절차 및 준비서류 ················· 82
4. 기타 국민건강보험공단 및 노동부에 신고하여야 할 사항 ········ 83
5. 온라인 법인설립시스템 ················· 83

제5장   의무신고

제1절 4대사회보험 ················· 84

① 급여명세서 ················· 84
1. 고용보험 ················· 86
1.2 피보험자관리 ················· 88
1.3 고용안정사업 ················· 89
1.4 고용 창출 장려금업 ················· 90
2. 직업 능력 개발 훈련 ················· 97
3. 실업급여 ················· 103
4. 모성보호지원 ················· 105
5. 자영업자 고용보험 ················· 106
6. 4대보험정보연계센터 ················· 108
7. 취업규칙 변경절차의 특례 ················· 109
8. 근로계약 및 교부 ················· 110
9. 개정된 연차 휴가제도 ················· 110

제2절 Q&A 자주묻는 질문시작 ················· 111

1. 법정근로시간과 휴게시간 및 연장근로 ·································· 111
2. 본인의사로 퇴직한 경우, 재취업 시 실업급여는? ················ 111
3. 실업급여 신청방법 ·· 112
4. 퇴직금 및 평균임금 산정방법 ··· 113
5. 연차유급휴가 부여기준 ·· 113
6. 해고예고수당 적용기준 ·· 114
7. 상여금 지급기준 ·· 114
8. 퇴직금 중간정산 후 1년 미만의 퇴직금 지급여부 ············· 115
9. 연장/휴일근로 통상임금 지급기준 ··································· 115
10. 통상임금 계산기준? ·· 115
11. 자주하는 질의/답변 ·· 116
12. 퇴직금 ··· 117
13. 해고예고 ·· 117
14. 개인사업자도 실업급여 받을 수 있나요? ·························· 118
15. 부정경쟁방지 및 영업비밀보호에 관한 법률 ····················· 120
16. 보안 서약서 ··· 121
17. 5대 법정 의무교육 한눈에 알아보기 ································ 122

제6장   도움이 되는 제도

제1절 최저임금 ·· 123
1. 2025년 적용 최저임금 ·· 123
2. 벤처확인 ·· 126
2.1 벤처기업이란 ··· 126
2.2 벤처확인요건 ··· 127
3. 연구소설립 ··· 129
3.1 제도 목적 ·· 129

3.2 법적 근거 ·· 129
3.3 담당 기관 ·· 129
3.4 신고주체 ·· 130
3.5 신고주체 ·· 130
3.6 신고방법 ·· 130
3.7 인정요건 ·· 130
4. 이노비즈(INNO BIZ) ·· 132
4.1 이노비즈 절차 ··· 133
4.2 이노비즈 확인기업 우대사항 ·· 134
5. MAINBiz ··· 135
5.1 메인비즈 신청제한 기업 ·· 136
5.2 메인비즈 선정기준 ·· 136
5.3 메인비즈 절차 ··· 137
5.4 메인비즈 확인기업 우대사항 ·· 138
6. 2025년 체계적 현장훈련(S-OJT) 한국산업인력공단 ············ 138
7. 중소기업 기술보호울타리(https://www.ultari.go.kr/) ········ 140
8. 기술자료 임치제도 ·· 142
9. 중소 소모성자재 납품기업 지원 ···································· 144
10. 중소벤처기업부 비즈니스지원단 ·································· 146
11. 2025 경기도 기술닥터사업 공고 ································· 151
12. 경기도경제과학진흥원 ··· 153
13. 힘의 합성과 분해 ··· 158
14. 우리나라 중소기업을 둘러싼 환경분석 SWOT분석 ········ 159
15. 경제성 검토 ·· 160
16. 손익분기점(BEP: Break Even Point) ·························· 160
17. 단위계 및 단위환산 ·· 161
18. 인공지능의 발전방향 ··· 162

제7장 2025년 자금 지원정책 방향

제1절 정책자금 ··· 163
① 중소벤처기업진흥공단 ··· 163
1 시설자금 ·· 163
2. 운영자금 ·· 163
3. 혁신창업사업화자금 ··· 165
3.1 창업기반지원자금 ··· 165
3.2 개발기술사업화자금 ··· 166
4 신시장진출지원자금 ··· 167
4.1 내수기업수출기업화 ··· 168
4.2 수출기업글로벌화 ··· 168
5 신성장기반자금 ·· 169
5.1 혁신성장지원자금 ··· 170
5.2 스케일업금융 ··· 172
5.3 Net-Zero 유망기업 지원 ·· 172
5.4 제조현장스마트화 ··· 173
6 재도약지원자금 ·· 174
6.1 사업전환자금 ··· 174
6.2 구조개선전용자금 ··· 177
6.3 재창업자금 ··· 178
7 긴급경영안정자금 ·· 180
7.1 긴급경영안정자금(재해중소기업지원) ························· 180
7.2 긴급경영안정자금(일시적경영애로) ····························· 181
8 밸류체인안정화자금 ··· 183
8.1 동반성장 네트워크론 ··· 184
8.2 매출채권팩토링 ··· 184
9 정책자금 신청·접수 문의처 ··· 185

② 기술보증기금
1 신성장 4.0+프로그램 ·· 188
2 스케일업 보증 ·· 189
3 소부장 특례보증 ··· 189
4 스마트제조서비스 우대보증 ··· 190
5 수출기업 우대보증 ··· 190
6 청년 창업지원 ·· 191
7 긴급경영안정보증 ··· 191
8 공공구매 특례보증 ··· 192
9 R&D보증 ··· 192
10 지식재산(IP)평가보증 ·· 193
11 IP 인수보증 ·· 193
12 투자연계보증 ·· 194
13 예비유니콘 특별보증 ··· 194
14 M&A 관련 보증 제도 ··· 195
15 탄소가치평가보증 ··· 195
③ 소상공인시장진흥공단(정책자금) ····································· 196
1 융자대상 ·· 196
2 금리안내 ·· 197
3. 융자절차 ··· 198
④ 경기신용보증재단 ··· 199
1. 신용보증이란? ··· 199
2. 지원규모 및 운용현황 ··· 199

제8장 중소기업 조세지원금

제1절 창업중소기업에 대한 조세지원 ······························ 201
1. 지원대상 ·· 201

2. 대상업종 ·· 201
3. 지원내용 ·· 201
4. 창업·벤처기업 지원세제 ·· 202
5. 중소기업 특별 세액감면 ·· 203
6. 투자촉진을 위한 세액공제 ·· 204
7. 연구·인력개발비에 대한 세액공제 ···································· 204
8. 고용창출 및 유인을 위한 세액공제 ·································· 205
9. 가업상속 공제발 ··· 205
10. 업승계에 대한 증여세 과세특례 ······································ 205
11. 제조시설이 없는 경우에도 제조업으로 인정받을 수 있는지 문의 · 205
12. 기타 ·· 206

제9장 2025년 중소기업벤처기업부

제1절 중소기업 R&D 지원 ·· 207
1. 2025년 중소기업 R&D 지원개요 ······································ 207
2. 중소기업 R&D 지원성과 ·· 208
3. 2025년 R&D 중점 추진방향 ·· 209
4. 사업별 지원계획 ··· 210

제10장 2025년 연구개발계획서 작성 및 온라인 신청 안내

제1절 일반사항 ·· 213
1. 추진체계 ·· 213
2. 과제선정절차 ··· 214
2.1 과제선정절차 ·· 214
3. 연구개발계획서 작성방법 ··· 214
3.1 연구개발계획서의 구성 ··· 214

3.2 연구개발 계획서 【본문】 ··· 215
3.3 연구개발 계획서 【본문】 ··· 215
3.4 연구개발 계획서 【본문】 ··· 216
3.5 연구개발 계획서 【본문】 ··· 216
3.6 연구개발 계획서 【본문】 ··· 217
4. 연구개발 계획서 작성 체크리스트 ································· 217
5. 사업비조성(기관부담 연구개발비 산정) ························· 218
6. 사전준비 사항 ··· 218

제11장 R&D 평가

제1절 평가 의견 작성요령 ·· 219
1. 우수한 점과 미흡한 점, 보완할 점 ································ 219
2. '계속' 과제인 경우 ··· 221
3. 중단(성실/불성실) 과제 ··· 222
4. 성실중단 ·· 222
5. 불성실중단 ·· 223

제2절 재평가 의견 작성방법 ··· 224

제3절 평가 의견 작성방법 ·· 226

제12장 경영시스템 심사 및 대응요령

제1절 경영시스템 심사 흐름도 ·· 229
1. 심사전 준비 ··· 230
2. 심사수행 ·· 232
3. 심사 후 확인 ·· 236

제13장 미래 직업세계 변화와 신직업 탐색

제1절 진로·직업 설정의 방향성 정립하기 ······ 238
1. 미래 직업세계의 변화 ······ 238
1. 미래사회 신직업 탐색 ······ 238
2. 미래사회 트렌드 ······ 239
2.1 초고령사회·인구감소 ······ 239
2.2 1인가구·가족다양성 ······ 239
2.3 환경위기·기후위기 ······ 241
2.4 친환경자동차·스마트카 ······ 241
2.5 AI·데이터·VR/AR ······ 242
2.6 로봇 ······ 243

제14장 ESG 경영의 도입과 이행

제1절 ISO 경영시스템의 역할 ······ 244
1. 지속가능한 지구와 기후재앙 ······ 244
2. 지속가능경영과 ESG 경영도입 ······ 244
3. 지속가능경영과 ESG 경영 도입 ······ 245
4. ESG 경영도입 ······ 246
4.1 Plan ······ 246
4.2 Plan (상황 파악 및 지표 수립) ······ 247
4.3 Do(경영시스템 구축) ······ 248
4.4 Do(정보공개) ······ 249
4.5 Check ······ 250
4.6 Act ······ 251
5. 중소벤처기업의 ESG 경영 이슈 및 미적용시 문제점(예상) ··· 252
6. ESG시스템 구축 샘플 ······ 253

제1장 창 업

제1절 【중소기업창업지원법】의 창업

① 창업이란?

> 창업이라 함은 【중소기업기본법】제2조의 규정에 의한 중소기업을 새로이 설립하여 사업을 개시하는 것을 말하며 사업의 승계, 기업형태의 변경, 폐업 후 사업재개 등은 창업에 해당되지 않습니다.
> 창업에 대한 법률적 용어정의는 【중소기업창업지원법】에서 규정하고 있고 기타 법규에서는 창업지원을 위해 업종, 설립기간, 지원내용, 적용범위 등에 대하여 규정하고 있습니다.

1. 【중소기업창업지원법】의 창업

이 법은 중소기업의 설립을 촉진하고 성장 기반을 조성하여 중소기업의 건전한 발전을 통한 건실한 산업구조의 구축에 기여함을 목적으로 하며 창업사업계획승인, 창업기업의 부담금 감면 규정을 포함하고 있음.

"창업"이란 중소기업을 새로 설립하는 것을 말한다(법 제2조 제1호).

창업은 중소기업을 새로이 설립하여 사업을 개시하는 것을 말한다(시행령 제2조 제1항).

2. 사업개시일

「중소기업 창업지원법」 제2조 제2호 창업자라 함은 중소기업을 창업하는 자 및 중소기업을 창업하여 사업을 개시한날로부터 7년이 경과되지 아니한 자를 말하며 사업을 개시한 날은 다음과 같다.

(1) 창업자가 법인인 경우 : 법인설립등기일

(2) 창업자가 개인인 경우

부가가치세법 제5조 1항의 규정에 의한 사업개시일. 다만 창업지원법 제21조의 규정에 의한 사업계획의 승인을 얻어 사업을 개시하는 경우에는 부가가치세법 제5조 제1항의 규정에 의한 사업자등록일 (창업지원법시행령 제3조)

> 부가가치세법 제5조제1항 신규로 사업을 개시하는 자는 사업장마다 대통령령이 정하는 바에 의하여 사업개시일부터 20일 이내에 사업장관할세무서장에게 등록하여야 한다. 다만, 신규로 사업을 개시하고자 하는 자는 사업개시일 전이라도 등록할 수 있다.
> 부가가치세법시행규칙 제3조[개업일의 기준] 법 제5조 제1항에 규정하는 사업개시일은 다음 각 호의 규정에 의한다.
>   1. 제조업에 있어서는 제조장별로 재화의 제조를 개시하는 날
>   2. 광업에 있어서는 사업장별로 광물의 채취·채광을 개시하는 날
>   3. 기타의 사업에 있어서는 재화 또는 용역의 공급을 개시하는 날

(3) 창업자가 개인인 경우업종추가시: 사업자등록증의 기재사항을 정정하여 재교부 받은 날

3. 【조세특례제한법】의 창업(개인지방소득세의 감면 포함)

(1) 창업중소기업

 2018년 12월 31일 이전에 수도권과 밀억제권역 외의 지역에서 창업한 중소기업.

(2) 창업벤처 중소기업

 【벤처기업육성에 관한 특별조치법】제2조제1항에 따른 벤처기업 중 다음에 정하는 기업으로서 창업 후 3년 이내에 같은 법 제25조에 따라 2019년 12월 31일까지 벤처기업으로 확인받은 기업

 (가) 【벤처기업육성에 관한 특별조치법】제2조의2(벤처기업의 요건)의요건을 갖춘 중소기업(같은 조 제1항제2호나목에 해당하는 중소기업은 제외한다)

 (나) 연구개발 및 인력개발을 위한 비용으로서 별표 6의 비용(이하 이 조에서 "연구개발비"라 한다)이 당해 과세연도의 수입금액의 100분의 5이상인 중소기업

4. 【지방세특례제한법】의 창업기업(지방소득세의 감면 제외)

「중소기업창업 지원법」 제2조제1호에 따른 창업을 한 기업으로서 다음의 어느 하나에 해당하는 기업

 (1) 창업중소기업

  2019년 12월 31일까지 수도권과밀억제권역 외의 지역에서 창업한 중소기업

 (2) 창업벤처중소기업

【벤처기업육성에 관한 특별조치법】제2조제1항에 따른 벤처기업 중 다음에 정하는

기업으로서 창업일부터 3년 이내에 같은 법 제25조에 따라 2019년 12월 31일까지 벤처기업으로 확인받은 기업
(가) 【벤처기업육성에 관한 특별조치법】 제2조의2(벤처기업의 요건)의 요건을 갖춘 중소기업(같은 조 제1항제2호나목에 해당하는 중소기업은 제외한다)
(나) 연구개발 및 인력개발을 위한 비용으로서 「조세특례제한법 시행령」별표 6의 비용이 해당 과세연도의 수입금액의 100분의 5(「벤처기업 육성에 관한 특별조치법」 제25조에 따라 벤처기업 해당 여부에 대한 확인을 받은 날이 속하는 과세연도부터 연구개발 및 인력개발을 위한 비용의 비율이 100분의 5 이상을 유지하는 경우로 한정한다) 이상인 중소기업

5. 다음의 경우는 창업에서 제외 (【조세특례제한법】제6조,【조세특례제한 법】100조제6항)
    (1) 합병·분할·현물출자 또는 사업의 양수를 통하여 종전의 사업을 승계하거나 종전의 사업에 사용되던 자산을 인수 또는 매입하여 같은 종류의 사업을 하는 경우. 다만, 종전의 사업에 사용되던 자산을 인수하거나 매입하여 같은 종류의 사업을 하는 경우 그 자산가액의 합계가 사업 개시 당시 토지·건물 및 기계장치 등 대통령령으로 정하는 사업용자산의 총가액에서 차지하는 비율이 100분의 50 미만인 경우는 제외함.
    (2) 거주자가 하던 사업을 법인으로 전환하여 새로운 법인을 설립하는 경우
    (3) 폐업 후 사업을 다시 개시하여 폐업 전의 사업과 같은 종류의 사업을 하는 경우
    (4) 사업을 확장하거나 다른 업종을 추가하는 경우 등 새로운 사업을 최초로 개시하는 것으로 보기 곤란한 경우

6. 【조세특례제한법】【지방세특례제한법】상의 창업(조세특례제한법 제6조 제3항,【지방세특례제한법】제100조 제3항)
    【조세특례제한법】 및 【지방세특례제한법】 상 창업과 【중소기업창업 지원법】 상의 창업의 정의는 다르게 적용되어지고 있다. 【조세특례제한법】 및 【지방세특례제한법】상의 창업은 반드시 【중소기업창업 지원법】 상의 창업승인을 받을 것을 요구하지는 않으나 업종의 적용에 있어서 다음과 같이 규정하고 있다.

(1) 광업
(2) 제조업
(3) 건설업
(4) 음식점업(개인지방소득세 이외의 지방세 감면시 제외)
(5) 출판업
(6) 영상·오디오 기록물 제작 및 배급업(비디오물 감상실 운영업은 제외한다)
(7) 방송업
(8) 전기통신업
(9) 컴퓨터 프로그래밍, 시스템통합 및 관리업
(10) 정보서비스업(뉴스제공업은 제외한다)
(11) 연구개발업
(12) 광고업
(13) 그 밖의 과학기술서비스업
(14) 전문디자인업
(15) 전시 및 행사대행업
(16) 창작 및 예술관련 서비스업(자영예술가는 제외한다)
(17) 엔지니어링사업
(18) 물류산업
(19) 직업기술 분야를 교습하는 학원을 운영하는 사업
(20) 관광숙박업, 국제회의업, 유원시설업 및 관광객이용시설업
(21) 노인복지시설을 운영하는 사업(개인지방소득세 이외의 지방세 감면시 제외)
(22) 전시산업
(23) 인력공급 및 고용알선업(농업노동자 공급업을 포함한다)
(24) 건물 및 산업설비 청소업
(25) 경비 및 경호 서비스업
(26) 시장조사 및 여론조사업
(27) 사회복지서비스업(개인지방소득세 이외의 지방세 감면시 제외)
(28) 보안시스템 서비스업(개인지방소득세 이외의 지방세 감면시 제외)

7. 창업 인정 여부 사례

주체	사업장소	사 례		창업여부
A개인이	갑 장소에서	갑장소에서의 기존사업을 폐업하고	B법인 설립하여 동종업종 제품을 생산	조직변경
			B법인 설립하여 이종업종 제품을 생산	창 업
		갑장소에서의 기존사업을 폐업않고	B법인 설립하여 동종업종 제품을 생산	형태변경
			B법인 설립하여 이종업종 제품을 생산	창 업
A법인이	갑 장소에서	갑장소에서의 기존사업을 폐업하고	B법인 설립하여 동종업종 제품을 생산	위장창업
			B법인 설립하여 이종업종 제품을 생산	창 업
		갑장소에서의 기존사업을 폐업않고	B법인 설립하여 동종업종 제품을 생산	형태변경
			B법인 설립하여 이종업종 제품을 생산	창 업
A개인이	을 장소에서	갑장소에서의 기존사업을 폐업하고	B법인 설립하여 동종업종 제품을 생산	법인전환
			B법인 설립하여 이종업종 제품을 생산	창 업
		갑장소에서의 기존사업을 폐업않고	B법인 설립하여 동종업종 제품을 생산	창 업
			B법인 설립하여 이종업종 제품을 생산	창 업
A법인이	을 장소에서	갑장소에서의 기존사업을 폐업하고	B법인 설립하여 동종업종 제품을 생산	사업승계
			B법인 설립하여 이종업종 제품을 생산	창 업
		갑장소에서의 기존사업을 폐업않고	B법인 설립하여 동종업종 제품을 생산	창 업
			B법인 설립하여 이종업종 제품을 생산	창 업
A가 (법인 개인)	을 장소에서	갑장소에서의 기존사업을 폐업하고	다시 A명의로 동종업종 제품을 생산	사업이전
			다시 A명의로 이종업종 제품을 생산	창 업
		갑장소에서의 기존사업을 폐업않고	다시 A명의로 동종업종 제품을 생산	사업확장
			다시 A명의로 이종업종 제품을 생산	업종추가
주)	이종업종은 한국표준산업분류의 세분류(4자리)를 달리하고 당해 매출액의 50%를 넘는 경우 "갑" 장소는 기존사업장, "을" 장소는 신규사업장 "갑" 장소와 "을" 장소는 사회통념과 창업지원법의 취지등을 감안할 때 공장확장으로 인정 할 수 없을 정도의 거리를 충분히 유지한 경우 "B"법인은 "A"가 출자한 법인임 "기존사업을 폐업하고"란 사업자등록을 반납 또는 취소 조치함을 말함		

	창업자라 함은 중소기업을 창업하는 자와 중소기업을 창업하여 사업을 개시한 날부터 7년이 지나지 아니한 자를 말한다. (예시) 2014년 6월 사업을 개시하고 2015년 5월 법인전환시 창업일은 2014년 6월 동종사업으로 보지 않는 경우란? 해당되는 같은 종류의 사업을 하더라도 사업개시 전의 기존 업종과 세 분류를 달리하는 업종을 추가하여 사업을 새로이 개시하는 경우에는 다음의 산식에 의하여 산출된 비율이 100분의 50이상인 경우. $$\frac{업종을\ 추가한\ 날로부터\ 당해연도말까지의\ 추가업종\ 총매출액}{업종을\ 추가한\ 날부터\ 당해연도말까지의\ 총매출액} \times 100$$

8. 창직의 개념도

창직과정		창직의 개념		
기존의 노동시장 및 직업		스스로 자신의 적성분야에서 재능과 능력을 바탕으로 창의적인 아이디어를 통해 새로운 직업을 발굴하여, 이를 노동시장에 보급하는 것		
↓				
창조적 활동 및 아이디어				
↓				
전혀 다른 새로운 직업 발굴	직무전문화, 세분화, 재구조화로 새로운 직업 발굴			
↓		창직의 운영 형태		
창직		1인 창조기업	창업	조직내 작업 혹은 직무생성
창직의 요건		창의성	지속가능성	경제성

자료:한국고용정보원

제2절 창업진흥원 주요업무

창업생태계 전반에 걸친 지원사업을 통해 혁신성장을 가치로 기술혁신형 창업을 적극 지원하고 있습니다.

1 창업진흥원 주요 지원체계

'예비-초기-성장'으로 이어지는 창업기업 성장단계별 지원체계를 구축하여 맞춤형으로 지원함으로써 창업과 성장을 안정적으로 지원하고 있습니다.

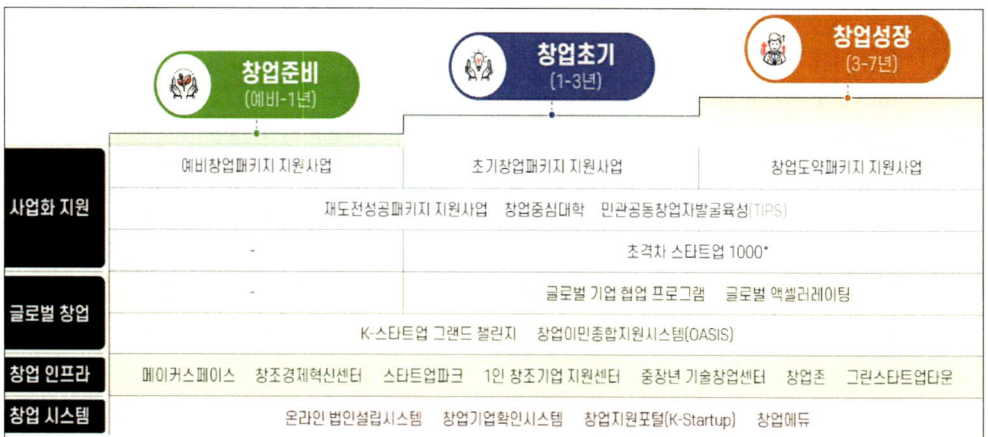

1. 창업 사업화 지원

1.1 예비창업패키지 지원사업

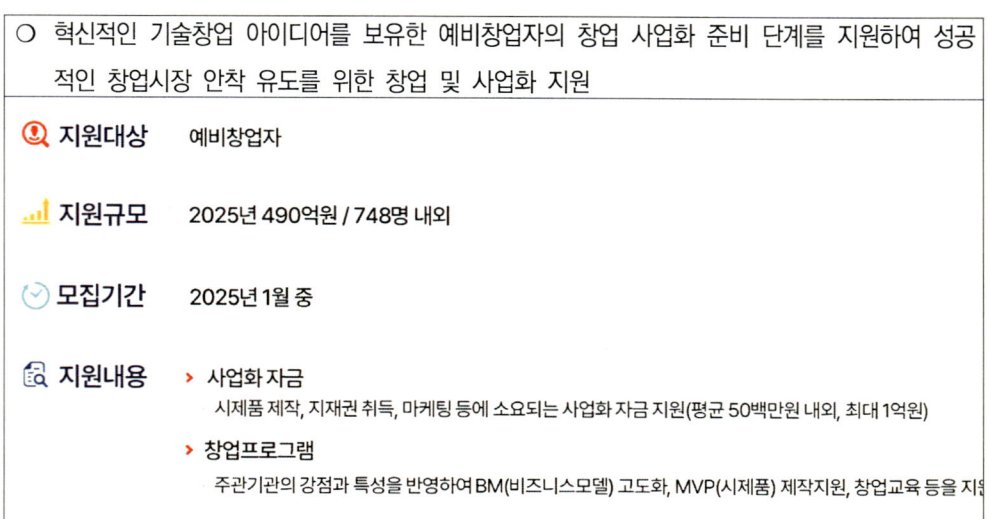

- 7 -

1.2 초기창업패키지 지원사업

○ 유망 창업 아이템을 보유한 업력 3년 이내 창업기업을 대상으로 사업학자금 및 창업프로그램을 지원하여 사업안정화와 성장지원

지원대상 창업 3년 이내 기업 *자격 요건은 세부 모집 공고 확인

지원규모 2025년 455억원 / 490개사 내외

모집기간 2025년 1월 중

지원내용
› 사업화 자금
- 시제품 제작, 지재권 취득, 마케팅 등에 소요되는 사업화 자금 지원(평균 70백만원 내외, 최대 1억원)

› 창업프로그램
- 주관기관별 특화 분야 및 전문성을 고려하여 시장진입, 초기투자 유치, 실증검증 등을 지원

1.3 창업도약패키지 지원사업

○ 창업도약기(3-7년) 기업의 혁신성장 및 스케일업 등 성과창출을 위한 사업화 지원, 대기업 협업 프로그램 동 운영

지원대상 창업 3년 초과 7년 이내 기업(공고일 기준)

지원규모 2025년 59,255백만원 / 373개사 내외(지원유형별 상이)

모집기간 2025년 2월 중

지원내용
› 일반사업화 지원
- 사업모델 및 제품·서비스 고도화에 필요한 사업화 자금(최대 3억원), 주관기관 프로그램(투자유치, 글로벌진출 등) 지원

› 대기업 협업
- 사업화 자금(최대 2억원), 맞춤형 프로그램(교육·컨설팅, 인프라, 판로, 투자유치, 공동사업 등) 지원

› 투자 병행
- 일반사업화 지원 사항에 추가적으로 투자 병행 자금 지원

1.4 창업도약패키지 지원사업

○ 창업도약기(3-7년) 기업의 혁신성장 및 스케일업 등 성과창출을 위한 사업화 지원, 대기업 협업 프로그램 동 운영

▶ 창업도약기(3-7년) 기업의 혁신성장 및 스케일업 등 성과창출을 위한 사업화 지원, 대기업 협업 프로그램 등 운영

📝 **주요사항**　≫ **2025년 주요 변경 내용**

　▸ 지원유형 변경
　　· 3개 유형으로 변경하여 모집　　＊ 융자병행형 삭제(후속지원 형식으로 변경)

2024년	2025년
①일반사업화　②대기업 협업 ③융자병행(신설)　④투자병행(신설)	①일반사업화　②대기업 협업　③투자병행

≫ 유의사항 : 3개 지원유형 중 1개 유형만 선택하여 신청 가능

　※ 자세한 사항은 유형별 모집 공고 확인

1.5 재도전성공패키지 지원사업

○ 사업 경험과 우수 아이템을 바탕으로 성장 가능성이 높은 (예비)재창업자 발굴 및 패키지식 지원을 통한 재창업 성공률 제고

🔍 **지원대상**　예비 재창업자 또는 재창업 7년 이내 기업의 대표

📊 **지원규모**　2025년 166.29백만원 / 201명 내외(일반형 + IP전략형)

🕐 **모집기간**　2025년 2월 7일 ~ 2월 28일 15:00 까지 (예정)

📋 **지원내용**
　▸ 사업화 자금 (평가를 통한 차등지급)
　　· 시제품 제작, 지재권 취득, 마케팅 등에 소요되는 자금 지원(평균 0.7억원, 최대 1억원)
　▸ 프로그램 지원
　　· 특화 재창업교육, 전문가 멘토링, IR, 실패원인분석, 힐링캠프 등 재기지원 프로그램
　▸ 유관기관 및 타 사업 연계 지원
　　· 재창업자금(중소벤처기업진흥공단), 보증우대(SGI, 기술보증기금), 창업사업화 연계(초기,도약)

1.5.1 재도전성공패키지 지원사업

○ 사업 경험과 우수 아이템을 바탕으로 성장 가능성이 높은 (예비)재창업자 발굴 및 패키지식 지원을 통한 재창업 성공률 제고

주요사항 ≫ **2025년 주요 변경 내용**

> 재창업자 사업화 자금 확대(평균 42백만원 → 70백만원)
  - 우수한 사업 아이템을 보유한 재창업자 지원 강화를 위한 자금 지원 규모 확대

> 재창업기업 신청가능 업력 확대(3년 이내 → 7년 이내)
  - 우수 재창업기업 발굴 및 육성을 위해 신청가능 업력 확대

2024년(282명 내외)	2025년(201명 내외)
예비재창업자 및 재창업 3년 이내 기업의 대표 최대 1억원(평균 42백만원)	예비재창업자 및 재창업 7년 이내 기업의 대표 최대 1억원(평균 70백만원)

1.6 초격자 스타트업 1000+육성사업(DIPS 1000+)

○ 초격차 10대 분야의 혁신기술 및 글로벌 출력량을 보유한 유량기업 발육상

지원대상 초격차 10대 분야* 업력 10년 이내 기업

지원규모 2025년 130,996백만원 / 579명 내외(기본지원 549개사, 후속지원 30개사)

모집기간 2025년 1월 중

지원내용
> 사업화 자금 지원
  제품·서비스 고도화 및 실증 등에 소요되는 사업화 자금 지원 (최대 연 2억원, 3년 지원)

> 프로그램 지원
  초격차 스타트업의 글로벌 혁신성장 지원을 위한 3대 프로그램(기술사업화, 개방형혁신', 투자유치) 지원

> 연계 지원
  창업성장·기술혁신 R&D, 정책자금 및 기술보증 우대, 수출바우처 사업 가점 등 각 분야별 담당기관의 기준에 따라 별도 심사를 거쳐 기업별 차등 지원

1.7 민관공동창업자 발굴육성(TIPS)

○ 민간 투자사를 통해 우수한 창업기업을 선별하고 민간투자와 정부자금을 매칭 지원하여 고급기술인력 창업활성화 도모

지원대상 국내·외 민간 투자사로부터 투자·추천 받은 7년 이내 창업기업

지원규모 2025년 1,132.8백만원 / 820개사 내외

모집기간 2025년 1분기 중(예정)

지원내용
- 창업사업화·해외마케팅
  - 팁스와 연계하여 시제품·서비스의 사업화 자금, 해외진출 자금 등 1년간 최대 2억원(합계) 지원
- 포스트팁스(Post-TIPS)
  - 제품·서비스의 사업화 또는 국내외 마케팅 등 사업 고도화를 위한 후속사업화 등 18개월간 최대 5억원 지원
- 글로벌팁스(Global TIPS)
  - 제품·서비스의 사업화 자금, 현지진출 프로그램 등 최대 3년간, 6억원 지원

1.8 창업중심대학

○ 지역 산업, 청년 등 지역 우수 창업기업을 발굴, 지원하여 지역산업 혁신을 주도

지원대상 예비창업자부터 창업기업(7년 이내)

지원규모 803개사 내외(평균 75백만원 지원)

모집기간 2025년 3월중 예정

지원내용
- 창업 아이템 사업화 자금 지원
  - 창업 아이템 사업화, 창업 활동, 인력 채용 등에 필요한 사업화 자금 평균 75백만원 지원
- 창업기업 단계별 성장 프로그램 지원(대학별 상이)
  - 기술, 성장단계 등을 고려한 창업기업 맞춤형 성장지원 프로그램 지원
  - 기타 창업중심대학별 협력기관(기업, 유관기관, 연구소, 대학 등) 연계 지원 프로그램 지원

1.8.1 창업중심대학

○ 지역산업, 청년 등 지역 우수 창업기업을 발굴, 지원하여 지역산업 혁신을 주도

주요사항

» 2025년 주요 변경 내용

› 지역·대학·청년 창업기업 집중 발굴 및 육성

　지역산업, 대학(원)생 및 교원 등 대학발, 청년 창업 등을 집중 지원하여 지역 창업 활성화를 유도

» 참고 : 창업중심대학 지정 현황

강원대학교　경상국립대학교　대구대학교　부산대학교　성균관대학교　전북대학교　한남대학교　한양대학교　호서대학교

1.8.2 창업중심대학

○ 지역의 창업 문화를 조성하고 확산하여 지역의 기술 창업 활성화를 유도

지원대상　예비창업자(창업에 관심이 있는 지역별 대학생, 주민), 창업기업

운영주체　지역별 창업중심대학(11개)을 통해 지원

지원내용　› 지역별 창업 생태계 조성 및 문화 확산 지원

프로그램	지원내용
창업 활성화	창업경진대회(대학생, 지역주민 등), 지역 산업(기술) 혁신 컨퍼런스, 지역 기업 네트워킹, 청년창업 콘서트, 린스타트업(MVP 지원)
창업 인프라	입주 공간, 시제품 제작 장비, 실증 테스트베드, 지역별 창업 및 기술 전문가 Pool 확보, 기타 연구환경 구축 및 제공
창업교육	기업가정신, 창업아이템 발굴 및 사업계획서 작성, 창업지원 사업 소개, 기업 운영에 필요한 세무/회계/마케팅 등
지역 네트워크	지역 내 창업기업 성과 전시회, IR, 현장 컨설팅, 지역 창업 네트워킹 및 정책 토론 등
창업상담	상담창구 운영, BM진단, IP 전략수립, 외주개발, 투자, 글로벌 등 필요 분야 1:1 컨설팅

창업중심대학별로 지원내용 및 방법, 일정 등이 상이하니 각대학으로 문의 필요

2. 창업교육

2.1 청소년비즈쿨

○ 청소년 기업가정신 함양 및 모의창업교육을 통해 도전정신 진취성을 갖춘 '융합형 창의인재 양성을 위한 창업 교육 지원

- **지원대상**: 전국 초·중·고등학교 및 대안학교, 특수학교, 학교 밖 센터
- **지원규모**: 2025년 6,058백만원 / 423개교 내외
- **협약기간**: 2025년 1월 1일 ~ 10월 31일(예정)
- **지원내용**:
  - › 비즈쿨 학교 운영
    - 청소년과 밀접한 공간인 학교에서 교재활용 교육, 체험활동, 창업동아리 등을 지원
  - › 비즈쿨 캠프 및 체험교육, 경진대회
    - 전국 단위 기업가정신 체험 프로그램(학교급별 비즈쿨 캠프, 민관협업 프로그램, 비즈쿨 페스티벌 등) 지원
  - › 비즈쿨 교육 지원
    - 기업가정신 및 저변확대를 위해 비즈쿨 교재 개발·보급, 교사 온·오프라인 직무연수

2.2 창업에듀

○ 다양한 창업강의를 무료로 제공하는 단계별 맞춤형 온라인 교육 플랫폼(누리집)

- **지원대상**: (예비)창업자 또는 국민 누구나 이용 가능
- **지원규모**: 900여개 강좌(무료)
  * 창업에듀 URL : https://www.k-startup.go.kr/edu/
- **지원내용**:
  - › 개별강좌
    - 창업에 필요한 다양한 콘텐츠를 교육단계별(준비-실현-성장)로 구성하여 창업교육 희망자에게 제공
  - › 패키지 강좌
    - 창업에듀의 다양한 교육 강좌를 사용자가 하나로 묶어 제공하여 학습자 및 기관맞춤형 강좌를 설계

3. 창업 인프라

3.1 지역창업 특화지원(1인 창조기업지원센터, 중장년 기술창업센터)

○ 전국 자원센터를 통해 1인 창조기업의 안정적인 사업화 및 중장년(예비)창업자의 기술창업 활성화를 위한 사무공간 창업교육 등 지원

지원대상	1인 창조기업* 및 만 40세 이상 중장년 (예비)창업자	
지원규모	전국 70개 센터 내외 (1인 창조기업 지원센터·중장년 기술창업센터)	
모집기간	연간 상시모집(센터별 모집공고 일자상이)	
지원내용	› 사무공간 입주기업을 대상으로 사무공간(개인데스크, 편의시설 등) 지원 › 창업교육 사업모델(BM) 개발, 아이템 검증, 투자교육 등 › 네트워킹 지역 및 업종별, 입주·졸업 기업 간 네트워킹 지원	

3.2 메이커 스페이스

○ 메이커 및 제조창업을 위한 창의활동 공간

지원대상	제조 제품 아이디어를 보유한 (예비)창업자 또는 국민 누구나 이용 가능
운영규모	2025년 메이커 스페이스 51개소 내외 운영
신청기간	2025년 연중 수시 제조생산 종합플랫폼 '메이크올' 누리집(www.makeall.com) 또는 메이커 스페이스에 직접 방문하여 교육, 시설, 장비를 확인하고 온·오프라인으로 신청·접수 (메이커 스페이스별 신청 방식 상이)
지원내용	› 인프라 : 메이커 스페이스에 구축된 시설(작업실 등)과 장비(3D프린터 등)를 지원 › 프로그램 : 메이커 및 제조창업에 대한 교육, 네트워킹, 멘토링 등을 지원

3.3 창업존 운영

지원대상: 창업 7년 미만 (예비)창업 기업

지원규모: 2025년 44.82억원 / 110개사 내외(131개실)

모집기간: 공실 발생 시 수시모집 (2025년 1차 공고는 '25.1월말 예상)

지원내용:
› 입주환경 제공
- 판교 2밸리 내 합리적 가격으로 입주공간 제공(2인실~20인실)
- 글로벌 테스트베드, 통번역센터, 3D제작보육실 등 다양한 창업지원 인프라 제공

› 보육 프로그램 운영
- 투자, 글로벌 진출 지원 등 입주기업 스케일업 지원
- 투자사, 창업기업, 유관기관이 교류하는 개방형 네트워킹 제공

3.3.1 창업존 운영

○ 신사업 분야 유망(예비)창업기업을 발굴하여 입주공간 및 보육프로그램 제공으로 창업기업 성장 지원

주요사항
» 2025년 주요 변경 내용
› 초기 창업기업 보육비중 확대 및 지역특화분야 설정
- 글로벌 분야 창업기업 모집 확대
- 제2판교 2구역 대중견기업 간 오픈이노베이션 기능 강화 및 졸업기업 연계 지원 등

입주안내
» 주요 판교 창업존 위치 및 입주관련 사항
- 위치 : 경기도 성남시 수정구 대왕판교로 815 판교제2테크노밸리 기업지원허브 6-8층
- 공간현황 : 사무공간 146개실(창업기업 공간 131개실, 지원기관 공간 15개실), 회의실 33개실 등
- 입주기간 : 2+1년(성과평가를 통해 최대 3년간 입주가능)
- 임대관리비 : 전용면적 3.3m² 당 평균 50,000원 내외 부과(업력, 공간유형에 따른 차등부과)

제3절 중소기업창업지원

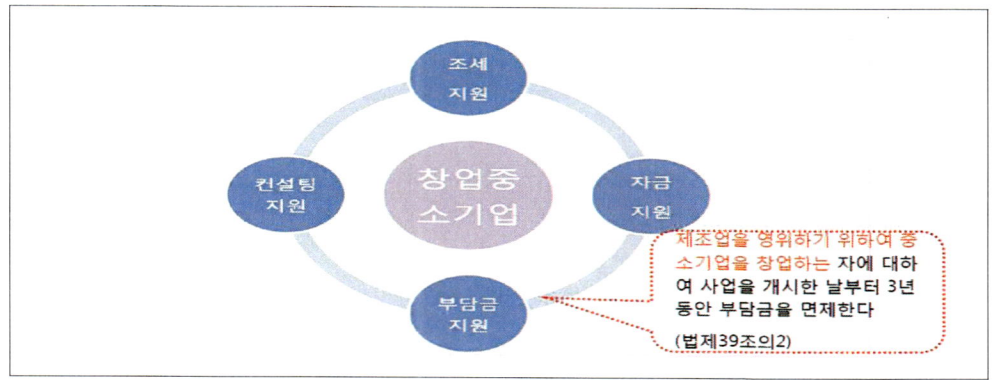

창업중소기업에 대한 지원이 다양한 분야에서 지원하고 있지만 크게 4분야로 나누어 진다

1 중소창업기업의 지원

1. 중소창업기업의 지원 【부담금】

통계청장이 작성·고시하는 한국표준산업분류상의 제조업을 영위하기 위하여 중소기업을 창업하는 자에 대하여 사업을 개시한 날부터 3년 동안 부담금을 면제한다(법제39조의2)

(1) 지방자치법 제138에 따른 분담금면제
(2) 농지법 제38조제1항에 따른 농지보전 부담금 면제
(3) 초지법 제23조제6항에 따른 대체 초지조성비 면제
(4) 전기사업부 제51조제1항에 따른 부담금 면제
(5) 대기환경보전법 제35조제1항제2호의 기본부과금 면제
(6) 수질 및 수생태계 보전에 관한 법률 제41조제1항제1호의 기본배출 부과금 면제
(7) 자원의 절약과 재활용촉진에 관한 법률 제12조제2항에 따른 폐기물 부담금 면제
(8) 한강수계 상수원수질개선 및 주민지원 등에 관한 법률 제30조 제1항에 따른물이용부담금 면제
(9) 낙동강수계 물관리 및 주민지원 등에 관한 법률 제32조 제1항에 따른 물이용부담금 면제
(10) 영산강·섬진강수계 물관리 및 주민지원 등에 관한 법률 제30조 제1항에 따른 물이용부담금 면제

2. 지식집약서비스업 창업기업 【부담금】면제

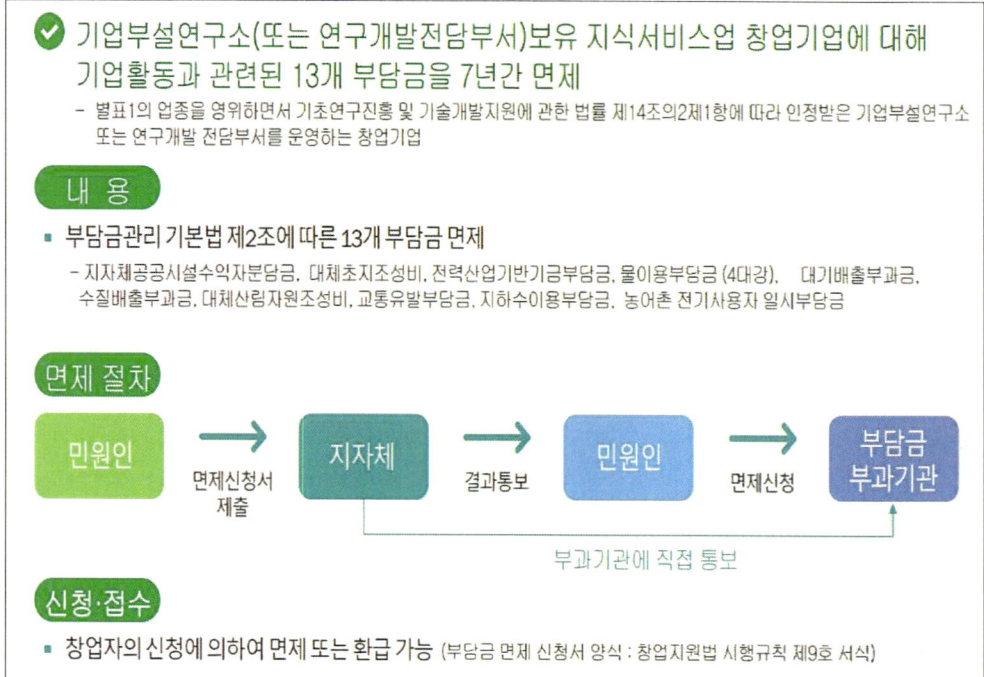

3. 지식서비스업에 해당하는 업종(제10조 제1항 관련)

구분	업종	한국표준산업분류번호
정보통신업	출판업	58
	영상·오디오 기록물 제작 및 배급업	59
	방송업	60
	우편 및 통신업	61
	컴퓨터 프로그래밍, 시스템 통합 및 관리업	62
	정보서비스업	63
금융 및 보험업	금융업	64
	금융 및 보험업	65
	보험 및 연금업	66
	금융 및 보험 관련 서비스업	70
전문, 과학 및	연구개발업	71

※ 중소기업창업 지원법 시행령 [별표 1] 〈신설 2022. 9. 20.〉
지식서비스업에 해당하는 업종(제10조제1항 관련)

| 기술전문 | 전문 서비스업 | 72 |
| 서비스업 | 기타 전문, 과학 및 기술 서비스업 | 73 |

비고

업종의 구분은 『통계법』 제22조에 따라 통계청장이 고시하는 한국표준산업분류를 기준으로 한다. 다만, 위표 제2호의 금융 및 보험업은 「벤처투자 촉진에 관한 법률 시행령」 제16조제2호가목1)에 따른 업종으로 한정한다.

「산지관리법」 제19조제1항에 따른 대체산림자원조성비를 면제하는 업종은 위 표 제1호 가목·나목· 마목· 바목의 업종과 제3호가목 다목의 업종으로 한정한다.

4. 중소창업기업의 지원) 【조세지원】

조세특례제한법상의 창업과 중소기업창업지원상의 창업이 다르게 적용하고 있어 조세특례세액감면 대상 기업의 범위는 다음의 요건에 해당되어야 한다. (조특법 제6조)

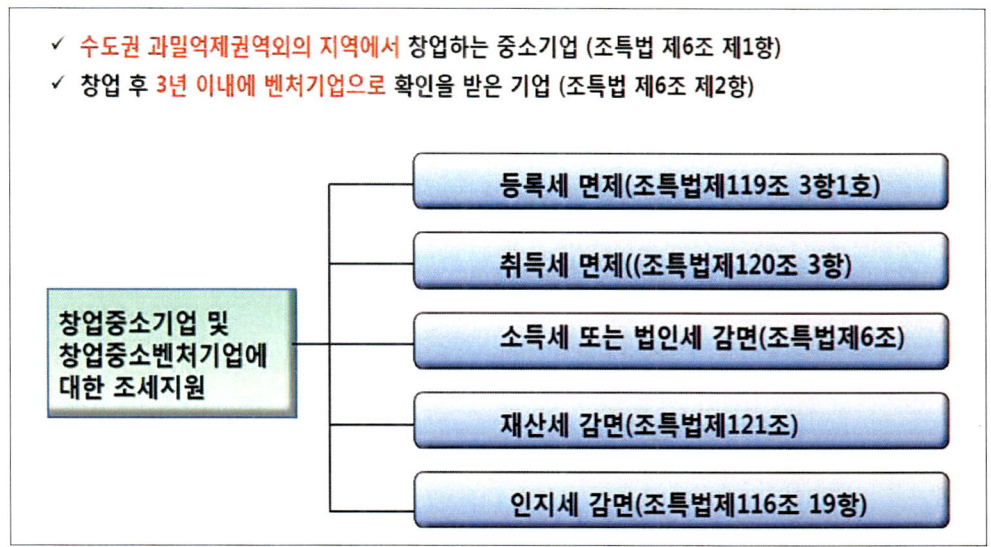

조세감면 대상

조세특례제한법상 창업과 중소기업창업지원법상의 창업의 정의는 다르게 적용되어지고 있다. 조세특례제한법상의 창업은 반드시 중소기업창업지원법상의 창업승인을 받을 것을 요구하지는 않으나 업종의 적용에 있어서 다음과 같이 제한하고 있다

① 「조세특례제한법」 제6조제3항 창업중소기업의 범위

표준산업분류 Code	지원대상 업종
D(15~37)	제조업
C(10~12)	광업
603	도로화물 운송업
611	해상운송업
6310	화물취급업
6320	창고업
63913	화물자동차 터미널 운영업
63991	화물운송주선업
63992	화물포장업
63999	그외 기타 분류안된 운송관련 서비스업(화물검수 및 형량 서비스업만 해당)
64292	부가통신업
72	정보처리 및 그 밖의 컴퓨터운영관련업
73	연구및개발업
743	건축기술및엔지니어링서비스업
744	과학및기술서비스업
746	전문디자인업
872	방송사업
87114	방송프로그램제작업

5. 벤처기업확인 제도

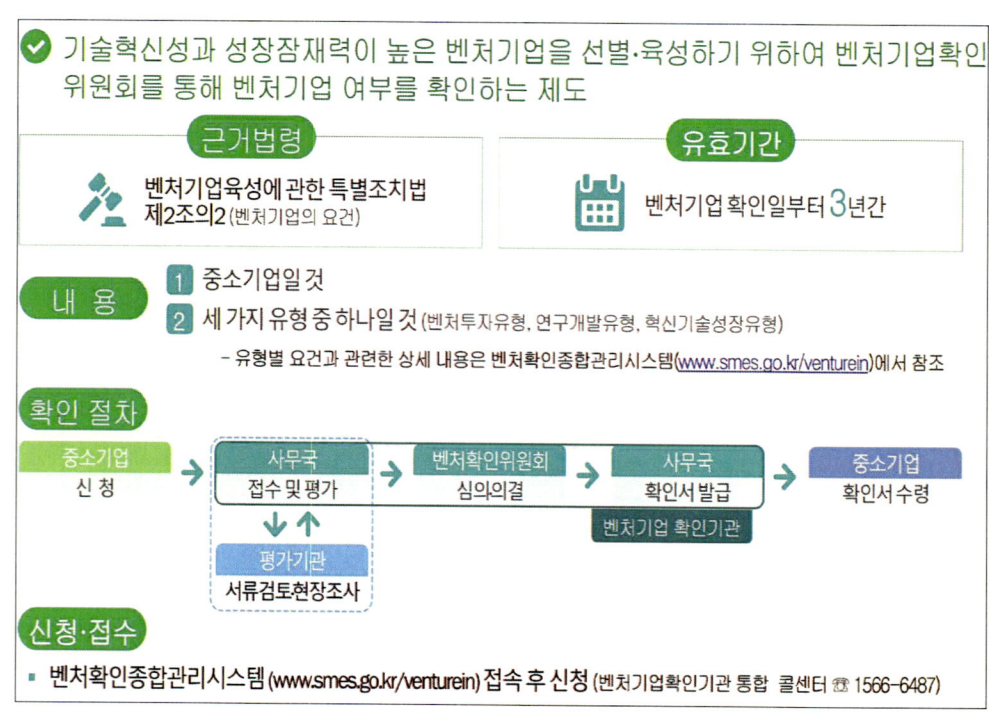

6. 창업지원에서 제외되는 업종의 범위

중소기업창업지원법은 모든 중소기업의 창업에 관하여 적용한다.
다만 다음에 해당 하는 업종의 중소기업에 대하여는 이를 적용하지 아니하며 업종의 분류는 한국표준산업분류를 기준으로 한다.

① 숙박 및 음식점업　　② 금융 및 보험업　　③ 부동산업
④ 무도장운영업　　⑤ 골프장 및 스키장운영업　　⑥ 도박장 운영업
⑦ 기타서비스업(산업용세탁업을 제외한다)
⑧ 기타 제조업이 아닌 업종으로서 산업자원부령이 정하는 업종

제4절 Q&A 자주묻는 질문

1. 근로계약서(필수항목)

• 근무장소 및 업무내용	• 임금 구성항목(급여, 상여금, 수당 등),	
• 임금 계산방법,	• 임금지급방법, 소정 근로시간,	
• 업무의 시작과 종료시간,	• 휴게시간,	• 휴일 및 연차 유급휴가

2. 계약서 작성방법?

Q: 근로계약서를 쓰지 않고 구두상으로 근로조건에 대해 계약했는데 직원이 근로계약서 작성을 요구하고, 계약서를 어떻게 작성해야 하는지 궁금합니다.

A: 근로기준법 제17조에는 근로계약 체결 시 사용자는 근로자에게 임금, 소정근로시간(법정근로시간 내에서 근로관계 당사자가 근무하기로 합의한 시간으로 1일 8시간, 1주 40시간을 초과할 수 없음), 휴일, 연차유급휴가, 취업 장소와 종사할 업무, 취업규칙의 필요적 기재사항, 기숙사규칙에 관한 사항을 명시하도록 하고 있고, 그 명시방법은 구두든 문서든 상관 없으나 근로조건 중 중요한 사항이라 할 수 있는 임금의 구성항목, 계산방법, 지불방법 뿐만 아니라 근로시간·휴일·휴가 등 채용 시 기본적인 근로조건에 관한 사항에 대해서는 반드시 서면으로 명시해야 하고, 2012년 1월 1일부터는 근로자의 요구와 관계없이 근로계약서를 교부하도록 규정하고 있습니다. 그러나 구두로 근로계약을 했다고 해서 그 근로계약 자체가 무효는 아닙니다.

다만, 근로계약서 서면명시 의무 및 서면교부 의무를 위반하게 되면 근로기준법 제 114조의 500만원 이하의 벌칙 조항이 적용되므로 근로계약서는 서면으로 작성하여야 하고, 근로계약서상에 교부했음을 증빙할 수 있도록 근로계약서에 서명을 받든지 아니면 별도의 서면교부를 확인할 수 있는 확인서를 청구하는 것이 바람직합니다. 또한, 모든 근로조건을 근로 계약서에 모두 기재할 수 없는 것이므로 개인적인 사항인 임금, 근로시간, 직책·직위, 취업장소, 종사하여야 할 업무 등 주요 사항에 대하여만 명기하고, 모든 근로자에게 공통되는 사항은 취업규칙에 정하는 바에 따른다고 규정하시면 됩니다.

관련법령
근로기준법 제17조【근로조건 명시의무】

3. 인허가사업의 법인설립과 사업자 등록?

Q: 법령에 의하여 허가를 받아야 하는 사업을 창업하려고 합니다. 법인의 설립등기와 법인설립신고, 사업자등록 그리고 허가신청방법에 관하여 알려 주시기 바랍니다.

A: 인·허가사업을 영위하는 법인을 설립하기 위해서는 먼저 인·허가 업종에 해당하는 업종을 사업목적으로 하여 법인을 설립한 다음 주무관청에 해당업종에 대한 인·허가를 신청하여야 합니다.

그리고 인·허가증을 첨부하여 사업장관할 세무서에 사업자등록을 하여야 합니다. 다만 사업의 허가 등록이나 신고 전에 등록을 하는 때에는 법인설립을 위한 사업허가 신청서 사본, 사업자등록신청서 사본, 사업신고서 사본이나 사업계획서로 이에 갈음할 수 있습니다. 다만 인·허가증을 첨부하지 않고 사업자등록을 하였을 경우에는 인·허가증이 교부된 후에 세무서에 보완제출하여야 합니다.

또한 설립등기일부터 2개월 이내에 법인설립신고를 하여야 하며, 사업등록을 한 경우에는 법인설립신고를 하지 않아도 됩니다.

4. 자택에서 사업장 가능여부?

Q: 반도체 제조업으로 자택에서 사업할려고 합니다. 알려 주시기 바랍니다.

A: 사업자등록시 사업장 자택 가능 여부를 놓고 궁금해하시는데 반도체 제조업은 좀 어렵습니다.

단순히 온라인 쇼핑몰은 자택으로 사업장 소재지를 설정하고 사업자 발급을 받을 수 있지만 제조업 같은 경우에는 인,허가증도 필요하기 때문에 이 부분에 대해서 관할 세무서 또는 관할 시/구청 관계자에게 문의 하셔서 정확히 파악하신후에 사업자등록증 발급받으시는게 좋습니다

5. 창업법인의 지분변동과 사업계획의 승인 효력

Q: 일부 지분(40%)을 타인에게 양도할 수 있는지를 알고 싶고 또한, 이 경우 지분의 일부 매수인이 창업법인의 대표자가 될 수 있는지 여부와 업종의 변경이 가능한지를 알고 싶습니다.

A: 법인의 내부 지분변동은 창업사업계획승인의 효력에 영향을 미치지 아니하며, 착공 이후 사업계획승인 받은 기업의 매각에 따른 대표자 변경이나 업종 을 변경하는 경우에는 사업계획의 변경승인을 받아야 하며 사업계획승인을 받은 기업의 대표자 변경은 변경신고를 하여야 합니다.

〈관련법령〉
창업사업계획의 승인에 관한 통합 업무처리지침 제18조(변경승인)
사업계획승인 시 의제처리 된 인-허가 사항 중 개별 법률이 정한 요건에 의하여 변경허가를 받아야 하 는 경우 해당 법률에서 정하는 서류를 첨부하여
사업계획변경승인 신청으로 처리할 수 있다.〈개정 2014.6.24〉
창업사업계획의 승인에 관한 통합 업무처리지침 제18조의2(변경 신고)
(1) 다음 각호의 어느 하나에 해당하는 사항이 있는 경우 변경이 있는 날부터 2월 이내에 별지 제1 호의3 서식의 사업계획승인사항 변경신고서에 변경사항을 증명할 수 있는 서류를 첨부하여 시장, 군수 또는 구청장에게 신고하여야 한다.
  (가) 회사명 또는 법인의 대표자 성명을 변경한 경우
  (나) 산업집적활성화 및 공장설립에 관한법률」제8조의 규정에 의하여 고시된 공장입지 기준고시에 의한 업종분류 내에서의
      업종(「통계법」제22조제1항의 규정에 의하여 통계청장이 고시하는
      한국표준산업분류표상의 세세분류 업종을 말한대 을 변경한 경우〈개정 2014.6.24〉
  (다) 개인사업자의 법인으로 전환 및 법인 형태 변경

(2) 시장, 군수 또는 구청장은 제2항의 규정에 의한 공장설립 등 승인사항 변경신고를 받은 경우에는 신고사항의 사실여부를 확인하고 그 신고를 받은 날부터 7일 이내에 별지 제6호 서식의 사업계획승인대장에 기재된 사항을 변경한 후 당해 신고인에게 통 지하여야 한다. 〈개정 2005.11.4〉

6. 법인의 설립등기와 법인설립신고·사업자등록

Q: 법령에 의하여 허가를 받아야 하는 사업을 창업하려고 합니다. 법인의 설립등기와 법인설립신고, 사업자등록 그리고 허가신청방법에 관하여 알려 주시기 바랍니다.

A: 인·허가사업을 영위하는 법인을 설립하기 위해서는 먼저 인·허가 업종에 해당하는 업종을 사업목적으로 하여 법인을 설립한 다음 주무관청에 해당업종에 대한 인·허가를 신청하여야 합니다.

그리고 인·허가증을 첨부하여 사업장관할 세무서에 사업자등록을 하여야 합니다. 다만 사업의 허가 등록이나 신고 전에 등록을 하는 때에는 법인설립을 위한 사업허가 신청서 사본, 사업자등록신청서 사본, 사업신고서 사본이나 사업계획서로 이에 갈음할 수 있습니다. 다만 인·허가증을 첨주하지 않고 사업자등록을 하였을 경우에는 인·허가증이 교부된 후 세무서에 보완제출하여야 합니다. 또한 설립등기일부터 2개월 이내에 법인설립 신고를 하여야 합니다. 다만 사업 등록을 한 경우에는 법인설립신고를 하지 않아도 됩니다

7. 감면되는 부담금의 종류

Q: 창업중소기업의 공장설립 시 감면되는 부담금의 종류와 요건을 알려주시기 바랍니다.

A: (1)【중소기업창업지원법】제33조에 따라 사업계획의 승인을 받은 창업자에 대하여는 사업을 개시한 날부터 7년 동안 다음의 부담금을 면제합니다.
　(가)【농지법】제38조제1항에 따른 농지보전부담금
　(나)【초지법】제23조제6항에 따른 대체초지조성비
(2)「통계법」제22조 제1항에 따라 통계청장이 작성·고시하는 한국표준산업분류상

의 제조업을 영위하기 위하여 중소기업을 창업하는 자에게는 사업을 개시한 날부터 3년 동안 다음에 계기하는 부담금을 면제합니다.

(가) 「지방자치법」 제138조에 따른 분담금
(나) 「농지법」 제38조 제1항에 따른 농지보전부담금
(다) 「초지법」 제23조 제6항에 따른 대체초지조성비
(라) 「전기사업법」 제51조 제1항에 따른 부담금
(마) 「대기환경보전법」 제35조제1항 제2호의 기본부과금(대기오염물질배출량의 합계가 연간 10톤 미만인 사업장에 한한다)
(바) 「물환경보전법」 제41조제1항제1호의 기본배출부과금(1일 폐수배출량이 $200m^3$ 미만인 사업장에 한한다)
(사) 「자원의 절약과 재활용촉진에 관한 법률」 제12조 제1항에 따른 폐기물부담금(연간매출액이 20억 원 미만인 제조업자에 한한다)
(아) 「한강수계 상수원수질개선 및 주민지원 등에 관한 법률」 제19조 제1항에 따른 물이용부담금
(자) 【금강수계 물관리 및 주민지원 등에 관한 법률】 제30조 제1항에 따른 이용부담금
(차) 【낙동강수계 물관리 및 주민지원 등에 관한 법률】 제32조 제1항에 따른 물이용부담금
(카) 【영산강·섬진강수계 물관리 및 주민지원 등에 관한 법률】 제30조 제1항에 따른 물이용부담금
(타) 「산지관리법」 제19조제1항에 따른 대체산림자원조성비
(파) 「도시교통정비 촉진법」 제36조에 따른 교통유발부담금
(하) 「지하수법」 제30조의3에 따른 지하수이용부담금
(거) 「오존층 보호를 위한 특정물질의 제조규제 등에 관한 법률」 제24조의 2에 따른 특정물질 제조·수입 부담금
(너) 「해양심층수의 개발 및 관리에 관한 법률」 제40조에 따른 해양심층수 이용부담금

☞ 관련법령

　　「중소기업창업지원법」제39조의3(부담금의 면제)

(3) 【산지관리법】 제19조제1항에 따른 대체산림자원조성비 「자원의 절약과 재활용 촉진에 관한 법률」 제12조 제1항에 따른 폐기물부담금(연간매출액이 20억 원 미만인 제조업자에 한한다)
　　(가) 【한강수계 상수원수질개선 및 주민지원 등에 관한 법률】 제19조 제1항에 따른 물이용부담금
　　(나) 【금강수계 물관리 및 주민지원 등에 관한 법률】 제30조 제1항에 따른 물이용부담금
　　(다) 【낙동강수계 물관리 및 주민지원 등에 관한 법률】 제32조 제1항에 따른 물이용부담금
　　(라) 【영산강·섬진강수계 물관리 및 주민지원 등에 관한 법률】 제30조 제1항에 따른 물이용부담금

(3) 【산지관리법】 제19조제1항에 따른 대체산림자원조성비
　　(가) 【도시교통정비 촉진법】 제36조에 따른 교통유발부담금
　　(가) 【지하수법】 제30조의3에 따른 지하수이용부담금
　　(나) 【오존층 보호를 위한 특정물질의 제조규제 등에 관한 법률】 제24조의 2에 따른 특정물질 제조·수입 부담금
　　(다) 【해양심층수의 개발 및 관리에 관한 법률】 제40조에 따른 해양심층수 이용부담금

　　☞ 관련법령
　　　【중소기업창업지원법】제39조의3(부담금의 면제)

8. 창업법인의 지분변동과 사업계획의 승인 효력

Q: 기존의 주물공장을 매입하여 산업기계부품제조공장을 설립하려고 합니다. 그 공정상에 기존공장의 기계설비를 일부 이용함으로서 주물의 공정이 포함됩니다. 그러나 이 가공 등의 공정을 거쳐 산업기계부품을 만들어 냅니다. 이 경우 창업 중소기업에 해당되는지요?

A: 기존 공장을 매입하여 동일 장소에서 동종의 사업을 하고자 하는 경우에는 【중소기업창업지원법 시행령】 제2조의 규정에 의한 "타인으로부터 사업을 승계하여 승계 전의 사업과 같은 종류의 사업을 계속하는 경우"에 해당하여 창업으로 볼 수 없으나 같은 장소일 경우에도 다른 업종을 영위하는 경우에는 창업에 해당합니다.

☞ 관련법령 또는 용어해설

같은 종류의 사업의 범위(중소기업 창업지원법시행령 제2조 제2항 및 제3항) 같은 종류의 사업이란 통계법 제22조 제1항의 규정에 의하여 통계청장이 작성·고시하는 한국표준산업분류상의 세 분류를 기준으로 한다. 이 경우 기존업종에 다른 업종을 추가하여 사업을 하는 경우에는 추가된 업종의 매출액이 총매출액의 100분의 50 미만인 경우에만 같은 종류의 사업을 계속하는 것으로 본다. 이 때 추가된 업종의 매출액 또는 총매출액은 추가된 날이 속하는 분기의 다음 2분기 동안의 매출액 또는 총매출액을 말한다.

☞ 사업승계의 예(중소기업창업지원법시행령제2조 제1항)

상속이나 증여에 의해 사업체를 취득하여 동종사업을 계속하는 경우
폐업한 타인의 공장을 인수하여 동일한 사업을 계속하는 경우
사업의 일부 또는 전부의 양도·야우에 의해 사업을 개시하는 경우
기존공장을 임차하여 기존 법인의 사업과 동종의 사업을 개시하는 경우
합병·분할·현물출자 등으로 사업을 승계하여 동종사업을 계속하는 경우
기존사업장에서 기존 기업이 영위한 사업과 동종사업을 영위하는 경우

제2장 중소기업

제1절 중소기업이 될 수 있는 대상

【중소기업기본법】상 중소기업이 될 수 있는 대상은 영리를 목적으로 사업을 영위하는 기업, 즉 법인인 기업 (상법상 회사 등)과 개인사업자입니다.

1 중소기업 판단기준 및 확인방법 중소기업이 될 수 있는 대상(중소기업기본법 제2조)
  ○ 영리를 목적으로 사업을 영위하는 기업
  ○ 「사회적기업 육성법'에 따른 사회적기업,「협동조합 기본법」에 따른 협동조합(연합회), 사회적협동조합(연합회), 「소비자생활협동조합법」에 따른 조합, 연합회, 전국연합회, 「중소기업협동조합법」에 따른 중소기업협동조합

1. 중소기업 범위 기준(중소기업기본법 시행령 제3조 등)
   (1) 규모기준 및 독립성 기준을 모두 충족해야 중소기업에 해당 규모기준: 업종별 매출액 기준과 상한기준(자산총액 5천억원 미만)을 만족할 것
   (2) 규모기준(외형적 판단기준): 업종별 규모기준과 상한기준 모두 충족
   (3) 업종별 규모기준 : 주된 업종의 3년 평균 매출액 기준을 충족할 것

〈 주된 업종별 평균 매출액 기준 【중소기업기본법 시행령 별표1,3】 〉

해당 기업의 주된 업종		분류 기호	중소기업 (평균 매출액)	소기업 (평균매출액)
제조업 (6개업종)	음료 제조업	C11	800억원 이하	120억원 이하
	인쇄 및 기록매체 복제업	C18		80억원 이하
	의료용 물질 및 의약품 제조업	C21		120억원 이하
	비금속 광물제품 제조업	C23		

	의료, 정밀, 광학기기 및 시계 제조업	C27		80억원 이하
	그 밖의 제품 제조업	C33		
수도, 하수 및 폐기물 처리, 원료재생업 (수도업 제외)		E (E36 제외)		30억원 이하
운수 및 창고업		H		80억원 이하
정보통신업		J		50억원 이하
산업용 기계 및 장비수리업		C34	600억원 이하	10억원 이하
전문, 과학 및 기술 서비스업		M		30억원 이하
사업시설관리 및 사업지원 및 임대 서비스업 (임대업 제외)		N (N76제외)		30억원 이하
보건업 및 사회복지 서비스업		Q		10억원 이하
예술, 스포츠 및 여가 관련 서비스업		R		30억원 이하
수리(修理) 및 기타 개인 서비스업		S		10억원 이하

(1) 상한기준 : 업종에 관계없이 자산총액 5,000억원 미만일 것
(2) 독립성 기준(계열관계에 따른 판단기준)

(다음 3가지 중 어느 하나에도 해당하지 아니할 것)

(가) 상호 출자제한 기업집단에 속하는 회사
(나) 자산총액 5,000억 원 이상인 법인(외국법인 포함, 비영리법인 등 제외)이 주식등의 30% 이상을 직접적 또는 간접적으로 소유하면서 최다출자자인 기업
(다) 관계기업에 속하는 기업의 경우에는 출자 비율에 해당하는 평균매출액등을 합산하여 업종별 규모기준을 미충족하는 기업

※ 관계기업 : 외부감사 대상이 되는 기업이 기업 간의 주식 등 출자로 지배·종속관계에 있는 기업의 집단 단, 비영리 사회적기업 및 협동조합(연합회)은 관계기업제도 적용하지 않음

숙박 및 음식점업	I	400 억원 이하	10억원 이하
금융 및 보험업	K		80억원 이하
부동산업	L		30억원 이하
임대업	N76		30억원 이하
교육 서비스업	P		10억원 이하
※ 비고 : 아래의 경우에는 예외적으로 별도의 기준에 따름			
자동차용 신품 의자 제조업	C30393	평균 매출액 1,500 억원 이하	평균 매출액 120억 이하
철도 차량 부품 및 관련 장치물 제조업 중 철도 차량용 의자 제조업	C31202		
항공기용 부품제조업 중 항공기용 의자 제조업	C31322		

② 중소기업여부확인방법

1. 중소기업 현황정보시스템(sminfo.mss.go.kr)을 통해 중소기업 확인서 발급 신청 가능
2. 증빙자료 제출이 온라인으로 완료된 경우 신청서 작성·제출과 동시에 중소기업 여부를 판단하고, 중소기업 확인서 출력 가능
3. 관계기업에 속하는 기업의 경우 각 지역 지방중소벤처기업청에 문의

해당 기업의 주된 업종		분류 기호	중소기업 (평균매출액)	소기업 (평균 매출액)
제조업 (6개	의복, 의복액세서리 및 모피제품 제조업	C14	1,500억원	120억원 이하

	업종	분류기호		
업종)	가죽, 가방 및 신발 제조업	C15	이하	80억원 이하
	펄프, 종이 및 종이제품 제조업	C17		
	1차 금속 제조업	C24		120억원 이하
	전기장비 제조업	C28		
	가구 제조업	C32		
	농업, 임업 및 어업	A	1,000억원 이하	80억원 이하
	광업	B		
제조업 (12개 업종)	식료품 제조업	C10		120억원 이하
	담배 제조업	C12		80억원 이하
	섬유제품 제조업 (의복 제조업 제외)	C13		
	목재 및 나무제품 제조업 (가구 제조업 제외)	C16		
	코크스, 연탄 및 석유정제품 제조업	C19		120억원 이하
	화학물질 및 화학제품 제조업 (의약품 제조업 제외)	C20		
	고무제품 및 플라스틱제품 제조업	C22		80억원 이하
	금속가공제품 제조업 (기계 및 가구 제조업 제외)	C25		
	전자부품, 컴퓨터, 영상, 음향 및 통신장비 제조업	C26		120억원 이하
	그 밖의 기계 및 장비 제조업	C29		
	자동차 및 트레일러 제조업	C30		
	그 밖의 운송장비 제조업	C31		80억원 이하

전기, 가스, 증기 및 공기조절 공급업	D		120억원 이하
수도업	E36		
건설업	F		80억원 이하
도매 및 소매업	G		50억원 이하

<table>
<tr><td colspan="4" align="center">유의사항</td></tr>
<tr><td colspan="4">

① 중소기업확인서의 근거
「중소기업기본법」 제2조에 따름, 「조세특례제한법」, 「중소기업 판로지원법」 등 개별법의 중소기업 범위와 다름

② 중소기업확인서의 유효기간:
직전 사업연도가 12개월 이상인 경우, 직전사업연도 말일에서 3개월 경과한 날부터 1년간 (단, 직전/당해사업연도에 창업한 기업 등은 유효기간이 달리 적용될 수 있음)

③ 중소기업 확인서 신규(갱신) 발급신청
원칙적으로 직전 사업연도 말일부터 3개월 경과한 이후부터 가능 (단, 직전년 종합소득세 신고 이전인 개인기업은 대체자료를 통해 3월 1일부터 발급가능)

④ 중소기업 확인서 온라인 자동 발급절차(원칙):
1) 회원가입(※필수), 2) 온라인 자료제출, 3) 신청서 작성→제출, 4) 발급완료

⑤ 중소기업 확인서 오프라인 발급절차(예외):
1) 회원가입(※필수), 2) 온라인 자료제출 불가시 신청서 먼저 작성→제출, 3) 오프라인 서류제출(관할 지방중소벤처기업청), 4) 발급완료(수일소요)

</td></tr>
</table>

③ 관련법령【중소기업기본법」제1조 및 제2조】

제1조(목적)

이 법은 중소기업이 나아갈 방향과 중소기업을 육성하기 위한 시책의 기본적인 사항을 규정하여 창의적이고 자주적인 중소기업의 성장을 지원하고 나아가 산업구조를 고도화하고 국민경제를 균형 있게 발전시키는 것을 목적으로 한다.

제2조(중소기업자의 범위)

1. 중소기업을 육성하기 위한 시책(이하 "중소기업시책"이라 한다)의 대상이 되는 중소기업자는 다음 각 호의 어느 하나에 해당하는 기업(이하 "중소기업"이라 한다)을 영위하는 자로 한다.

    (1) 다음 각 목의 요건을 모두 갖추고 영리를 목적으로 사업을 하는 기업

    (가) 업종별로 매출액 또는 자산총액 등이 대통령령으로 정하는 기준에 맞을 것

    (나) 지분 소유나 출자 관계 등 소유와 경영의 실질적인 독립성이 대통령령으로 정하는 기준에 맞을 것

      1) 【사회적기업 육성법】제2조제1호에 따른 사회적기업 중에서 대통령령으로 정하는 사회적기업

      2) 「협동조합 기본법」제2조에 따른 협동조합, 협동조합연합회, 사회적 협동조합, 사회적 협동 조합연합회 중 대통령령으로 정하는 자

2. 중소기업은 대통령령으로 정하는 구분기준에 따라 소기업(小企業)과 중기업(中企業)으로 구분한다.

3. 제1항을 적용할 때 중소기업이 그 규모의 확대 등으로 중소기업에 해당하지 아니하게 된 경우 그 사유가 발생한 연도의 다음 연도부터 3년간은 중소기업으로 본다. 다만, 중소기업 외의 기업과 합병하거나 그 밖에 대통령령으로 정하는 사유로 중소기업에 해당하지 아니하게 된 경우에는 그러하지 아니하다.

4. 중소기업시책별 특성에 따라 특히 필요하다고 인정하면 「중소기업협동조합법」이나 그 밖의 법률에서 정하는 바에 따라 중소기업협동조합이나 그 밖의 법인·단체 등을 중소기업자로 할 수 있다.

4 중기업·소기업·소상공인의 구분

중소기업은 규모가 다양하므로, 그 규모에 따라 중기업, 소기업, 소상공인으로 구분하여 지원책을 차별화하고 있습니다.

1. 2016년 이전에는 상시 근로자 수로만 소기업을 구분했으나, 2018년 현재는 2016년 1월 1일 자로 변경된 기준에 따라 중소기업 확인과 동일하게 규모기준과 독립성기준으로 판단합니다.
2. 소기업은 중소기업 중에서 아래의 기준을 충족하는 기업이며, 중기업은 중소기업 중에서 소기업을 제외한 기업을 말합니다. (시행령 제8조제2항)

■ 중소기업기본법 시행령 [별표 3] 〈개정 2017. 10. 17.〉

주된 업종별 평균매출액등의 소기업 규모 기준(제8조제1항 관련)

해당 기업의 주된 업종	분류기호	규모 기준
1. 식료품 제조업	C10	평균매출액등 120억원 이하
2. 음료 제조업	C11	
3. 의복, 의복액세서리 및 모피제품 제조업	C14	
4. 가죽, 가방 및 신발 제조업	C15	
5. 코크스, 연탄 및 석유정제품 제조업	C19	
6. 화학물질 및 화학제품 제조업(의약품 제조업은 제외한다)	C20	
7. 의료용 물질 및 의약품 제조업	C21	
8. 비금속 광물제품 제조업	C23	
9. 1차 금속 제조업	C24	
10. 금속가공제품 제조업(기계 및 가구 제조업은 제외한다)	C25	
11. 전자부품, 컴퓨터, 영상, 음향 및 통신장비 제조업	C26	
12. 전기장비 제조업	C28	
13. 그 밖의 기계 및 장비 제조업	C29	
14. 자동차 및 트레일러 제조업	C30	
15. 가구 제조업	C32	
16. 전기, 가스, 증기 및 공기조절 공급업	D	
17. 수도업	E36	
18. 농업,임업 및 어업	A	평균매출액등 80억원 이하
19. 광업	B	
20. 담배 제조업	C12	
21. 섬유제품 제조업(의복 제조업은 제외한다)	C13	

22. 목재 및 나무제품 제조업(가구 제조업은 제외한다)	C16	
23. 펄프, 종이 및 종이제품 제조업	C17	
24. 인쇄 및 기록매체 복제업	C18	
25. 고무제품, 및 플라스틱제품 제조업	C22	
26. 의료, 정밀, 광학기기 및 시계 제조업	C27	
27. 그 밖의 운송장비 제조업	C31	
28. 그 밖의 제품 제조업	C33	
29. 건설업	F	
30. 운수 및 창고업	H	
31. 금융 및 보험업	K	
32. 도매 및 소매업	G	평균매출액등 50억원 이하
33. 정보통신업	J	
34. 수도, 하수 및 폐기물 처리, 원료재생업(수도업은 제외한다)	E(E36 제외)	평균매출액등 30억원 이하
35. 부동산업	L	
36. 전문·과학 및 기술 서비스업	M	
37. 사업시설관리, 사업지원 및 임대 서비스업	N	
38. 예술, 스포츠 및 여가 관련 서비스업	R	
39. 산업용 기계 및 장비 수리업	C34	평균매출액등 10억원 이하
40. 숙박 및 음식점업	I	
41. 교육 서비스업	P	
42. 보건업 및 사회복지 서비스업	Q	
43. 수리(修理) 및 기타 개인 서비스업	S	

비 고
1. 해당 기업의 주된 업종의 분류 및 분류기호는 「통계법」 제22조에 따라 통계청장이 고시한 한국표준산업분류에 따른다.
2. 위 표 제27호에도 불구하고 철도 차량 부품 및 관련 장치물 제조업(C31202) 중 철도 차량용 의자 제조업, 항공기용 부품 제조업(C31322) 중 항공기용 의자 제조업의 규모 기준은 평균매출액등 120억원 이하로 한다.

5 소상공인의 구분

소상공인이란, 소기업 중 소상공인 기준을 충족하는 기업을 의미합니다. (【소상공인 보호 및 지원에 관한 법률】 제2조) 소상공인의 구분은 상시 근로자 수로 판단하며, 이는 관계기업을 고려하지 않은 해당기업만의 근로자 수입니다.

1. 소상공인은 상시 근로자 수가 10명 미만이어야 하며, 업종별 상시 근로자 수 기준은 다음과 같습니다.

〈업종별 상시 근로자 수 기준〉

업 종	기 준
광업·제조업·건설업·운수업	상시 근로자 수 10명 미만
그 밖의 업종	상시 근로자 수 5명 미만

(1) 상시 근로자 수는 근로자 중에서 다음에 해당하는 자를 제외한 자를 말합니다.(【소상공인 보호 및 지원에 관한 법률 시행령】 제2조제3항)

(가) 임원 및 일용근로자

(나) 3개월 이내의 기간을 정하여 근로하는 자

(다) 기업부설연구소 또는 연구개발전담부서의 연구전담요원

(라) 1개월 동안 정해진 근로시간이 60시간 미만인 단시간근로자

1) 근로자란 직업의 종류와 관계없이 임금을 목적으로 사업이나 사업장에 근로를 제공하는자를 의미합니다. (「근로기준법」 제2조제1항제1호)

2) 고령화 시대 및 다양한 일자리 형태의 변화를 반영하는 등 일자리 나누기를 활성화하기 위하여 1개월간의 소정 근로시간이 60시간 미만인 단시간근로자의 경우 2012년부터 상시 근로자 수의 산정에서 제외 되었습니다.

2. 근로자 및 제외인원에 대한 정의

근로자	직업의 종류와 관계없이 임금을 목적으로 사업 또는 사업장에서 근로를 제공하는 자
임원	주식회사 또는 유한회사의 경우 등기된 이사(사외이사 제외), 이 외의 회사는 무한책임사원 또는 업무집행자(개인사업자는 사장)
일용근로자	「소득세법 시행령」제20조에 따른 일용근로자 ※ 근로를 제공한 날 또는 시간에 따라 근로대가를 계산하거나 근로를 제공한 날 또는 시간의 근로성과에 따라 급여를 계산하여 받는 자
3개월 이내의 근로자	고용계약 유무와 관계없이 3개월 이내의 기간을 정하여 근로하는 자 ※ 동일한 고용주에게 3개월을 반복하여 계속 근무하는 자는 상시근로자임
연구전담요원	기업 내 조직으로서 「기초연구진흥 및 기술개발지원에 관한 법률」 제14조의 2제1항의 규정에 의해 인증받은 기업부설연구소(연구개발전담부서)의 연구 전담요원 ※ 기업부설연구소에서 근로하더라도 연구전담요원 외의 일반사무직은 상시 근로자에 포함
단시간근로자	「근로기준법」제2조제1항제8호에 따른 단시간근로자 중에서 60시간/월 이상 근로자하는 자는 1명을 0.5명으로 하고, 60시간/월 미만인 자는 0명으로 함

상시 근로자 수의 산정 방법은 크게 직전 사업연도의 사업기간이 12개월 이상인 기업과 12개월 미만인 기업으로 구분됩니다.

3. 상시 근로자 수 산정방법

직전 사업연도가 12개월 이상인 기업		직전 사업연도의 매월 말일 현재 상시 근로자 수를 합하여 12로 나눈 인원
창업·합병·분할로 직전 사업연도가 12개월 미만인 기업	창업·합병·분할한지 12개월 이상인 기업	산정일이 속하는 달부터 역산하여 12개월이 되는 달까지 기간의 매월 말일 현재의 상시근로자 수를 합하여 12로 나눈 인원
	창업·합병·분할한지 12개월 미만인기업(아래의 경우제외)	창업일 또는 합병일이 속하는 달부터 산정일까지 기간의 매월 말일 현재 상시 근로자 수를 합하여 해당 월수로 나눈 인원
	산정일이 창업·합병·분할한 달에 속한 경우	산정일 현재의 상시 근로자 수

4. 관련법령

「중소기업기본법 시행령」제8조

제8조(소기업과 중기업의 구분) ① 법 제2조제2항에 따른 소기업(小企業)은 중소기업 중 해당 기업이 영위하는 주된 업종별 평균매출액등이 별표 3의 기준에 맞는 기업으로 한다.

② 법 제2조제2항에 따른 중기업(中 企 業)은 중소기업 중 제1항에 따른 소기업을 제외한 기업으로 한다.

「 소상공인 보호 및 지원에 관한 법률 」제2조

제2조(정의) 이 법에서 "소상공인"이란 「중소기업기본법」제2조제2항에 따른 소기업(小企業) 중 다음 각 호의 요건을 모두 갖춘 자를 말한다.
 ① 상시 근로자 수가 10명 미만일 것
 ② 업종별 상시 근로자 수 등이 대통령령으로 정하는 기준에 해당할 것

「 소상공인 보호 및 지원에 관한 법률 시행령 」제2조

제2조(소상공인의 범위 등) ①「 소상공인 보호 및 지원에 관한 법률 」(이하 "법"이라 한다) 제2조제2호에서 "대통령령으로 정하는 기준"이란 다음 각 호의 구분에 따른 주된 사업에 종사하는 상시 근로자 수를 말한다.
광업·제조업·건설업 및 운수업: 10명 미만
그 밖의 업종: 5명 미만시작

② 제1항에 따른 주된 사업의 기준에 관하여는 「 중소기업기본법 시행령 」제4조 및 제7조 (제2항제2호는 제외한다)를 준용한다. 이 경우 "평균매출액등"은 "매출액"으로, 같은 영 제7조 제2항제1호에서 "직전 3개 사업연도"는 "직전 사업연도"로, "36개월"은 "12개월 이상"으로, "총 매출액을 3으로 나눈 금액"은 "매출액"으로, 같은 항 제3호 각 목 외의 부분에서 "제2호"는 "제1호"로 본다.

③ 제1항에 따른 상시 근로자는 「근로기준법」 제2조제1항제1호에 따른 근로자 중 다음 각 호의 어느 하나에 해당하는 사람을 제외한 사람을 말한다.
(1) 임원 및 「소득세법 시행령」 제20조에 따른 일용근로자
(2) 3개월 이내의 기간을 정하여 근로하는 사람
(3) 「기초연구진흥 및 기술개발지원에 관한 법률」 제14조의2제1항에 따라 인정받은 기업부설 연구소 및 연구개발전담부서의 연구전담요원「근로기준법」 제2조제1항제8호에 따른 단시간근로자(이하 "단시간근로자"라 한다)로서 1개월 동안의 소정(所定)근로시간이 60시간 미만인 사람
④ 제1항에 따른 상시 근로자 수는 다음 각 호의 구분에 따른 방법에 따라 산정한다. 이 경우 단시간근로자로서 1개월 동안의 소정근로시간이 60시간 이상인 근로자는 1명을 0.5명으로 산정한다.
(1) 직전 사업연도의 사업기간이 12개월 이상인 경우(직전 사업연도에 창업하거나 합병 또는 분할한 경우로서 창업일, 합병일 또는 분할일부터 12개월 이상이 지난 경우는 제외한다): 직전 사업연도의 매월 말일 현재의 상시 근로자의 수를 합하여 12로 나눈 인원
(2) 직전 또는 해당 사업연도에 창업하거나 합병 또는 분할한 경우로서 제1호에 해당하지 아니하는 경우: 다음 각 목의 구분에 따라 월평균 상시 근로자의 수로 환산하여 산정한 인원
　(a) 산정일이 창업하거나 합병 또는 분할한 달에 속하는 경우: 산정일 현재의 인원
　(b) 창업하거나 합병 또는 분할한 지 12개월 미만인 경우(가목의 경우는 제외한다): 창업일, 합병일 또는 분할일이 속하는 달부터 산정일까지의 기간의 매월 말일 현재의 상시 근로자의 수를 합하여 해당 월수로 나눈 인원
　(c) 창업하거나 합병 또는 분할한 지 12개월 이상인 경우: 산정일이 속하는 달부터 역산하여 12개월이 되는 달까지의 기간의 매월 말일 현재의 상시 근로자의 수를 합하여 12로 나눈 인원
⑤ 중소벤처기업부장관은 기업이 소상공인에 해당하는지를 확인하기 위하여 필요하면 확인 방법 및 절차에 관한 사항을 정하여 고시할 수 있다.

5. 한국표준산업 분류상의 제조업 정의 통계청 고시 제 2000-1호(2000. 3. 1시행)

(1) 제조업이란 원재료(물질 또는 구성요소)에 물리적, 화학적 작용을 가하여 투입된 원재료를 성질이 다른 새로운 제품으로 전환시키는 산업활동을 말합니다.

(2) 따라서 단순히 상품을 선별·정리·분할·포장·재포장하는 경우 등과 같이 그 상품의 본질적 성질을 변화시키지 않는 처리활동은 제조활동으로 보지 않습니다.

(3) 이러한 제조활동은 공장이나 가내에서 동력기계 및 수공으로 이루어질 수 있으며, 생산된 제품은 도매나 소매형태로 판매될 수도 있습니다

6. 제조업 인정 여부

제조시설이 없는 경우에도 제조업으로 인정받을 수 있는지 문의 국표준산업분류에서 제조업의 정의는 "자기가 특정 제품을 직접 제조하지 않고, 다른 제조 업체에 의뢰하여 그 제품을 제조케 하여, 이를 인수하여 판매하는 경우"라도 다음의 4가지 조건이 모두 충족된다면 제조업으로 분류하고 있습니다.

즉, 이와 같이 외주가공 위탁 생산의 경우 통계청 해석이나 조세특례제한법 기본통칙 4-2.4(제조업의 범위)에 따르면 위탁생산 제조업체가 국내기업에 한하는 경우에만 인정하고 있음을 참고하시기 바랍니다

(1) 생산할 제품을 직접 기획(고안 및 디자인, 견본제작 등)하고
(2) 자기 계정으로 구입한 원재료를 계약 사업체에 제공하여
(3) 그 제품을 자기 명의로 제조케 하고
(4) 이를 인수하여 자기 책임하에 직접 시장에 판매하는 경우.

제2절 Q&A 자주묻는 질문

1. 중소기업확인서

Q: 중소기업확인서는 어떻게 받나요?

A :

중소기업(소상공인) 확인서는 온라인(sminfo.mss.go.kr)으로 발급 가능합니다.
  (1) 온라인 자료 제출 - 중소기업현황정보시스템(sminfo.mss.go.kr)에 접속후 자료 제출
    (가) 제출서류: 최근 3개년 법인세 전자신고파일, 최근 1개년 원천세 전자신고파일
  (2) 회원가입 - 중소기업현황정보시스템(sminfo.mss.go.kr)에 접속
    (가) 메인화면 좌측 [회원가입] ⇒ [일반회원]을 클릭하여 회원가입
  (3) 신청서 작성 - 상단메뉴 중 [중소기업(소상공인)확인] ⇒ [중소기업(소상공인)확인서 발급] ⇒ [신청서 작성]을 클릭 - 신청자 정보 입력 후 [신청서 제출] 클릭
  (4) 중소기업 확인서 발급 완료
  (5) 이상으로 신청서 작성및 제출이 끝나면 중소벤처기업부의 확인서 담당자가 체크하고 결재하면 확인서 출력이 가능합니다.
  (6) 확인서 출력은 좌측에 "중소기업(소상공인)확인" 메뉴 하단 중간에 "확인서 출력" 버튼을 클릭하시면 확인서가 발급됩니다.
  (7) 확인서 발급이 안나오면 아직 결재중이라는 뜻일겁니다.
  (8) 진행도중에 잘 안되는 것이 있으면 국번없이 1357로 전화하셔서 해당 지방중소벤처기업청 중소기업확인서 발급 담당자를 연결하여 달라고 해서 통화하시거나 관할구역 중소벤처기업부 000-000-0000으로 전화주셔도 됩니다.

관리번호 :

중소기업 확인서
[소기업]

기 업 명 :

사업자등록번호 :　　　　　　법인등록번호 :

대표자명 :

주　　소 :

주 업 종 :

유효기간 :　　2020-04-01 ~ 2021-03-31

용　　도 :　　공공기관 제출용

위 기업은 「중소기업기본법」 제2조에 의한 중소기업임을 확인합니다.

2020년 03월 31일

중소벤처기업부장관

2. 개인기업과 법인기업

Q: 개인기업과 법인기업 중 어떤 것이 유리한지?

A:

개인기업과 법인기업 중 어느 것이 유리하다고 단정지어 말씀 드릴 수는 없습니다. 그러나 최근의 추세가 개인기업보다는 법인에 대해서 신뢰도 부분에서 더 안정적으로 접근할 수 있습니다. 또한 2009년 6월부터 법인설립에 대한 규제가 대폭 완화되어 법인설립에 대한 부담을 상당부분 해소할 수 있습니다. 그러나 개인기업과 법인 중 어느 것이 유리하냐? 는 질문은 매출구조와 세제적용 등에 따라 달라질 수 있음으로 시간을 가지고 판단하시는 것이 바람직합니다.

일반적으로 법인기업에 대한 장점은 기업의 대외신뢰도가 높고 사업이 양도 및 지분이양이 용이하며, 자금충당이 용이하다는 장점이 있는 반면, 설립절차가 복잡하고 법적 이행의무사항이 많으며 해산이 쉽지 않다는 단점도 있습니다. 한편 개인기업의 장점은 사업개시와 경영의사 결정이 빠르고 자유로며 비밀유지가 용이합니다. 반면 대표의 채무에 대하여 무한책임을 지는 것과 사업변경 시 폐업을 하고 다시 개업을 해야하며, 개인자금과 사업자금의 구분이 어려워 세제상 인정과제하는 경향이 매우 높고 세율도 상대적으로 법인에 비하여 높다는 단점이 있습니다.

(경영목적에 따라 생각 후, 세무사와 사전에 상담도 필요)
개인 기업은 단순히 세무서에 신고만 하면 종결되지만, 법인의 경우 재택 창업시스템을 활용하거나 변호사, 법무사를 통하여 설립하시면 편리하실 듯 합니다.
법인 설립절차가 끝나면 세무서에 사업자 등록 신고를 하여야 하고, 금융기관에서 사업용계좌를 개설하여 세무서에 신고하면 법인 설립과 관련된 절차는 마무리됩니다. 재택창업시스템에 의해서 홀로 법인을 설립할 수 있으나 법무사 등을 통하여 설립하시면 편리하실 것으로 생각되어 집니다.

3. 개인기업과 법인기업 장·단점

Q: 개인기업과 법인기업의 장·단점을 알려주세요.

A:

(1) 기업의 법률적 형태에 있어서 중요한 것은 개인기업과 회사형태의 기업이다. 개인기업은 기업이 완전한 법인격이 없으므로 소유자에게 종속되는 기업이고 회사형태의 기업은 완전한 법인격을 가지고 스스로의 권리와 의무의 주체가 되며 기업의 소유자로부터 분리되어 영속성을 존재할 수 있는 기업이다.

(2) 우리나라의 일반적인 회사의 형태는 주식회사이며 합자회사, 합명회사 및 유한회사는 거의 없다고 보아도 무방하다. 그러나 회사의 개념에는 들어가지 않으나 개인사업자 형태의 개인 기업이 우리나라에는 많이 존재한다. 따라서, 개인기업과 주식회사의 장·단점을 비교하여 예비 창업자에게 사업계획 검토단계에서 기업의 형태를 결정하는 데 도움을 주고자 한다.

개인기업과 법인기업의 장·단점

구분	개 인 기 업	법 인 기 업
장점	(가) 설립등기가 필요 없고 사업자등록만으로 사업개시가 가능하므로 기업설립이 용이 (나) 기업이윤 전부를 기업주가 독점할 수 있음 창업비용과 창업자금이 비교적 적게 소요되어 소자본을 가진 창업자도 창업가능 (다) 일정규모 이상으로는 성장하지 않는 중소규모의 사업에 안정적이고 적합 (라) 기업활동에 있어 자유롭고, 신속한 계획수립, 계획변경 등이 용이 (마) 개인기업은 인적조직체로서 제조방법, 자금운용상의 비밀유지가 가능	(가) 대표자는 회사운영에 대해 일정한 책임을 지며, 주주는 주금납입을 한도로 채무자에 대해 유한책임을 짐 (나) 사업양도시에는 주식을 양도하면 되므로 주식양도에 대하여 원칙적으로 낮은 세율의 양도소득세가 부과됨. 또한 주식을 상장 후에 양도하면 세금이 없음 (다) 일정규모 이상으로 성장 가능한 유망사업의 경우에 적합 (라) 주식회사는 신주발행 및 회사채 발행 등을 통한 다수인으로부터 자본조달이 용이 (마) 대외공신력과 신용도가 높기 때문에 영업수행과 관공서, 금융기관
단점	(가) 대표자는 채무자에 대하여 무한책임을 짐 대표자가 바뀌는 경우에는 폐업을 하고, 신규로 사업자등록을 해야 하므로 기업의 계속성이 단절됨 (나) 사업양도시에는 양도된 영업권 또는 부동산에 대하여 높은 양도소득세가 부과됨	(가) 설립절차가 복잡하고 일정규모 이상의 자본금이 있어야 설립가능 (나) 주식회사인 벤처기업의 설립 자본은 2천만원 이상임 (다) 대표자가 기업자금을 개인용도로 사용하면 회사는 대표자로부터 이자를 받아야 하는 등 세제상의 불이익이 있음

4. 개인기업과 법인기업 세제상의 특징비교

Q: 개인기업과 법인기업 세제상의 특징은 무엇이 다른가요?

A :

(1) 개인기업은 소득세법의 적용을 받으므로 과세기간은 매년 1월 1일부터 12월 31일까지이며, 과세소득은 총수입에서 필요경비를 공제한 금액이 되며, 대차대조표 공고의무가 없다.

(2) 이에 반해, 법인은 법인세법의 적용을 받고, 그 과세기간은 정관과 규칙에서 정하는 회계기간에 따라 달라지며 과세소득은 익금총액에서 손금총액을 공제한 금액이다. 대차대조표의 공고의무가 있으나, 세부담은 여러 가지 상황에 따라 차이가 있을 수 있다. 세율측면에 있어서는 개인기업(10%~40%로 누진)보다 법인기업(16%~28%)이 유리하다.

개인기업과 법인기업의 세제상의 특징

내용	개 인 기 업	법 인 기 업
과세근거법	소득세법	법인세법
과세기간	매년 1월1일부터 12월 31일까지	정관에 정하는 회계기간
과세소득	총수입금액 - 필요경비	익금의 총액 - 손금의 총액
과세범위	특정소득에 대해서는 종합과세를 하지않고 원천징수만으로 분리과세	분리과세가 인정되지 않음
이중과세 여부	하나의 원천소득에 대해 이중과세가 되지 않음	법인에게 법인세 과세 후, 주주의 배당에 대해 소득세 과세
세율구조	세 율 : 9%~36%로 누진적용 주민세 : 소득세의 10%	세 율 : 15%~27% 주민세 : 법인세의 10%
납세지	개인기업의 주소지	법인등기부등본상의 본점/주사무소
기장의 의무	수입금액에 따라 일기장의무자, 간이장부 의무자, 복식부기의무자로 구분	수입금액에 관계없이 복식부기의무자
외부감사제도	적용되지 않음	자산총액이 60억원 이상인 경우, 공인회계사의 감사를 받음
대차대조표 공고	대차대조표 공고의무가 없음	법인세 신고기간내에 일간신문에 공고의무가 있음

5. 개인기업과 법인기업 회계처리상의 특징비교

Q: 개인기업과 법인기업 회계상의 특징은 무엇이 다른가요?

A:

(1) 대표자의 인건비 법인의 대표이사는 고용관계에 의하여 근로를 제공하므로 그 대가인 임원보수와 상여금을 손금에 산입한다. 이에 반해, 개인기업의 대표는 사업의 경영주체로서 고용관계에 있지 아니하므로 급여를 지급 받을 수 없다. 급여를 지급 받아도 그 것은 출자금의 인출에 불과하므로 필요경비에 산입하지 아니한다.

(2) 퇴직급여충당금 설정 법인세법은 1년이상 근속한 모든 임직원에 대해 퇴직급여충당금을 설정할 수 있다. 따라서, 대표이사도 퇴직급여충당금의 대상이 될 수 있으나 개인기업의 대표는 소득세법상 퇴직급여 충당금 설정대상이 아니다.

(3) 이연자산의 종류 법인세법은 법인의 이연자산을 창업비, 개업비, 신주발행비, 연구개발비, 사용수익기부 자산가액등 6가지로 인정하고 있으나, 개인사업자는 설립등기가 필요없고, 신주를 발행하지 못하므로 소득세법은 개인기업의 이연자산을 개업비, 연구개발비, 사용수익기부자산가액 등 3가지만 인정하고 있다.

(4) 대손충당금 설정대상 법인세법은 대손충당금 설정대상 채권을 소비대차계약에 의한 대여금과 미수금을 포함하고 있으나, 소득세법은 사업과 관련된 채권만 대손충당금 설정대상으로 규정하고 있으므로 소비대차계약에 의한 대여금과 정상적인 사업거래에서 발생하지 않는 투자자산, 유형자산 처분미수금은 대손충당금을 설정할 수 없다.

(5) 기타의 차이 출자금의 자금인출에 대한 인정이자 익금산입, 시설개체 기술낙후로 인한 생산설비의 폐기손실 손금산입, 양도자산 상각부인액 손금산입, 이자비용 손금불산입 부인규정, 일시상각 충당금 설정 등에 있어서 회계처리상에 상당한 차이가 있다.

6. 중요서류는 3년간 보존(안 지키면 500만원 이하 벌금)

Q: 퇴사했는데 근로계약서 보관해야하나요?

A:

중요서류는 3년간 보존

(1) 보존해야 할 서류(근로계약서, 임금결정 서류, 고용·해고퇴직 서류, 그 외 중요서류)

제3장 사업자가 알아두어야 할 기본상식

제1절 사업자등록

1. 모든 사업자는 사업을 시작하면서 반드시 사업자등록을 하여야 함

(1) 사람이 태어나면서 출생신고와 같이 주민등록을 하듯이 사업을 하려는 자는 반드시 관할세무서에서 사업자등록을 하여야 한다. 사업개시일로부터 20일 이내에 사업자등록 신청을 하여 사업자등록증을 발급 받아야 한다.

(2) 사업자등록시 사업개시일이란?

부가가치세법시행규칙 제3조[개업일의 기준] 법 제5조 제1항에 규정하는 사업개시일은 다음 각호의 규정에 의한다.

(가) 제조업에 있어서는 제조장별로 재화의 제조를 개시하는 날

(나) 광업에 있어서는 사업장별로 광물의 채취·채광을 개시하는 날

(다) 기타의 사업에 있어서는 재화 또는 용역의 공급을 개시하는 날

(3) 사업자등록신청시 구비서류는 다음과 같다.

(가) 사업자등록신청서 1부

(나) 사업허가증·등록증 또는 신고필증 사본 1부 (허가를 받거나 등록 또는 신고를 하여야 하는 사업의 경우)

(다) 사업개시전에 등록을 하고자 하는 경우에는 사업허가신청서 사본이나 사업계획서

(라) 임대차계약서 사본 1부(사업장을 임차한 경우)

(마) 2인 이상이 공동으로 사업을 하는 경우에는 공동사업 사실을 증명할 수 있는 서류

(바) 도면1부 (상가건물 임대차보호법이 적용되는 건물의 일부를 임차한 경우)

(사) 법인등기부등본, 정관 및 주주명부(법인의 경우)

☞ 사업자등록증은 관할세무서 민원봉사실에서 즉시 발급하여 준다. 다만, 명의위장 사업 또는 신용카드 위장가맹혐의가 있는 사업자의 경우에는 현지확인을 실시하여 실질 사업자인지 여부를 확인한 후 발급하여 준다.

☞ 사업자등록을 하면 사업자등록번호가 나오게 되는데, 이 사업자 등록 번호는 모든 상거래에 있어 그 사업체를 거래 시마다 표시하며 사용되는 고유번호이다.

2. 사업을 시작하기 전에 등록할 수 있음

모든 사업자는 사업개시일로부터 20일 이내에 사업자등록을 하여야 하며, 등록시 부여받은 사업자등록번호를 사용하여 세금계산서를 주고받을 수 있게 된다.

그러나 사업자가 사업을 개시하기 전에 상품을 구입하거나 시설투자를 하고자 하는 경우 상품 매입시 부담한 부가가치세를 환급 받으려면 사업을 개시하기 전에 사업자등록을 하여 매입 계산서를 교부받는 것이 유리하다. 이 때에는 사업을 개시할 것이 객관적으로 확인되어야 사업자등록증이 교부된다.

3. 사업자등록은 사업장마다 하여야 함

(1) 사업장이라 함은 사업자 또는 그 사용인이 상시 주재하여 거래의 전부 또는 일
(2) 부를 행하는 장소를 말한다.
(3) 법인의 경우 법인의 본점, 지점 모두 사업자등록을 하여야 하고, 개인도 사업
(4) 장이 2개이상 있는 때에는 사업장마다 사업자등록을 하여야 하며 직매장도 사
(5) 업자등록을 하여야 한다.

4. 다음의 경우에는 사업자등록을 하지 않아도 된다.

(1) 보관, 관리시설만 갖춘 하차장을 설치하고, 그 날로부터 10일 이내에 하차장 관할 세무서에게 하차장 설치신고서를 제출한 경우
(2) 기존사업장이 있는 사업자가 각종 경기대회, 박람회, 국제회의 등이 개최되는 장소에 임시사업장을 개설하는 경우나 임시로 기존사업장과는 다른 장소에 단기간 판매장을 개설하는 경우로서 사업 개시일 20일전에 임시사업장 관할 세무서에 임시사업장 개설신고서를 제출한 경우

5. 여러 가지 사업을 겸업할 때의 사업자등록

(1) 부가가치세의 과세사업과 부가가치세가 면세되는 사업을 겸업할 때에는 부가가치세법에 의한 사업자등록만을 하면 된다.
(2) 부가가치세가 면세되는 사업만을 하는 경우 소득세법(법인의 경우 법인세법)에 의한 사업자등록을 하여야 한다.

6. 공동사업자의 경우 사업자등록하는 방법

2인이상의 사업자가 공동으로 사업을 하는 경우 사업자등록신청은 공동사업자 중 1인을 대표자로 하고 공동으로 사업을 하는 사실을 증명할 수 있는 동업계약서 등의 서류(공동계약서등)를 함께 제출하여야 한다.

(1) 사업자등록을 발급받지 못하는 경우

남의 명의로 사업자등록을 신청하거나 법령에 의하여 허가를 받아야 하는 업종의 사업자가 허가증사본을 붙이지 아니한 경우 신청내용이 실제사업과 다른 경우에는 사업자등록증을 발급받을 수 없다. 이러한 경우에는 등록신청을 정정하거나 보완하여 신청하여야 하며, 신청한 내용이 세무서에서 조사한 사실과 다른 경우에는 그 조사한 사실에 따라 사업자등록증이 교부되며 이 경우 교부기간은 7일에 한하여 연장된다.

(2) 사업자등록을 하지않은 경우 불이익

(가) 무거운 가산세를 물게 된다.

사업자등록을 하지 않고 사업을 하면 사업개시일로부터 등록한 날이 속하는 예정신고기간 (예정신고기간이 지난 경우에는 그 과세기간)까지의 공급가액에 대하여 100분의 1(간이과세자는 1,000분의 5)에 해당하는 금액을 가산세로 물게된다.

(나) 매입세액을 공제받을 수 없다.

구입한 상품에 대한 세금계산서를 교부 받을 수 없어 물건을 사지 못하거 나 구입시 부담한 세금을 공제받지 못하게 되며, 결과적으로 성실한 납세자에게 주는 각종 혜택을 전혀 받지 못하는 등의 불이익을 입게 된다.

7. 사업자등록을 한 번 부여받으면 평생 사용하게 됨

사업자를 옮기거나 폐업하였다가 다시 시작하는 경우, 종전에는 사업자등록번호를 새로 부여받았으나 '97년부터는 사업자등록증을 한 번 부여받으면 특별한 경우 외에는 평생 그 번호를 사용하게 되어 있다.

따라서 사업자는 사업자등록 번호에 의하여 세적이 관리되므로 사업을 하면서 세금을 내지 않거나, 무단폐업하는 등 성실하지 못한 행위를 할 경우, 이러한 사항들이 모두 누적되어 불리할 경우가 있으므로 사실대로 정확하게 사업자등록을 하여야 한다.

8. 사업자등록 변동/정정신고를 하는 방법

다음과 같은 변동사항이 발생하면 지체없이 사업자등록 정정신고서를 작성하여 기존의 사업자등록증과 함께 사업소 소재지 관할 세무서의 민원봉사실에 제출하면 된다.

(1) 상호나 업태, 종목 등 사업의 종류를 변경하는 때
(2) 사업자의 주소, 거소 또는 사업장을 이전하는 때
(3) 법인의 대표자를 변경하는 때
(4) 상속으로 인하여 사업자의 명의가 변경되는 때
(5) 사업장을 이전하는 때에는 이전후의 사업장을 관할하는 세무서에 그 이전사실을 신고하여야 한다.

9. 사업자가 폐업신고를 하는 방법

(1) 사업을 폐업하면 지체없이 세무서 민원봉사실에 비치된 폐업신고서 1부를 작성하여 사업자등록증과 함께 사업장을 관할하는 세무서에 제출하면 된다. 폐업신고서를 제출하는 경우 부가가치세 확정신고도 같이 하는 것이 절차가 간편하고 유리하다. 이때 부가가치세 확정신고서에 폐업 년월일 및 사유를 기재하고 사업자등록증을 첨부하여 제출하면 폐업신고서를 제출한 것으로 본다.

(2) 사업을 그만두는 사업자의 마지막 신고기간은 그 폐업일이 속하는 과세기간의 개시일로부터 폐업일까지이며, 모든 사업자는 폐업일로부터 25일 이내에 확정신고 납부를 하여야 한다.

[부가가치세 확정신고 예시]

'04년 12월 15일에 사업을 그만두는 경우 신고 대상기간은 10월1일부터 12월 15일이 된다. 이 기간중의 영업 실적에 대하여 폐업일인 12월 15일부터 25일이 되는 다음 연도인 2005년 1월 4일까지 부가가치세 확정 신고납부를 하여야 함

10. 사업자등록 신청서 작성 시 유의사항

사업자등록 신청서에는 해당되는 사업자의 유형을 먼저 생각할 필요가 있으며, 부가가치세가 과세되는 사업자의 유형은 매출액의 규모에 따라 일반과세자/간이과세자로 구분된다.

(1) 간이과세자가 되려면 간이과세적용신고도 함께 하여야 한다.

　(가) 간이과세 적용신고는 사업자등록신청서의 해당란에 표시하면 된다.

　(나) 간이과세 적용기준

　　1) 연간 매출 예상액이 4,800만원 미만인 개인사업자

　　2) 4,800만원 미만자라도 아래 사업은 간이과세를 적용받을 수 없다.

〈 간이과세 배제사업 〉

① 광업, 제조업(과자점, 떡방앗간, 도정·제분업, 양복·양장·양화점은 가능)
② 도매업(겸업시 도·소매업 포함), 부동산매매업
③ 시 이상 지역의 과세유흥장소
④ 변호사, 심판변론인, 변리사, 법무사, 공인회계사, 세무사, 경영지도사, 기술지도사, 감정평가사, 손해사정인업, 통관업, 기술사, 건축사, 도선사, 측량사업 등 전문직 사업자
⑤ 기타 사업장소재시, 사업의 종류·규모 등을 감안하여 국세청장이 정한 간이과세 배제기준에 해당회는 사업자
※ 2005년 1월 1일 부터는 일반과세가 적용되는 사업장을 보유하고있는 사업자도 간이과세를 적용받을 수 없다.

11. 간이과세적용을 받기 위한 간이과세 적용신고
   (1) 새로 사업을 개시하는 자의 경우 연간매출액이 1억 5천만원 미만이 될 것으로 예상되는 때에는 사업자등록 신청서의 간이과세적용신고란에 그 내용을 기재 하거나 간이과세적용 신고서를 내면 간이과세적용을 받게 된다.
   (2) 연간매출액이 1억5천만원 미만이더라도 세금계산서의 수취·발급을 위하여 일반과세자가 되고자 하는 경우에는 간이과세적용신고를 하지 않으면 된다.

12. 간이과세적용을 받기 위한 간이과세 적용신고
   (1) 거래시마다 일반과세자는 세금계산서를 교부하여야 한다. 다만, 소매업, 음식·숙박업등과 같이 최종소비자와 거래시에는 영수증, 신용카드 매출전표, 금전등록기 계산서 등을 교부하여야 한다.
   (2) 세금계산서를 교부받으면 매입세액을 공제받을 수 있다. 매입과 관련하여 거래증빙으로 세금계산서를 교부받으면 세금계산서에 기재된 세액 전액을 자기가 낼 세금에서 공제하거나 환급을 받을 수 있다.

13. 간이과세자와 과세특례자는 세금계산서를 교부할 수 없음
   (1) 간이과세자와 과세특례자는 일반과세자와 달리 세금계산서를 교부할 수 없으며, 신용카드 매출전표, 금전등록기 계산서만을 교부하여야 한다.
   (2) 신용카드 가맹사업자가 신용카드 매출전표를 발행하면 발행금액의 1%를 납부할 세액에서 공제받을 수 있다.
   (3) 세금계산서를 교부받으면 매입세액을 공제받을 수 있다. 매입과 관련하여 거래증빙으로 세금계산서를 교부받으면 세금계산서에 기재된 세액의 10% 내지 25%를 자기가 낼 세금에서 공제받을 수 있다. 그러나 납부세액을 초과하는 경우, 그 초과분에 대하여는 환급을 받을 수 없다.

14. 특별소비세·교통세 또는 주류판매와 관련된 사업자의 등록·신고
   (1) 특별소비세 또는 교통세의 납세의무가 있는 사업자가 특별소비세법 또는 교통세법에 의하여 개업·휴업·폐업 또는 변경신고를 한 경우에는 부가가치세법에따른 별도신고를 할 필요가 없다.

(2) 또한, 유흥음식업소, 식품잡화점 등 주류판매를 해야하는 사업자의 경우 사업자등록신청서에 주류판매사실을 기재, 관할 세무서에 제출하여 사업자등록증을 교부받은 경우에는 주류판매신고를 할 필요가 없다.

15. 근로계약서 필수 기재사항

근로계약서는 임금, 근로시간 등 근로조건을 명확히 정하기 위해 그리고 사업자와 근로자 모두의 권리를 보호하기 위해 반드시 필요합니다.

정규직이 아닌 일용직, 계약직, 아르바이트 등과 같은 형태의 인력 고용 시에도 반드시 근로계약서를 작성해야 하는데요.

근로계약서 필수 기재사항을 알아보고, 작성 시 주의사항에 대해서도 함께 알아보겠습니다.

(1) 근로계약서란?

근로계약서란 근로자가 노동에 대한 정당한 권리를 보장받기 위해 사용자(회사)와 체결한 계약 내용을 기재한 문서입니다.

모든 사업장에 의무로 적용되는 사항으로, 단 하루라도 근로자가 사용자에게 근로를 제공한다면 근로계약서 작성 대상에 포함됩니다.

(2) 근로계약서 필수 기재사항

근로기준법 제17조에 따라, 아래 항목은 근로계약서에 필수로 기재해야 합니다.

항목	설명
설명	임금 지급 방식(시급·주급·월급), 지급일, 지급 방법과 금액 기재(추가로 지급하기로 한 수당이 있을 경우 해당 내용 포함)
임금	법정근로시간 (1일 8시간, 1주 40시간)내에서 근로자와 사용자가 근로를 제공하기로 합의한 시간(휴게시간 포함, 연장근로 최대 12시간 적용)
소정근로시간	법정근로시간 (1일 8시간, 1주 40시간)내에서 근로자와 사용자가 근로를 제공하기로 합의한 시간(휴게시간 포함, 연장근로 최대 12시간 적용)
휴일	근로기준법 제55조에 따른 휴일(주휴일, 법정공휴일)
연차유급휴가	근로기준법 제60조에 따른 연차유급휴가 ① 1년간 총 소정근로일의 80% 이상 출근자에게 15일부여, 1년 초과 매 2년 1일씩 가산, 한도 25일 ② 1년 미만 또는 1년간 80% 미만 출근자에게 1개월 개근 시 1일 부여
근무장소 담당업무	업무를 수행하기 위한 장소와 수행할 업무에 대해 명시
취업규칙	취업규칙에 필수 기재해야하는 주요 근로조건 기재(근로기준법 제93조)

(3) 근로계약서 필수 기재사항

1단계: 근로계약서 작성 전 주의사항

　노사 간 사전 합의가 있다 하더라도 근로계약서 작성은 필수입니다. 또한 근로계약서 작성 시기에 대해 규정된 법령은 없으나 대법원 판례와 고용노동부는 근로가 시작되기 전 혹은 입사일에 작성할 것을 권고하고 있습니다.

2단계: 근로계약서 항목 주의사항

(1) 임금
　(가) 임금은 구성항목, 계산 방법, 지급 방법을 모두 명시해야 합니다.
　(나) 특히 고정연장수당을 지급하는 경우 구성항목과 계산 방법이 명시되어야 인정받을 수 있습니다.

(2) 소정근로시간
　(가) 소정근로시간을 명시하는 때에는 근로자의 시업 및 종업 시간과 휴게시간을 구체적으로 명시해야 합니다.
　(나) 소정근로시간을 변경하기 위해서는 당사자의 합의가 필요하며 근로계약서의 재작성을 통해 변경할 수 있습니다(근로기준정책과).

(3) 휴일
　(가) 기본적으로 휴일(주휴일, 법정공휴일)을 근로계약서에 명시해야 합니다.
　(나) 단, 4주 평균 소정근로시간이 15시간 미만인 근로자(초단시간 근로자)에 대하여는 주휴일, 법정공휴일이 제외됩니다.

(4) 연차유급휴가
　(가) 연차유급휴가는 상시 근로자 수 5인 미만 사업장(사업장 기준), 초단시간근로자(근로자 개인 기준)에게는 적용되지 않습니다.
　(나) 근로기준법의 내용을 함께 교부해야 하므로 연차유급휴가 부여 기준을 명시하는 것이 바람직합니다.

(5) 근무 장소와 담당 업무
　(가) 근무 장소는 본사인지, 사업장인지, 타 회사 파견근무지에 해당하는지 등 실제 근로자가 근무를 수행하는 장소를 명시해야 합니다.
　(나) 근무장소나 업무의 변경 가능성을 명시한다면 전보와 같은 인사이동 시 분쟁

의 소지를 줄일 수 있습니다. 따라서 "회사의 사정 및 업무상 필요에 따라 근무장소와 담당업무의 내용을 변경할 수 있다." 라는 문구를 명시하는 것을 권장합니다.

(6) 취업규칙

(가) 취업규칙의 필수 기재해야 하는 주요 근로조건도 근로계약 체결 시 명시해야 합니다. 취업규칙 필수 작성 내용은 아래를 참고해 주세요.

〈취업규칙 필수 작성 내용〉
① 업무의 시작과 종료 시각, 휴게시간, 휴일, 휴가에 관한 사항
② 임금의 결정, 계상, 지급 방법, 임금의 산정 기간, 지급 시기에 관한 사항
③ 퇴직에 관한 사항
④ [근로자 퇴직급여 보장법] 제4조에 따라 설정된 퇴직급여, 최저임금에 관한 사항
⑤ 출산 전후 휴가/육아휴직 등 근로자의 모성 보호 및 일/가정 양립 지원에 관한 사항
⑥ 안전과 보건에 관한 사항
⑦ 업무상 재해부조에 관한 사항
⑧ 근로자를 위한 교육시설에 관한 사항
⑨ 직장 내 괴롭힘의 예방과 및 발생 시 조치 등에 관한 사항
⑩ 표창과 제재에 관한 사항
⑪ 그 밖에 해당 사업 또는 사업장의 근로자 전체에 적용될 사항

3단계: 근로계약서 작성 후 주의사항

근로계약서의 작성만큼 중요한 것이 바로 교부인데요. 근로계약서는 근로자의 요구와 관계없이 의무적으로 사업주와 근로자가 한 부씩 소지해야 합니다.

또한 사용자는 근로기준법 제42조에 따라 근로계약서를 근로자가 실제 퇴사한 날부터 3년간 보존해야 하며, 보존 기간이 지난 경우 개인정보보호법에 따라 반드시 폐기해야 합니다.

제2절 Q&A 자주묻는 질문

1. 창업보육센터 입주업체의 도시공장 설립가능 여부

Q: 창업보육센터 입주업체의 도시공장 설립 가능 여부?

A :

「중소기업창업 지원법」 제6조 제1항에 따라 중소기업청장이 지정하는 창업보육센터나 중앙행정기관의 장 또는 지방자치단체의 장이 인정하는창업보육센터에 입주한 벤처기업이나 창업자는 「건축법」 제19조 제1항,「국토의 계획 및 이용에 관한 법률」제76조 제1항 및 「연구개발특구의 육성에 관한 특별법」제 36조 제1항에도 불구하고 「산업집적활성화 및 공장설립에 관한 법률」 제28조에 따른 도시형공장을 창업보육센터 운영기관의 장의 승인을 받아 설치할 수 있습니다.

이 경우 「산업직접활성화 및 공장설립에 공장설립에 관한 법률」 제13조에 따른 공장설립 등의 승인이나 같은 법 제14조의3에 따른 제조시설설치 승인을 받은 것으로 봅니다.또한 시장, 군수 또는 구청장은 창업보육센터에 입주한 벤처기업이나 창업자로부터 공장등록신청을 받으면 「산업직접활성화 및 공장설립에 관한법률」 제16조에 따라 공장의 등록을 하여야합니다.

○ 〈관련법령 또는 용어해설〉

【벤처기업육성에 관한 특별조치법】제18조의3 (창업보육센터에 입주한 벤처기업과 창업자에 대한 특례)

(1) 대상자

대학이나 연구기관 안에 설치. 운영 중인 창업보육센터로서 다음의 어느 하나에 해당하는 창업보육센터에 입주한 벤처기업이나 창업자

 (가) 【중소기업창업 지원법】 제6조 제1항에 따라 중소기업청장이 지정하는 창업보육센터

 (나) 중앙행정기관의 장 또는 지방자치단체의 장이 인정하는 창업보육센터

(2) 특례내용

(가) 【건축법】 제19조 제1항.「국토의 계획 및 이용에 관한 법률」제76조 제1항 및 「연구개발특구의 육성에 관한 특별법」 제36조 제1항에도 불구하고「산업집적활성화 및 공장설립에 관한 법률」 제28조에 따른 도시형공장을 창업보육센터 운영기관의 장의 승인을 받아 설치할 수 있다. 이 경우「산업집적 활성화 및 공 장설립에 관한 법률」 제13조에 따른 공장설립 등의 승인이나 같은 법 제14조의 3에 따른 제조시설설치승인을 받은 것으로 본다.

(나) 중소기업업청장은 도시형공장 승인에 관한 업무를 처리할 때 필요한 지침을 작성 하여 고시할 수 있다.

(3) 시장, 군수 등의 공장등록

시장, 군수 또는 구청장은 창업보육센터에 입주한 벤처기업이나 창업자로부터 공장등록신청을 받으면 「산업집적활성화 및 공장설립에 관한법률」 제16조에 따른 공장의 등록하여야 한다.

(4) 건축물에 대한 시설군의 분류

대학이나 연구기관 안에 설치·운영 중인 창업보육센터는 「건축법」 제19조 제4항 제2호에 따른 시설군으로 본다. 「건축법」 제19조(용도변경) 제4항 제2호에 따른 산업 등 시설 군에 속하는 건축물의 용도는 다음과 같다.

(가) 운수시설
(나) 창고시설
(다) 공장
(라) 위험물저장 및 처리시설
(마) 분뇨 및 쓰레기처리시설

2. 공장등록을 하지 않고 사업을 영위하던 공장을 경락받은 경우 사업추진 가능여부

Q: 공장용지 및 건물을 경락받아 등기이전 완료하고, 공장설립신고를 하자 관할 시에 확인하니 경락전의 업체가 공장설립은 완료 하였으나, 공장완료보고를 하지 않은 상태인데 경락받은 본인이이전의 완료업무는 무시하고, 공장등록 혹은 제조물 설치 허가를 새롭게 득한 후 사업개시가 가능한 것인지요?

A: 창업사업계획승인을 받은 사업체를 경락받은 사업자가 창업자이고 한국표준사업분류표상의 세분류 업종의 변경을 하려는 경우에는 「창업사업계획의 승인에 관한 통한업무처리지침」 제18조에 의하여 사업계획승인변경 신고와 공장완료신고를 하여야 할 것 입니다.록을 하여야합니다.

O 〈관련법령 또는 용어해설〉

근로기준법 제17조【근로조건 명시의무】

창업사업계획의 승인에 관한 통한업무처리지침 제18조의2(변경 신고) 제18조의2(변경 신고)

(1) 다음 각호의 어느 하나에 해당하는 사항이 있는 경우 변경이 있는 날부터 2월 이내에 별지 제1호의3 서식의 사업계획승인사항변경신고서에 변경사항을 증명할 수 있는 서류를 첨부하여 시장·군수 또는 구청장에게 신고하여야 한다.

　(가) 회사명 또는 법인의 대표자 성명을 변경한 경우
　(나) 「산업집적활성화 및 공장설립에 관한 법률」제8조의 규정에 의하여 고시된 공장입지기준고시에 의한 업종분류 내에서의 업종(「통계법」제22조제1항의 규정에 의하여 통계청장이 고시하는 한국표준산업분류표상의 세세분류 업종을 말한다)을 변경한 경우 〈개정 2014.6.24〉
　(다) 개인사업자의 법인으로 전환 및 법인 형태 변경

제4장 창업의 Process

제1절 창업절차

1. 창업과정

창업을 하기 위해서는 정해진 창업과정을 거쳐야 한다.

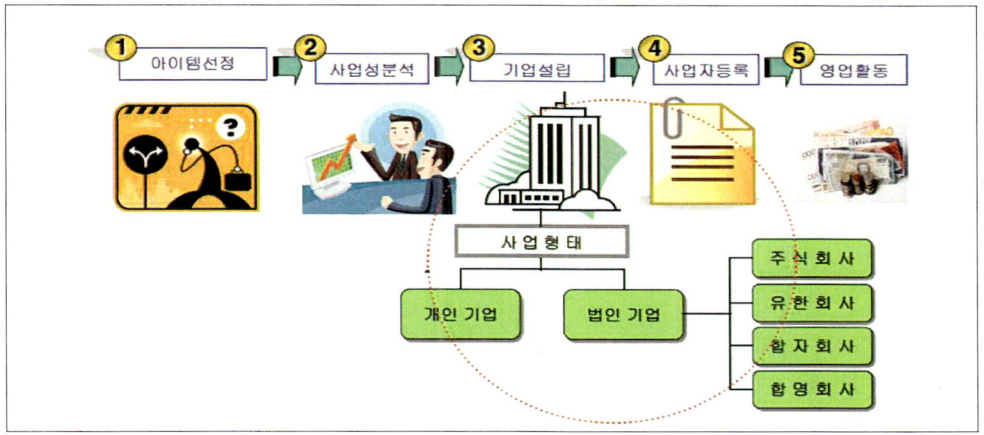

2. 사업화 형태

창업하고자 하는 자는 다음의 사항을 검토하여 함

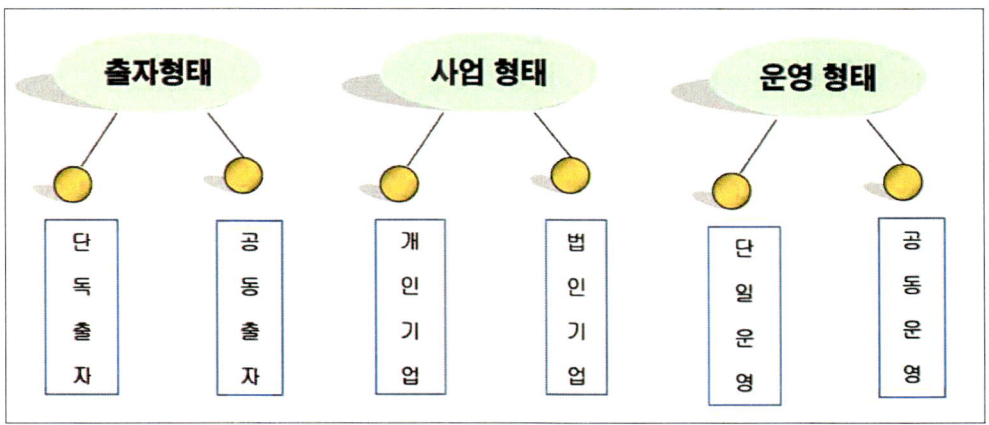

3. 개인기업과 법인기업

구분	개 인 기 업	법 인 기 업
설립 결정	자연인의 의사결정	발기인의 의사결정
책임	무한책임	유한책임
법적 근거	소득세법 또는 부가가치세법	상법 또는 법인세법
과세 기간	매년 1월 1일 부터 12월 31일 까지의 소득으로 고정	정관에서 정하는 회계기간
과세 소득	총수입금액-필요경비	익금총액-손금총액
세율 구조	8%~35%로 누진적용 주민세 : 소득세의 10%	13%~25%로 누진적용 주민세 : 법인세의 10%
출자	자연인의 전액출자로 구성되며 제한이 없음	금전 또는 현물, 1주에 100원이상
이윤 분배	전액 개인이 독점	출자자의 지분에 따라 분배
경영 활동	개인의 경영활동에 따른 자유	주주총회 및 이사회
조직 구성	대표	주주총회, 이사회, 대표이사
장부 기장	수입금액에 따라 간편 또는 복식부기장부대상장	복식부기대상자
외부 감사	적용되지 아니함	자산총액 70억원 이상 적용
지속성	자연인의 사망 등 개인의 사정에 따라 결정	법인의 존속기간까지

4. 법인기업의 형태별 구분

구분	주식회사	유한회사	합자회사	합명회사
법적근거	상법	상법	상법	상법
책임	유한책임	유한책임	유무한책임	무한책임
발기인수/사원수	제한없음	2인이상 50인이하	2인 이상	2인 이상
출자의 종류	금전,현물(주식)	금전, 현물(지분)	금전,물노무,신용	금전, 현물노무, 신용
정관인증	필요	필요	불필요	불필요
출자단위	1주에 100원 이상 자본금 5천만원 이상	1좌에 5천원 이상 자본금 1천 만원 이상	출자한도 없음 등기시 명시	출자한도 없음 등기시 명시
관선검사인선임	발기설립과 변태설립 시 필요	불필요	불필요	불필요
의결기관	주주총회 (1주1의결권)	사원총회	무한책임사원의 동의	무한책임사원의 동의
주주와 사원의 이동	원칙상 자유정관에 양도 제한가능	사원외 양도시 사원 총회 특별결의 필요	무한책임 사원의 동의 필요	무한책임 사원의 동의 필요
조직변경	유한회사로 변경가능	주식회사로 조직변경 가능 (법원인가 필요)	합명회사로 변경가능 (사원동의 필요)	합자회사로 변경가능 (전사원의 동의필요)
합병	자유	유한회사 또는 주식회사와 합병가능	전사원의 동의 필요	전사원의 동의 필요

5. 개인기업의 설립절차

개인기업을 창업하려면 먼저 추진사업이 관계 법령의 규정에 따라 인·허가사항의 저촉여부를 확인 한 후 관할세무서에 사업자등록을 해야 하고 사업자등록증을 발급받으면 새로운 개인기업으로 성립됨.

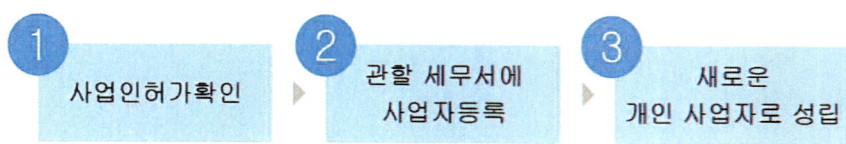

(1) 사업자등록은 사업을 시작한 날로부터 20일 이내에 구비서류를 갖추어 사업장 관할 세무서장에게 등록해야 한다. (부가가치세법 제5조제1항) 단, 신규로 사업을 개시하고자 하는 자는 사업개시전이라도 등록할 수 있음
(2) 2인 이상 공동으로 사업을 하는 경우 공동사업자 중 1인을 대표자로 하고 공동사업을 증명할 수 있는 동업계약서 등의 서류 함께 제출함
(3) 개별법에 따라 인허가가 필요한 업종은 사업자 등록 시 인허가의 사본을 제출해야 함

6. 주식회사의 설립절차

주식회사의 설립절차									
발기인 조합	정관작성	정관인증	주식발행 사항결정	출자이행	이사와 감사선임 설립경과 조사	주주의모임 주식의 청약	주식의 인수 대금납입	창립총회개최 법인설립동기

6.1 발기인 조합

(1) 발기인(상업 제282조)

발기인이 주식회사 설립을 위한 업무를 추진한다는 합의를 하고 발기인조합계약을 체결하여 발기인조합이 형성된다.

상법상 발기인의 수에 대한 규정은 없으므로 1인 이상이면 발기인으로 할 수 있다. 물론 발기인조합계약이라는 계약서를 작성하지는 않으나 발기인조합은 민법상의 조합으로서 민법규정을 적용 받으며 정관작성, 기명날인 주식인수 등 설립을 추진하는 주체이다. 이러한 발기인 조합은 회사가 성립되면 자동소멸된다.

(2) 발기인이란?

발기인이란 정관을 작성하고 기명날인 또는 서명한 자로서 실질적으로 주식회사의 설립을 기획하고 그 설립사무를 집행하는 사람을 말하며, 발기인은 내·외국인, 법인이건 자연인이건 관계업이 미성년자도 법정대리인의 동의가 있으면 발기인이 될 수 있으나 1주 이상의 주식을 인수하여야 한다. 또한, 발기인은 정관에 서명날인 하여야 한다. 주식회사의 설립에 관여 정도의 다소 여부를 떠나 정관에 기명날인 또는 서명한 자는 발기인이고 정관에 서명 등을 하지 않은 자는 발기인이 아님

주식회사의 설립절차									
발기인 조합	정관 작성	정관 인증	주식발행 사항결정	출자 이행	이사와 감사선임 설립경과 조사	주주의모임 주식의 청약	주식의 안수 대금납입	창립총회개최 법인설립동기

6.2 정관작성

회사 설립의 최초의 단계는 정관 작성인데, 정관이란 실질적으로 회사의 조직과 활동에 관한 기본규칙을 기재한 서면을 말한다. 정관의 기재사항은 반드시 기재하지 않으면 정관 자체의 효력을 무효화 시키는 절대적 기재사항과 정관에 기재하지 않아도 정관 자체의 효력에는 영향이 없지만 이를 정관에 기재하지 않으면 그 효력이 발생하지 않는 상대적 기재사항, 회사의 필요에 의하여 기재하는 임의적 기재사항으로 구성된다. (상법 제289조, 제290조)

구분	내용	비고
절대적 기재사항	II. 목적 III. 상호 IV. 회사가 발행할 주식의 총수(A) V. 1주의 금액 VI. 회사의 설립 시에 발행하는 주식의 총수 (B) VII. 본점의 소재지 VIII. 회사가 공고를 하는 방법 IX. 발기인의 성명·주민등록번호 및 주소	(1) 목적: 구체적인 사업내용을 기재하여야 한다.(수 개의 목적을 기재할 수 있다.) (2) 상호: 주식회사라는 문자를 사용하며, 유사상호의 여부를 사전 검토하여야 한다. (3) 회사가 발행할 주식의 총수(A): 장래에 발행하기로 예정하고 있는 주식의 총수 (4) 1주의 금액은 균일하여야

상대적 기재 사항	1. 발기인이 받을 특별이익과이를 받을 자의 성명 2. 현물출자자의 성명과 그 목적인 재산의 종류, 수량, 가격과 이에 대하여 부여할 주식의 종류와 수 3. 회사 설립 후 양수할 것을 약정한 재산의 종류, 가격, 수량 및 양도인의 성명 4. 회사가 부담할 설립비용과 발기인이 받을 보수액	하고, 1주의 금액은 1백원 이상가능 (5) 회사의 설립 시에 발행하는 주식의 총수(B): 납입자본으로서 동 주식의 인수와 납입이 이루어져야회사가 성립된다. B는 A의 1/4 이상이어야 함 (6) 본점의 소재지: 회사의 주사무소로서 복수의 사업장을 가진 회사 중 전체 영업활동을 총괄하는 곳을 말한다 (7) 회사의 공고: 일간신문에 의함
임의적 기재사항 ☞ 이사, 감사의 수, 총회의 소집시기, 영업연도 등		

주식회사의 설립절차									
발기인 조합	정관 작성	정관 인증	주식발행 사항결정	출자 이행	이사와 감사선임 설립경과 조사	주주의모임 주식의 청약	주식의 인수 대금납입	창립총회개최 법인설립등기

6.3 정관의 인증

회사의 설립 시에 작성하는 정관을 원시정관이라 하는데, 원시정관은 정관인증 취급 공증인의 인증을 받아야 효력이 생긴다. 정관인증취급 공증인은 회사의 본점 소재지를 관할하는 지방법원의소속 공증인이 취급한다.

(1) 정관의 인증은 촉탁인(발기인조합)이 공증인 앞에서 정관의 기명날인 또는 서명을 자인한 후 그 사실을 기재함으로써 이를 행한다. 발기인은 공증인에게 정관의 인증신청 시 정관 3통을 제출하여야 한다. 공증인은 정관의 인증 후 1통은 발기인에게 교부하고 나머지 1통은 공증인이보존한다.

(2) 정관취급 공증인의 인증을 받은 정관이 창립총회에서 변경되더라도 정관의 경우에는 창립총회에 기재된 것이 증거가 되므로 다시 공증을 받을 필요가 없다.
(3) 정관은 회사 설립 후 관공서, 금융기관 또는 거래회사 등에서 제출을 요구하는 경우가 있으므로 공증인에게 정관인증 신청 시 1~2통을 추가로 인정 받으면 유리하다.

〈정관의 인증 신청시 준비서류〉
① 정관 3부(공증인사무소의 보관용 원본 1부, 회사보전용 원본 1부)
② 각 발기인의 인감증명서 및 주민등록증
③ 대리인의 경우 위임장 및 대리인의 인감증명서

주식회사의 설립절차								
발기인 조합	정관 작성	정관 인증	주식발행 사항결정	출자 이행	이사와 감사선임 설립경과 조사	주주의모임 주식의 청약	주식의 인수 대금납입	창립총회개최 법인설립등기

6.4 주식발행 사항의 결정(상법 제291조)

회사의 설립 시에 발행하는 주식의 총수는 정관작성시 정해지지만 주식발행에 관한 나머지 사항은 정관에서 특별히 정한 사항이 없으면 발기인 전원의 동의로 이를 정한다. 또한, 발기설립을 할 것인가 또는 모집 설립을 할 것인가는 정관에 기재하는 사항이 아니므로 발기인들의 합의에 의하여 임의로 결정한다. 모집설립을 하는 경우에 있어 불특정 다수인 50인 이상을 대상으로 공개모집하는 경우에는 금융감독위원회에 사전 등록·신고 등의 절차를 거쳐야 하므로 일반적으로 연고모집에 의한 모집설립을 하는 경우가 많다.

회사의 설립방법	
발기설립	발기인이 발행주식 총수를 인수하는 방법으로 설립절차가 간단함
모집설립	발기인이 주식의 일부를 인수하고 나머지 주식은 주주를 모집하여 인수케하는 방법으로 설립되는 것으로서 모집설립에는 연고모집과 공개모집이 있음 ○ 공개모집 : 불특정 다수인을 대상으로 주주를 모집하는 방법으로, 불특정 다수인 50인 이상에게 주식청약을 하는 경우 금융위에 법인등록과 모집액이 10억원 이상 (상장이 아닌 경우 20억원 이상)일때 금융위에 신고해야 하는 등의 절차가 필요하므로 창업설립 시에 공개모집을 기피하는 경향이 있음 ○ 연고모집 : 발기인조합이 가까운 소수의 지인을 주주로 모집되어짐

(1) 주소기업의 주식회사 설립에 대한 특례
  (가) 유한회사인 소기업을 주식회사로 변경하거나 소기업인 주식회사를 설립하는 경우에는 상법제329조제1항의 규제에도 불구하고 자본금 5천만원 미만으로도 설립할 수 있다.
  (나) 소기업 및 소상공인지원을 위한 특별조치법 8조의2에 따라 주식회사 설립특례를 적용 받고자 하는 경우〈소기업확인(신청)서 (창업자용)〉를 작성하여 제출서류와 함께 관할지방 중소기업청에 제출하여 확인 받아야 함
  (다) 소기업과 중기업의 구분
    (라) 중소기업은 소기업과 중기업으로 구분하며 업종별로 상시 근로자 수가 아래의 기준에 해당하는 기업은 소기업으로 한다.

☞ 소기업과 중기업의 구분

중소기업은 소기업과 중기업을 구분하며 업종별로 상시 근로자 수가 아래의 기준에 해당하는 기업은 소기업으로한다.(중소기업기본법 시행형 제3조)

구분	주된업종	근로자수
소기업	광업, 제조업, 건설업, 운송업의 위의 업종을 제외한 업종	상시 근로자수 50인 미만 상시 근로자수 10인 미만
중기업	중소기업 중 소기업을 제외한 기업	상시근로자수 50인 - 300인 미만

주식회사의 설립절차									
발기인 조합	정관작성	정관인증	주식발행 사항결정	출자이행	이사와 감사선임 설립경과 조사	주주의모임 주식의 청약	주식의 인수 대금납입	창립총회개최 법인설립동기

6.5 출자의 이행(상법 제295조)

(1) 회사 설립 시에 발행하는 주식의 총수를 발시인이 전부 인수한 때에는 발기인은 인수한 주식의 수에 따라 인수가액을 납입할 의무를 진다. 각 발기인은 발행하는 주식을 서면에 의하여 전부 인수하고 지체 없이 발시인조합(발기인)에서 지정한 납입은행에 그인수금액 전액을 납입하여야 한다. 만일, 발기인의 합의에

의하여 액면이상의 주식을 발행하는 경우에는 주금뿐만 하니라 액면초과액을 포함하여 납입하여야 한다.

(2) 현물출자를 하는 발기인은 납입기일에 출자의 목적인 재산을 인도하고 등기, 등록 기타 권리와설정 또는 이전을 요할 경우 서류를 완비해 제출한다.

(3) 현물출자 시 무가치한 재산의 출자 또는 출자재산이 과다하게 평가될 경우, 회사 설립 후, 자본충실을 해할 우려가 있기 때문에 현행 상법에서는 현물출자를 정관의 상대적 기재사항(변태설립)으로 하고 검사인의 검사를 받도록 하고 있다.

현물출자 절차	
(가) 현물(재산)의 가치평가의뢰	• 현물을 출자하는 발기인은 공인된(감정평가기관)에게 평가를 의뢰
(나) 현물의 평가액 결정 및 통보	• 공인된 감정평가기관 또는 기술평가기관에게 현물출자의 대상물을 평가하여 그 가액을 신청인에게 통보
(다) 정관에 기재 (발기인 조합)	• 현물출자를 하는 자의 성명과 그 목적인 재산의 종류·수량·가격과 이에 대하여 부여할 주식의 종류와 수를 기재
(라) 현물출자의 이행	• 현물출자를 하는 발기인은 납입기일에 지체 없이 출자의 목적인 재산을 인도하고 등기 등록 기타 권리의 설정 또는 이전을 요할 경우에는 이에 관한 서류를 완납하여 교부함.
(마) 현물이사·감사선임	• 현물출자의 이행(주금납입 포함)이 완료되면 발기인은 지체 없이 의결권의 과반수로 이사와 감사를 선임.
(바) 감사인선임신청	• 이사는 취임 후 관할소재지의 지방법원에 감사인의 선임을 청구하여야 함. 감사인의 선인신청은 이사 전원의 연서로 신청서를 작성.
(사) 검사인조사보고	• 감사인의 변태설립 사항과 납입 및 현물출자의 이행사항에 대하여 조사를 실시하고 조사 보고서 등본을 각 발기인에게 교부(감사의 조사 보고서 소요기간: 통상 15일 이상 소요)
(아) 발기인의 설명서 제출	• 감사인의 조사 보고서에서 사실과 상이한 사항이 있는 때에는 발기인은 이에 대한 설명서를 법원에 제출 할 수 있음.

주식회사의 설립절차									
발기인 조합	정관작성	정관인증	주식발행 사항결정	출자이행	**이사와 감사선임 설립경과 조사**	주주의모임 주식의 청약	주식의 인수 대금납입	창립총회개최 법인설립등기

6.6 이사와 감사 선임(상법 제296조, 제383조)

(1) 현물출자의 이행과 주금의 납입이 끝나면 발기인들은 지체 없이 발기인회를 개최하여 의결권의 과반수의 결의로 이사와 감사를 선임하여야 하는데 이사는 3인 이상(다만 자본 총액이 5억원 미만인 회사 1인 또는 2인으로 할 수 있다), 감사는 1인 이상을 선임한다.

(2) 설립경과 조사(상법 제298조)

 (가) 이사와 감사는 취임 후 지체 없이 회사의 설립에 관한 모든 사항이 법령 또는 정관의 규정에 위반되지 아니하는지 여부를 조사하여 발기인에게 보고하여야 한다. 단 이사와 감사 중 발기인이었던자·현물출자자 또는 회사성립 후 양수할 재산의 계약당사자인 자는 동 조사에 참여하지 못한다. 만일, 이사와 감사가 전부 단서에 해당 하는 경우 이사는 공증인으로 하여금 조사를 하여 보고하게 하여야 한다.

 (나) 또한, 감사는 정관에 현물출자 등 변태설립사항이 규정되어 있는 경우에는 이에 관한 조사를 하도록 하기 위하여 관할소재지의 지방법원에 검사인의 선임을 청구하여야 한다. 검사인의 선임신청은 이사 전원의 연서로 신청서로 작성한다.

 (다) 만일, 설립중인 회사의 정관에 현물출자, 재산인수 등 변태설립사항이 기재되어 있지 않으면 법원에서 선임한 검사인의 변태설립사항에 관한 조사를 받을 필요가 없으므로 신속히 회사 설립 절차를 진행 할 수 있다. 변태설립사항이 없는 경우에는 '변태설립사항 조사'를 생략하고 창립총회를 개최하여 대표이사 선임등의 절차를 거치면 된다.

주식회사의 설립절차								
발기인 조합	정관작성	정관인증	주식발행 사항결정	출자이행	이사와 감사선임 설립경과 조사	**주주의모임 주식의 청약**	주식의 인수 대금납입	창립총회개최 법인설립등기

6.7 주주의 모집 및 주식의 청약(상법 제302조)

〈주식청약서 기재사항〉
① 정관의 인증년월일과 공증인의 성명
② 정관의 절대적 기재사항과 변태설립사항
③ 회사의 존립기간 또는 해산사유를 정한 때에는 그 규정
④ 각 발기인이 인수한 주식의 종류와 수
⑤ 주식의 종류와 수, 액면이상의 주식을 발행하는 때에는 그 수와 금액
⑥ 주식의 양도에 관하여 이사회의 승인을 얻도록 정한 때에는 그 규정
⑦ 개업전에 이자를 배당할 것을 정한 때에는 그 규정
⑧ 주주에게 배당할 이익으로 주식을 소각할 것을 정한 때에는 그 규정
⑨ 일정한 시기까지 창립총회를 종결하지 아니한 때에는 주식의 인수를 취소할 수 있다는 뜻
⑩ 주금(주식인수에 따른 대금)납입을 맡을 은행과 기타 금융기관과 납입장소
⑪ 명의개서 대리인을 둔 때에는 그 성명·주소 및 영업소 유가증권 모집과 소액공모공시제도

발기인이 일부주식을 인수하고 나머지는 응모주주를 대상으로 모집을 하는데, 현행 상법은 주식청약서주의를 채택하고 있으므로 발기인은 정관의 절대적 기재사항과 변태설립사항, 회사조직의 대강과 청약조건 등 회사설립 개요를 응모주주가 알 수 있도록 기재한 주식청약서를 작성하여야 한다.

(1) 불특성 다수인 50인 이상을 대상으로 신규 발행되는 유가증권(주식 등)의 취득을 청약 권유하는 것을 말하며, 유가증권의 모집을 통하여 설립하려는 법인은 금융위원회에 유가 증권발행인 등록을 하여야 함
(2) 유가증권 모집신고는 유가증권 모집가액이 20억원(신규 상장 또는 협회등록의 경우 10억원)이상인 경우 유가증권신고서를 금융위원회에 제출하여 수리된 경우에만 주주를 공개모집가능 함
(3) 협회등록법인이 아닌 비상장법인으로서 유가증권을 모집 또는 매출하고자 하는 법인 등은 증권거래법 제3조에 따라 유가증권 발행인등록을 하여야 함
(4) 유가증권 발행인 등록을 하고자 하는 경우에 전자공시시스템(http//dart.fss.or.kr)을 이용하여 등록

(5) 공개모집을 통하여 설립된 법인은 법인설립 후 1.정관 2. 법인등기부등본 3. 주주명부를 구비하여 지체없이 금융감독원에 제출하여야 함
(6) 소액공모 공시제도는 유가증권의 모집 또는 매출에는 해당하지만 공모금액이 20억원 미만으로서 유가증권신고서 제출대상이 아닌 경우에도 당해 기업의 재무상태, 사업내용 및 모집·매출의 개요 등 투자보호를 위해 최소한의 공시 의무를 이행하도록 하는 제도로서 모집 또는 매출을 개시한 때 지체없이 금융위원회에 제출(청약의 권유와 동시 제출)

주식회사의 설립절차									
발기인 조합	정관 작성	정관 인증	주식발행 사항결정	출자 이행	이사와 감사선임 설립경과 조사	주주의모임 주식의 청약	주식의 인수 대금납입	창립총회개최 법인설립등기

6.8 주식의 배정과 인수(상법 제303조~제304조)

주식의 인수를 청약하고자 하는 자는 주식청약서에 법정사항을 기재·날인하고 발기인에게 제출하여 회사로부터 주식을 배정받으면 납입기일에 인수가액의전액을 납입하도록 되어 있는데, 실제로는 주식청약서에 청약증거금을 첨부하여 납입기일이 아닌 청약기간내에 납입취급은행에 제출하는 절차가 이루어 지며, 이 청약증거금은 배정받으면 납입금액에 충당됨

(1) 주식대금의 납입(상법 제305조~제307조)
 (가) 회사설립 시 발행되는 주식의 총수가 인수된 때에는 발기인과 주식인수인은 주식인수 가액(주금)을 납입할 의무를 지며 주식청약서에 기재된 은행과 기타 금융기관에서만 납입하여야 한다. 만일 납입금의 보관 및 납입장소를 변경할 때에는 법원의 허가를 얻어야 한다.
 (나) 현물출자를 하는 발기인은 발기설립시와 동일하게 납입기일에 출자의 목적인 재산을 인도하고 등기, 등록, 기타 권리의 설정 또는 이전을 할 경우 서류를 완비하여 제출한다.

주식회사의 설립절차									
발기인 조합	정관 작성	정관 인증	주식발행 사항결정	출자 이행	이사와 감사선임 설립경과 조사	주주의모임 주식의 청약	주식의 인수 대금납입	창립총회개최 법인설립등기	

6.9 창립총회 개최 법인설립 등기 창립총회(상법 제311조~316조)

(1) 주금의 납입과 현물출자의 이행이 완료되면 발기인은 지체 없이 창립총회를 소집하여야 한다.

(2) 발기설립의 경우 창립총회에서 대표이사 선임하는 경우를 제외하고 창립(발기인)총회에서 선임한 이사로서 구성되는 이사회에서 대표이사(단독 또는 공동)를 선임한다.

(3) 법인설립 등기(상법 제317조)
- 발기설립의 등기시기는 검사인 등의 설립경과 조사종료일 또는 법원의 변경처분에 관한 변경 절차가 종료된 날로부터 2주 이내 이사가 공동 신청하여야 하며, 모집설립의 등기시기는 창립 총회를 종료한 날 또는 변태설립에 관한 사항의 변경절차가 종료된 날로부터 2주 이내에 신청 하여야 한다.

(4) 주식회사설립 등기신청서 첨부서류(상업등기법 제80조)

i) 정관
ii) 주식의 인수를 증명하는 서면
iii) 주식청약서
iv) 발기인이 정한 주식발행에 관한 사항(주식의 종류와 수, 액면 이상의 주식을 발행하는 때에는 그 수와 금액)
v) 이사와 감사 또는 감사위원회 및 검사인이나 공증인의 조사
vi) 보고서와 그 부속서류 또는 감정인의 감정서와 그 부속서류
vii) 검사인의 보고에 관한 재판이 있은 때에는 그 재판의 등본
viii) 발기인이 이사와 감사를 선임한 때에는 그에 관한 서면
ix) 창립총회의 의사록
x) 이사·대표이사와 감사 또는 감사위원회 위원의 취임승낙을 증명하는 서면
xi) 명의개서대리인을 둔 때에는 명의개서대리인과의 계약을 증명하는 사면
xii) 주금의 납입을 맡은 은행 기타 금융기관의 납입금보관에 관한 증명서
xiii) 벤처기업확인서(창업중인 기업이 벤처기업 확인을 받은 경우)
xiv) 소기업 확인서(창업중인 기업이 소기업확인을 받은 경우)

7. 인허가 사항여부 검토

○ 인, 허가 사항은 사업을 하기 전에 각 관계 법령의 규정에 따라 받아야 하는 행정절차이다.

○ 인, 허가업종은 개별법령에 의하여 제조활동에 필요한 시설기준 및 가격요건 등을 갖추어야만 사업운영을 할 수 있는 업종으로서 창업자는 업종을 선정하고자 할 때 자신이 창업하려는 업종이 관련법에 의해, 허가, 승인, 등록 또는 신고가 필요한 업종인지의 여부를 창업 준비단계에서 알아야 한다.

7.1 허가, 등록, 신고, 자유업종 예시

(1) 허가업종

일정한 요건을 갖추었다 하더라도 심사를 통해 허가가 될 수도 있고 안 될 수도 있는 업종

단란주점, 유흥주점, 신용정보업(채권추심, 신용조사 등), 병원급(의원급은 개설신고), 성인오락실 등

(2) 등록업종

주로 자격증이 필요한 업종이 해당

공인중개사사무소, 약국, 안경점, 독서실, 노래방, 피시방, 오락실, 학원 여행업, 직업소개소, 출판업, 인쇄업 등

(3) 신고업종 (일정한 조건을 요구하는 업종이 해당 / 시, 군, 구청에 신고)

일반음식점, 휴게음식점, 제과점, 만화방, 당구장, 동물병원, 의원(주의: 병원급은 개설허가), 정육점, 스크린골프, 실내낚시터, 미용실, 세탁업, 숙박시설, 안마시술소, 무도학원, 무도장업, 체육도장업, 골프연습장, 결혼상담. 고시원 교습소, 목욕탕, 네일샵, 어린이 놀이방, 어린이집, 볼링장, 탁구장 등

(4) 자유업종

다른 절차 없이 사업자등록만으로 사업 가능한 업종 화장품, 가방, 신발, 슈퍼, 문방구, 편의점, 옷가게, 꽃집, 핸드폰 판매점, 철물점, 자동차대리점, 조명점 등

○ 대표자1인이 직업상담사 2급 자격증만 있어도 법인고용알선 업 및 인력공급업, 유료작업소개소 창업가능여부?, 인력사무소 창업조건입니다.
 1) 필수조건으로는 6평 이상의 사무실을 보유해야하고, 직업상담사 1급 또는 2급자격자 1명 이상 고용해야 합니다
 2) 선택사항으로는 직업상담사 1급/2급을 소지, 공인노무사, 노동조합업무전담 2년 이상 경력 가진 자,공무원 경력 2년 이상 가진 자, 사회복지사 2급자격증 소지자의 사항이 있습니다.
 3) 필수조건은 반드시 갖춰야 하는 조건이지만 선택사항은 1가지만 충족되면 됩니다.

○ 직업소개소 등록
 1) 소관부처 : 시. 군. 구 (행정관할구청)
 2) 접 수 처 : 시. 군. 구 (노사지원과, 생활복지과.사회복지과, 일자리창출과: 1층 민원실 문의 후 해당과 접수)
 3) 민원유형 : 등록(사항)
 4) 사무구분 : 단순 민원
 5) 처리기간 : 접수일로부터 20일
 6) 수수료 : 수입증지 3만원, 등록증 수령 시 면허세 5천원

8. 제조업 창업 절차도

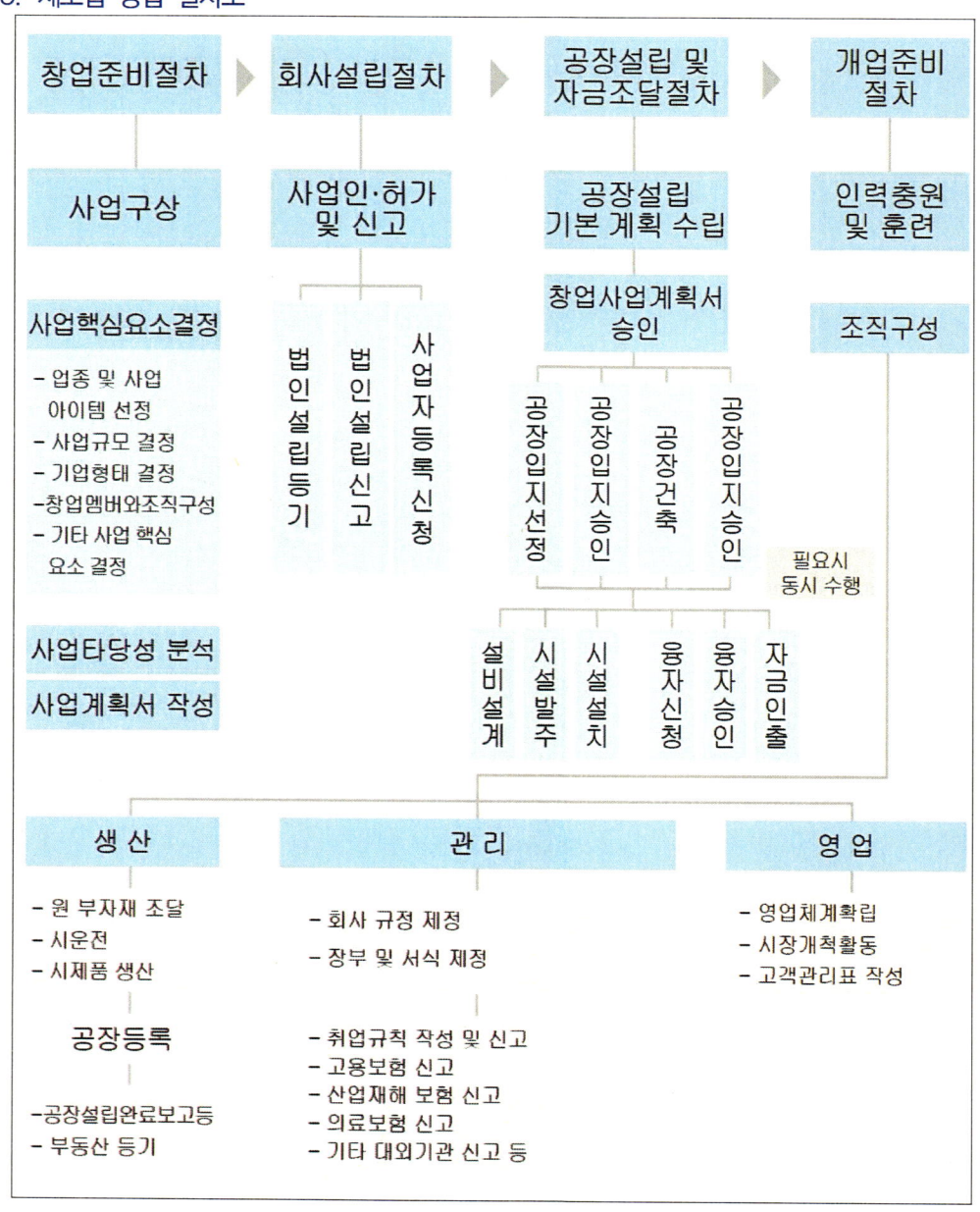

9. 서비스업 창업 절차도

10. 도·소매업 창업 절차도

제2절 개인사업자 그리고 법인사업자 설립(요약)

1. 창업의 계획단계에서 할 일

(1) 창업예비절차의 첫 번째 단계인 사업구상 단계에서

❖ 창업자는 업종 및 사업 아이템 선정, 사업규모 결정, 기업형태결정, 창업팀과 조직구성 등 사업핵심요소를 먼저 결정해야 합니다.

(2) 두 번째로 사업성공 가능성을 분석하기 위한 절차로서

❖ 주로 창업자의 경영능력, 제품의 기술력, 시장 및 판매전망, 수익성 등을 분석하여야 하며, 필요시에는 외부전문기관에 사업타당성 분석을 의뢰하여 실시할 수도 있습니다.

(3) 세 번째로 창업자의 구상을 보다 체계화하고 가시화하기 위해서

❖ 사업계획서를 작성하여야 하며, 동 계획서는 외부 투자자나 채권자들을 설득하기 위한 중요한 자료로 활용할 수 있습니다.

창업의 계획단계에서 할 일 요약

계획	할 일
1. 개업 예정일	- 개업 예정일 설정
2. 자금계획	- 목표설정 후 개업자금 마련 - 자기자금 확보 - 차입금, 출자금 확보
3. 보증인	- 보증인 확보를 위한 준비
4. 판매전략	- target 설정 - 판매전략 - 점포 및 사무실 준비 - 개업장소 - 제품 판매가 설정
5. 제조	- 직접 제조와 외주 제조 구분 - 공장 제조 설비 확보 - 제조량 설정
6. 종업원	- 종업원 예상인원수 및 동원방법 고려 - 파트타이머 사용법 숙지
7. 사업형태	- 개인/법인 결정 - 유한회사/주식회사 결정 - 법인의 경우 설립등록준비 및 절차 확인
8. 은행거래	- 은행거래, 수표, 어음에 대한 숙지
9. 세금	- 세금관련 정보 숙지

2. 회사설립 및 사업자등록 절차

2.1 사업자로 창업하는 경우

(1) 개인사업자로 창업하는 경우에는 별도의 회사설립절차 없이 사업장 관할 세무서장에게 사업자등록을 신청하면 됩니다.

(2) 창업하고자 하는 해당사업이 인?허가 대상사업인 경우에는 준비서류의 종류와 인·허가 승인절차를 미리 숙지하여 관할관청에 신청하여야 합니다. 보통 사업 인·허가 신청인이 시·군·구청의 민원실에 비치된 인·허가 신청서양식에 내용을 기재하고 관련서류를 첨부하여 신청하여야 하고 관할관청은 인·허가 여부를 현장실사 또는 서류심사 등을 통해 결정하고 이를 신청인에게 통지하여 줍니다.

(3) 신규로 사업을 개시하는 자는 사업장마다 사업개시일로부터 20일내 사업장을 관할하는 세무서에 사업자등록을 신청하여야 합니다.

사업자등록 신청시 구비서류
① 사업자등록신청서(세무서에 비치)
② 사업장을 임차한 경우에는 임대차계약서 사본
③ 법령에 의하여 허가?등록?신고를 받아야 하는 사업의 경우에는 사업허가증 사본, 사업등록증 사본 또는 신고필증 사본
○ 상가건물의 일부분을 임차하는 경우에는 해당 부분의 도면 (상가건물임대차보호법의 적용을 받는 경우에 한함)

2.2 법인사업자로 창업하는 경우

법인기업 중 대표적인 회사형태인 주식회사의 설립절차에 대하여 알아보면 주식회사의 설립절차는 크게 3단계로 나눌 수 있는데

○ 첫째, 회사의 조직과 활동에 관한 기본규칙인 정관의 작성단계이며,
○ 둘째는 주주확정, 자본모집, 회사기관구성 등 회사의 실체를 형성하는 절차이고,
○ 셋째는 회사가 법인격을 부여받기 위한 설립등기절차로 나눌 수 있습니다.

(1) 정관의 작성 및 공증

정관은 형식적으로는 회사의 조직과 활동에 관한 기본규칙을 기재한 서면을 가리키지만 실질적으로는 회사의 조직과 활동에 관한 기본규칙 자체로써 회사의 재규정, 즉 이사회 규칙, 급여 및 인사규정, 회계규정, 생산 및 품질관리규정 등 회사의 모든 규정 중 최상위의 기본규칙이라 할 수 있습니다.

따라서 정관은 그 내용을 분명히 하여 후일 주주 상호간 또는 회사 내부관계자 상호간의 분쟁과 부정행위를 방지하기 위하여 공증인의 인증을 반드시 받아야 하며 상법상으로도 공증인의 공증을 받지 않은 정관은 효력이 없도록 규정되어 있습니다. 이러한 정관에는 상법상 반드시 기재하지 않으면 정관 자체가 무효가 되는 절대적 기재사항이 있으며 이들 사항은 하나라도 누락되면 정관 자체가 무효이므로 세심한 주의를 요합니다.

> ☞ 정관의 절대적 기재사항
> (1) 사업의 목적
> (2) 상호
> (3) 회사가 발행할 주식의 총수
> (4) 1주의 금액
> (5) 회사가 설립시 발행하는 주식의 총수
> (6) 본점 소재지
> (7) 회사의 공고방법
> (8) 발기인 성명·주민등록번호 및 주소

(가) 주주확정 및 출자의 이행

1) 발기설립의 경우에는 발기인 이외에 출자자가 따로 없으므로 발행하는 주식을 서면에 의해 발기인이 전부 인수하고 발행하는 주식의 총수를 인수할 때에는 지체없이 각 주식에 대하여 그 인수가액 전액을 납입하여야 합니다.

2) 현물출자를 하는 발기인은 납입기일 내에 출자의 목적물인 재산을 인도하고 등기·등록 및 기타 권리의 설정 또는 이전이 필요한 경우에는 이에 대한 서류도 함께 교부해야 합니다.

3) 모집설립의 경우에는 출자자로서 발기인 이외에 모집인이 따로 있기 때문에 회사설립시 발행할 총주식 중 발기인이 일부를 인수하고 별도의 주주를 모집하여 나머지를 인수하도록 합니다.

(나) 설립등기

1) 설립등기는 검사인의 설립경과 조사 및 법원의 변경처분에 따른 절차 완료일부터 2주 내에 이사의 공동신청에 의해 본점소재지관할등기소에 해야 합니다.

☞ 설립등기사항

사업목적, 상호, 회사가 발행할 주식의 총수, 1주의 금액, 본점 소재지, 회사의 공고방법, 자본의 총액, 발행주식의 총수 및 그 종류와 각종 주식의 내용과 수, 지점의 소재지, 회사의 존립기간 또는 해산사유를 정한 때에는 그 기간 및 사유, 이사와 감사의 성명·주소, 대표이사 성명, 명의개서 대리인에 관한 사항 등

2) 등기절차는 등기신청서에 정관과 주식인수를 증명하는 서류, 주식 청약서 등을 첨부하여 전 이사가 공동으로 본점 소재지 관할 등기소에 등기 신청하면 됩니다.

3) 이런 절차를 밟아 등기신청이 완료되면 회사는 이제 법적으로 완전한 법인격을 취득하게 되는 것입니다.

> ☞ 법인등기(관할등기소)시 구비서류
> (가) 설립등기 신청서
> (나) 정관작성(상호, 1주당 주식가격 등)
> (다) 주주명부(이사 3인이상, 감사 1인이상), 주주의 인감증명서, 주민등록등본, 자산명세서, 주주출자확인서 등
> (라) 발기인 총회 의사록, 이사회 의사록

(다) 법인설립신고

법인설립신고는 설립등기를 한 날부터 2월 이내에 본점 소재지 관할 세무서에 비치된 양식에 의해 소정의 서류를 첨부하여 신청하여야 합니다.

> ☞ 법인설립신고(관할세무서)시 구비서류
> ① 법인설립신고서 및 사업자등록신청서
> ② 사업자등록신청시 구비서류(임대차계약서사본, 허가증사본 등)
> ③ 주주 등의 명세, 임대차계약서 사본

3. 공장의 설립 절차 및 준비서류

공장을 설립할 장소를 선정한 후, 아래와 같이 관할 시장·군수·구청장에게 「공장설립승인」을 얻어야 합니다. 다만 계획입지인 공단지역에 공장을 설립하는 경우에는 별도의 승인 절차없이【공업단지 입주계약】을 체결하면 됩니다.

절차	내용	준비서류
(1) 개업 예정일	(가) 업종의 특성상 유리한 지역선정 (나) 도로, 전기사용이 용이한 지역 (다) 민원발생이 적은 지역, 공장밀집 지역	
(2) 입지검토	(가) 창업지원법상 창업해당 여부 파악 (나) 공장입지 파악(국토이용관리법, 농지법, 산림법 등 법률 검토) (다) 업종파악, 환경보전법 파악(공해문제)	토지이용계획확인원, 지적도, 토지대장,토지등기부등본,기계시설내역
(3) 부지계약	(가) 계약금 등으로 토지계약 (나) 부동산사용승낙서, 인감증명서발급	
(4) 사업계획서	(가) 창업사업계획서 또는 공장설립사업계획서 작성 (나) 인·허가사항검토 (다) 건물배치도, 지적도 작성 (라) 지형도 준비	토지이용계획확인원, 지적도, 토지대장,공시지가확인원, 토지등기부등본, 사용승낙서,인감증명서,법인등기부등본·정관(법인에한함)
(5) 사업계획서 접수	(가) 시지역 중소기업과, 군지역지역 경제과 1차 검토 (나) 민원실 접수, 처리기간 30일 소요	
(6) 사업계획 승인	(가) 인·허가 관련법률에 의한 법률검토 후 승인(시?군 협의부서 : 지역경제과, 환경과, 도시과, 농지과, 산림과, 건축과, 면사무소)	
(7) 대체농지, 임지조성비 각종부담금 납부	(가) 승인후 각종 부담금 전용부담금 및 대체농지 조성비, 대체조림조성비, 국유지점용료 등 납부 (나) 창업승인업체 전용부담금 50% 감면	
(8) 공장 건축	(가) 승인에 의한 공장 건축 (나) 공장 건축 완료보고	

4. 기타 국민건강보험공단 및 노동부에 신고하여야 할 사항

　　부동산등기, 취업규칙 신고, 사업장설치계획 신고, 산업재해보상 보험성립신고, 국민건강보험공단신고 등의 행정절차를 마무리해야 합니다.

(1) 부동산 등기 (관할지방법원/등기소)	⇒	(가) 신청서, 등기원인 증명서류 (나) 주민등록등본, 법인등기부등본 (다) 대리인 신청서 권한증빙서류 (라) 등기의무자의 권리에 관한 등기필증(부동산등기법 제40조)
(2) 취업규칙 신고 (노동부지방사무소)	⇒	(가) 신고서, 취업규칙, 의견서: 근로자 10인 이상 사업장(근로기준법 제96조)
(3) 사업장설치계획 신고 (노동부지방사무소)	⇒	(가) 신고서 (나) 유해위험방지계획서, 각층의 건물평면도 (다) 기계 설비배치 도면 (라) 제조공정 및 기계설비구조의 표시도면(산업재해보상보험법 제12조)
(4) 산업재해보험관계 성립신고 (근로복지공단)	⇒	(가) 신고서: 근로자 5인 이상 사업장(산업재해보상보험법 제 12조)
(5) 국민건강보험 공단관련 신고 (국민건강보험공단)	⇒	(가) 신고서(국민건강보험법)
(6) 고용보험신고 (지방노동청/사무소)	⇒	(가) 신고서(고용보험법)

5. 온라인 법인설립시스템

　　법인설립에 필요한 관련기관*을 직접 방문하지 않고 온라인(www.startbiz.go.kr)으로 법인설립을 할 수 있도록 지원하는 시스템

　　* 은행, 시·군·구천, 등기소, 세무서, 4대사회보험 기관

대 상	10억 미만 주식회사(발기설립), 합명·합자·유한·유한책임회사 설립 희망자
내 용	① 상호 검색에서부터 4대 사회보험 가입까지 온라인 원스톱 처리 ② 기본사항 입력으로 절차별 신청서, 정관 등 첨부서류 자동생성 ③ 기관별·진행단계별 진행사항 문자서비스 제공
신청기간	연중상시, 온라인법인설립싯템(www.startbiz.go.kr)을 통해 온라인 신청

제5장 의무신고

제1절 4대사회보험

① 급여명세서

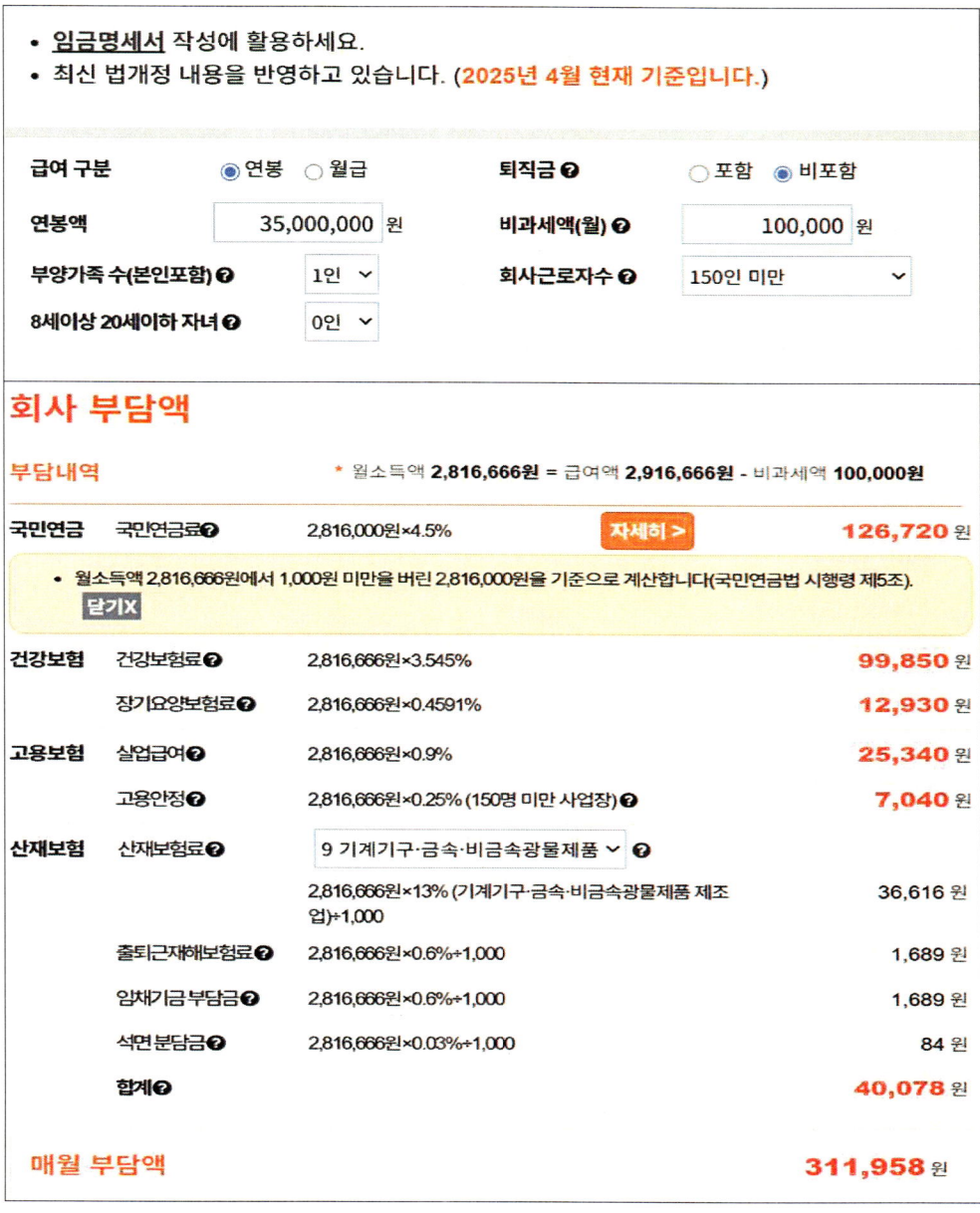

근로자 임금명세서

급여액(월)   **2,916,666** 원

공제내역   * 월소득액 **2,816,666**원 = 급여액 **2,916,666**원 - 비과세액 **100,000**원

| 국민연금료 | 2,816,000원×4.5% | 자세히 > | 126,720원 |

- 월소득액 2,816,666원에서 1,000원 미만을 버린 2,816,000원을 기준으로 계산합니다(국민연금법 시행령 제5조).
  닫기X

건강보험료	2,816,666원×3.545%	99,850원
장기요양보험료	2,816,666원×0.4591%	12,930원
고용보험료	2,816,666원×0.9%	25,340원
근로소득세	간이세액표 세액 57,660원 - 자녀(0명)공제액 0원	자세히 >	57,660원

- 근로소득세 기준금액이 2,816,666원이고 본인 포함 부양가족이 **1명**인 경우 **근로소득 간이세액표** ↗ 에 따른 근로소득세는 **57,660원**이지만, 8세~20세 자녀 **0명**에 대해 **0원**을 공제하므로 최종 근로소득세액은 **57,660원**입니다. →
  자세히
- 자녀공제 금액이 근로소득 간이세액표에 따른 근로소득세액 보다 큰 경우에는 최종 근로소득세액은 0원입니다.
  닫기X

| 지방소득세 | 57,660원×10% | 5,760원 |

공제액 합계   **328,260** 원

예상 실수령액(월)   **2,588,406** 원

- https://www.nodong.kr/ 링크

1. 고용보험

    (1) 고용보험이란 무엇인가요?

    고용보험은 전통적 의미의 실업보험사업을 비롯하여 고용안정사업과 직업능력사업 등의 노동시장 정책을 적극적으로 연계하여 통합적으로 실시하는사회보장보험입니다.

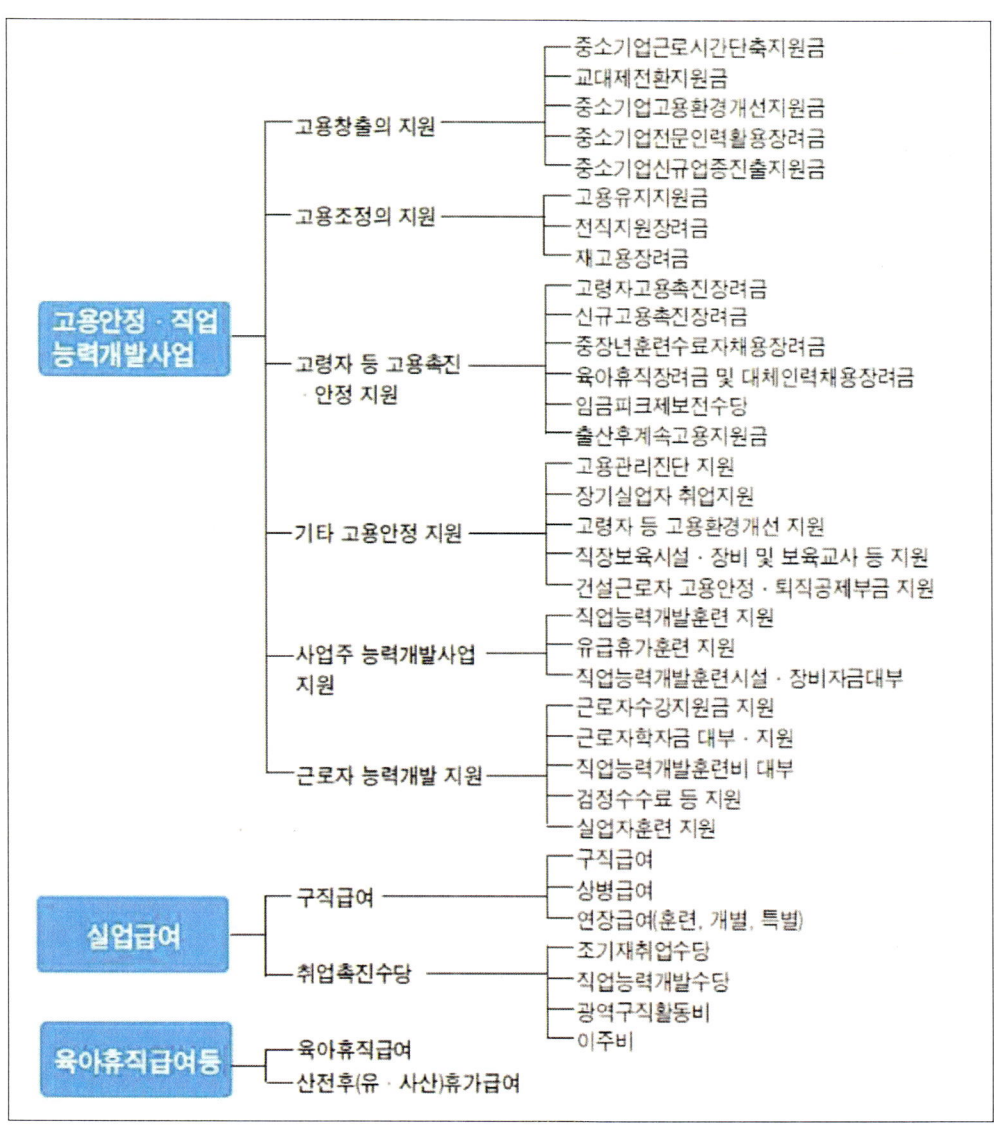

(2) 고용보험의 적용대상은 어떻게 되나요?

(가) 당연적용 사업;

고용보험은 영리성 여부와 관계없이 '근로자를 고용하는 모든 사업 또는 사업장'에 적용됩니다. 즉, 1인 이상의 근로자를 사용하는 사업 또는 사업장은 고용보험의 당연가입 대상입니다.

(나) 임의적용 사업;

사업의 규모 및 산업별 특성 등을 고려하여 다음의 일부 사업에 대하여는 강제적용을 배제하고, 임의가입할 수 있도록 하고 있습니다.
1) 농업·임업·어업 및 수렵업 중 법인이 아닌 자가 상시 4인 이하의 근로자를 사용하는 사업
2) 총 공사금액이 2천만원 미만인 공사 또는 연면적 330㎡ 이하인 건축물의 건축 또는 대수선에 관한 공사(다만, 아래의 자가 시공하는 공사는 당연적용 대상입니다.)
3) 건설산업기본법상의 건설업자
4) 주택법상의 주택건설사업자
5) 전기공사업법상의 공사업자
6) 정보통신공사업법상의 정보통신공사업자
7) 소방시설공사업법상의 소방시설업자
8) 문화재보호법상의 문화재수리업자

(다) 가사서비스업

위 임의적용사업의 경우에는 사업주가 근로자(적용제외 근로자 제외) 과반수 이상의 동의를 얻어, 근로복지공단의 승인을 받으면 고용보험에 가입할 수 있습니다.

(라) 고용보험에 임의가입한 사업주가 보험계약을 해지하고자 할 때는 근로자2/3 이상의 동의와 근로복지공단의 승인을 얻어야 합니다.

(마) 근로자에 대한 적용
1) 고용보험 적용사업에 고용된 근로자는 고용보험법령의 규정에 의한 적용제외 근로자에 해당되지 않는 한 일용직·시간제 등 고용형태 등에 관계없이 모두 고용보험의 적용을 받습니다.
2) 법령에 의하여 고용보험의 적용을 받지 않는 근로자는 다음과 같습니다.
가) 65세 이상인 자(단, 고용안정·직업능력개발사업은 적용)

나) 월간 소정근로시간이 60시간 미만 또는 주간 소정근로시간이 15시간 미만인 자
　　다) 단, 생업을 목적으로 근로를 제공하는 자로서 3월 이상 계속하여 근로를 제공하는 자와 일용근로자는 적용(예시: 시간강사 등)
　　라) 국가공무원법 및 지방공무원법에 의한 공무원
　　마) 사립학교교직원연금법의 적용을 받는 자
　　바) 별정우체국법에 의한 별정우체국 직원

1.2 피보험자관리

구 분	내용 및 기한	제출 서류	제출기관
피보험자격신고	사업주는 근로자를 고용한경우 취득 사유가 발생한 날이 속하는 달의 다음 달 15일까지	◎ 피보험자격 취득 신고서	관할근로복지공단지사(가입지원부)
	사업주는 사업 종료, 근로자퇴직 등으로 근로자가 피보험 자격을 상실하게 된 경우상실 사유가 발생한 날이 속하는 달의 다음 달 15일까지	◎ 피보험자격 상실 신고서 ◎ 이직확인서- 이직확인서의 경우 구직급여 수급자격 인정 신청을 원하지 아니하는 피보험자상실자에 대해서는 제출하지 않음	
일용근로자피보험자격신고	일용근로자의 경우 사업주는 피보험자격 취득·상실 신고 및 이직확인서 제출을 대신하여 해당하는 달에 고용한 근로자에 대해 다음 달15일까지	◎ 근로내용 확인 신고서 - 근로내용 확인 신고서 제출로 취득·상실·이직이 한 번에 처리	
피보험자격확인청구	피보험자 또는 피보험자였던 자가 고용노동부 장관에게 피보험자격의 취득 또는상실에 관한 확인을 청구하는 제도- 사업주가 피보험자격 신고등을 이행하지 아니하거나신고내용이 사실과 다른경우 정정 또는 확인	◎ 고용보험 피보험자격 확인 청구서 - 관련 서류(근로계약서, 급여통장 사본, 소득금액증명원, 급여명세서 등 고용관계를 확인할	

구분	내용			
과태료위반행위	◎ 피보험자격 취득·상실 등 미신고(지연신고) 및 거짓 신고 시 과태료 부과			
	위반행위	과태료 금액		
		1차	2차	3차 이상
	신고를 하지 않은경우(기간내에 신고를 하지않은 경우를 포함)	피보험자 1명당 3만원, 합산액 최대100만원	피보험자 1명당 3만원,합산액 최대100만원	피보험자 1명당 3만원, 합산액 최대 100만원
	거짓으로 신	피보험자 1명당 5만원,	피보험자 1명당 8만원,합	피보험자 1

				명당 10만원, 합산액 최대300만원
	고한경우	합산액 최대100만원	산액 최대200만원	
4대 보험통합신고	◎ 피보험자격 취득·상실 신고는 4대 보험 공통사항으로 국민연금공단, 국민 건강보험 공단 지사에도 접수 가능하며, 고용보험 홈페이지(www.ei.go.kr) 등각 사회보험 EDI 및 4대 사회 보험정보연계센터 홈페이지(www.4insure.or.kr) 등 온라인 신고도 가능			

1.3 고용안정사업

고용보험이란? 고용조정이 불가피하게 된 사업주가 고용유지 조치(휴업, 휴직 등)을 실시하도록 지원함으로써 근로자의 실업 예방

구분	지원 대상	지원내용	조선업 특별 고용지원 업종 고용위기 지역
휴업	• 경기변동·산업구조 변화에 따라 고용조정이 불가피한사업주가 1개월간 총 근로시간의 20/100을 초과(조선업 특별 고용 지원업종10/100)하는 근로시간 조정, 교대제 개편, 휴업을 행하여 근로시간을 단축하고휴업수당 등을 지급하는 고용유지 조치를 하고 근로자의 고용을 유지하는 경우	○ - 고용유지조치 기간 동안사업주가 근로자에게 지급한 휴업 수당의 2/3 (대규모 기업 1/2)를 지급 ① 단, 단축된 근로시간이50% 이상인 경우는 대규모 기업도 2/3 지급 ② 휴업·휴직을 합하여 연180일 이내 (근로자 1인당 1일 6.6만 원 한도로 지원)	○ 고용유지 조치 기간 동안 사업주가 근로자에게 지급한 휴업 수당의 9/10(대규모 기업2/3)를 지급 ① 단, 단축된 근로시간이 50% 이상인 경우는 대규모 기업은 3/4 지급 ② 휴업·휴직을 합하여 연 180일 이내 (근로자 1인당 1일 7만 원 한도로 지원, 단 대규모 기업은 1일 6.6만 원)
휴직	• 고용유지 조치 기간 동안사업주가 근로자에게 지급한 휴직 수당의 2/3(대규모 기업 1/2)를 지급* 단, 단축된 근로시간이50% 이상인 경우는 대규모 기업도 2/3 지급* 휴업·휴직을 합하여 연 180일 이내 (근로자 1인당 1일 6.6만 원 한도로 지원)	○ 고용유지 조치 기간 동안사업주가 근로자에게 지급한 휴직 수당의 2/3 (대규모 기업 1/2)를 지급 ① 단, 단축된 근로시간이50% 이상 경우는 대규모 기업도 2/3 지급 ② 휴업·휴직을 합하여 연180일 이내 (근로자 1인당 1일 6.6만 원 한도로 지원)	○ 고용유지 조치 기간 동안 사업주가 근로자에게 지급한 휴직 수당의 9/10(대규모 기업2/3)를 지급 ① 단, 단축된 근로시간이 50% 이상인 경우는 대규모 기업은 3/4 지급 ② 휴업·휴직을 합하여 연 180일 이내 (근로자 1인당 1일 7만 원 한도로 지원, 단 대규모 기업은 1일 6.6만 원)
무급휴업	• 경기변동에 따라 사업 규모	○ 해당 근로자의 평	○ 해당 근로자의 평균임금

휴직	축소 등으로 고용조정이 불가피한 사업주가 무급의 휴업 또는 휴직을 실시하는 경우 무급휴업·휴직기간 중 근로자에게 고용유지 지원금을 지급	균임금의 50% 범위 내에서 근로자의 임금수준 등을 고려하여 지급 ① 총 180일 이내 (근로자1인당 1일 6.6만	의 50% 범위 내에서 근로자의 임금수준등을 고려하여 지급 ① 총 180일 이내 (근로자 1인당 1일 6.6만원 한도로 지원)
무급휴업·휴직	• 무급휴직 신청 전 1년 이내 3개월(조선업특별 지원업종, 고용위기 지역은1개월)이상 고용유지 조치(고용보험법 시행령 제19조 제1항에 따른 휴업) 실시* 사업주가 사전에 고용유지조치계획서 제출, 심사위원회의 심사를 통해 지원여부 결정* 무급휴업은 노동위원회 승인, 무급휴직은 노사 합의 필요		

1.4 고용 창출 장려금

통상적 조건 하에 취업이 어려운 취약계층을 고용 또는 신중년 적합 직무에 신중년을 고용하거나 교대제 개편, 근로시간 단축, 시간선택제 일자리 도입 등 근무형태를 변경하여 고용기회를 확대한 사업주를 지원

지원유형	지원 대상	지원내용
고용 촉진장려금	고용노동부 장관이 고시하는취업 프로그램 이수자, 중증 장애인,여성 가장, 도서지역 거주자 등취업 취향 계층을 고용한 사업주	○ 신규 고용한 근로자 수 1인당[우선 지원 대상 기업] 월 60만 원 [대규모 기업] 월 30만 원※ 6개월 주기 신청 및 지급
일자리함께 하기	교대제 개편, 근로시간 단축,일자리 순환제 등을 도입하여기존 근로자의 근로시간을 줄임으로써고용기회를 확대한 사업주 ▷ 제도 도입·시행 후 3개월 월평균 근로자 수가 직전 3개월의 월평균 근로자 수보다 증가하여야 함	○ 증가 근로자 수 1인당[인건비] 월 40~100만원[임금 감소액 보전] 월 최대 40만 원※ 3개월 주기 신청 및 지급
시간선택제 신규 고용지원	근무체계 개편, 시간선택제 직무 개발등을 통해 시간선택제 근로자를 신규고용한 사업주	○ 신규 고용한 근로자 수 1인당[임금 감소 보전금] 월 60만 원[간접노무비] 우선 지원 대상 기업,중견기업 월 10만 원※ 3개월 주기 신청 및 지급

국내 복귀기업 지원	산업부 장관이 지정한 국내 복귀기업으로 실업자를 신규 고용하여 3개월이상 고용유지한 사업주	○ 증가 근로자 수 1인당[우선 지원 대상 기업] 월 60만 원[중견기업] 월 30만 원※ 3개월 주기 신청 및 지급
신중년적합 직무고용 지원	만 50세 이상 실업자를 신중년 적합직무에 3개월 이상 고용한 사업주	○ 신규 고용한 근로자 수 1인당[우선 지원 대상 기업] 월 80만 원 [중견기업] 월 40만 원 ※ 3개월 주기 신청 및 지급

(1) 청년 추가 고용 장려금

청년을 정규직으로 추가로 고용한 중소·중견기업에 인건비를 지원함으로써 양질의 청년 일자리 창출

지원 대상	지원내용
청년 (만 15세 이상 34세 이하)을 정규직으로 신규 채용한 5인 이상 중소·중견기업 (성장유망업종, 벤처기업 등은 5인 미만도 가능) 단, 사행·유흥업 등 일부 업종은 지원 제외	청년 추가 채용 1명당 연 최대 900만원을 3년간 지원 ※ 3개월 단위 신청 원칙※ 기업당 최대 90명까지 지원

(2) 고용안정 장려금

근로시간 단축·유연근무제 등을 도입하여 근로자의 일·가정 양립을 지원하거나 고용이 불안정한 기간제 근로자 등을 정규직으로 전환 또는 재고용하여 고용을 안정시키는 사업주에게 인건비·간접노무비 등을 지원

(3) 출산 육아기 고용안정지원

(가) 지원 내용

육아휴직 등 부여

(나) 지원 대상

근로자에게 육아휴직 또는 육아기 근로시간 단축을 30일 이상 부여하고, 육아휴직 등 종료 후 해당 근로자를 6개월 이상 계속 고용한 사업주

구분	지원 대상	1개월 지급액
육아휴직 부여	우선 지원 대상	30만 원
	우선지원 대상1호 인센티브*	10만 원
	대규모	해당 없음
육아기 근로시간단축 부여	우선 지원 대상	30만 원
	대규모	10만 원

1호 인센티브: 사업장에서 최초 육아휴직자 발생한 경우 1호 인센티브로 월 10만 원 추가 지원(1년 한도)

(4) 대체인력 지원금

　(가) 지원 대상

　　근로자에게 출산 전후(유산·사산) 휴가, 육아휴직, 육아기 근로시간 단축을 부여하고 대체인력을 채용한 사업주

　(나) 지원 내용

　　1) 지원 기간 출산 전후(유산·사산) 휴가, 육아휴직(또는 육아기 근로시간 단축) 사용기간(시작 전 2개월의 인수인계 기간 포함) 중 대체인력을 채용한 기간

　　2) 사용기간(시작 전 2개월의 인수인계 기간 포함) 중 대체인력을 채용한 기간

　　3) 지원금액 대체인력 1인당 우선 지원 대상 기업 월 60만 원(인수인계 기간월 120만 원), 대규모 기업 월 30만 원 지원

(5) 시간선택제 전환 지원

　(가) 지원 대상

　　시간선택제 전환제도를 도입하고 근로자의 필요(자녀 돌봄, 퇴직비, 학업, 간병 등)에 따라 근로시간 단축을 허용한 사업주

　(나) 지원 내용

　　1) 임금 감소 보전금, 간접노무비, 대체인력 지원금 지원

　　2) 임금 감소 보전금 : 주 15시간 이상 주 30시간 이하로 근로시간 단축한 근로자의 임금 감소액을 보전 지원

　　3) 주 15~25시간 : 월 최고 40만 원, 주 25~30시간 : 월 최고 24만원(단, 임신근로자는 주 15~30시간: 월 최고 40만 원)

　　4) 초등학교 1학년 자녀를 양육하기 위한 경우는 주 35시간 이하 가능

　　5) 간접노무비 : 우선 지원 대상 기업, 중견기업에 전환형 근로자의 인사 노무 관리에 소요되는 비용을 1인당 월 20만 원(정액) 추가 지원

6) 대체 인력 지원금 : 시간선택제 전환 근로자의 대체인력을 고용하는 경우 대체인력 인건비로 우선 지원 대상 기업 월 60만 원, 대규모 기업 월 30만 원 지원(임금의 80% 한도)

(6) 일·가정 양립 환경개선 지원

유연근무 제도를 도입하여 소속 근로자에게 활용토록 하는 우선 지원 대상 기업, 중견기업의 사업주에게 간접노무비와 인프라 구축비용을 지원하여 일·생활 균형의 고용문화 확산

(가) 유연근무제 유형
1) 시차출퇴근제
   기존의 소정근로시간을 준수하면서 출퇴근 시간을 조정하는 제도
2) 선택근무제
   1개월 이내의 정산 기간을 평균하여 1주 소정근로시간이 40시간을 초과하지 않는 범위에서 1주 또는 1일 근무시간을 조정하는 제도
3) 재택근무제
   근로자가 정보통신기기 등을 활용하여 주거지에 업무공간을 마련하여 근무하는 제도
4) 원격근무제
   주거지, 출장지 등과 인접한 원격근무용 사무실에서 근무하거나 사무실이 아닌 장소에서 모바일 기기를 이용하여 근무하는 제도

(7) 유연근무제 지원지원

(가) 지원 대상

유연근무를 새로이 도입하거나 확대하여 시행하고 소속 근로자가 필요에 따라 활용토록 하는 우선 지원 대상 기업, 중견기업의 사업주

(나) 지원 내용
1) 유연근무 활용 근로자당 연간 최대 520만 원(주 3회 이상 활용 시 주 10만원, 주1~2회 5만원)을 전체 근로자의 30% 한도*내에서 최대 1년간 사업주에게 지원

☞ 사업장당 70명을 초과할 수 없으며, 시차출퇴근제 활용에 대한 지원 인원은 50명을 초과할 수 없음

구분	연간 총액(52주 기준)		1주당 지급액	
	주 3회 이상	주 1~2회	주 3회 이상	주 1~2회
지원금	520만원	260만원	10만원	5만원

(8) 재택·원격근무 인프라 구축비 지원

  (가) 지원 대상

   재택·원격근무를 새로이 도입하거나 확대하여 시행하기 위해 시스템, 설비, 장비 등을 설치하는 우선 지원 대상 기업, 중견기업의 사업주

<재택·원격근무 인프라구축 지원대상 시설 등>

종류	지원금 용도	지원방식
시스템 구축비	그룹웨어, 원격접속, 업무용 소프트웨어 등 정보시스템 네트워크 보안, 사용자 인증 등 보안 시스템 취업규칙 변경, 제도 도입 컨설팅 비용 인사담당자 교육·훈련 비용- 클라우드 사용료, 인터넷 통신료 등	직접 지원

  (나) 지원 내용

   사업주가 투자한 시스템 구축비의 1/2 이내의 범위에서 최대 2,000만 원 지원

(9) 정규직 전환 지원

  (가) 지원 대상

   6개월 이상 고용되고 계속 근로한 총 기간이 2년 이내인 비정규직 근로자 또는 주로 하나의 사업(또는 사업장)에 6개월 이상 상시적으로 노무를 제공한 특수 형태 업무 종사자를 정규직으로 전환하고, 그 처우를 개선하여 1개월 이상 고용을 유지한 우선 지원 대상 기업, 중견기업 사업주

  (나) 지원 내용

   전환 근로자 1명당 임금 상승분의 80%와 간접노무비 30만 원을 합산한 금액을 월 90만 원 한도 내에서 1년간 지원

(10) 청년내일 채움 공제

중소기업 등에 정규직으로 취업한 청년에게 자산 형성 방식의 지원을 통해 장기 근속 유도

(가) (2년형) 청년이 중소기업 등에서 2년간 근속하면서 자기부담금 300만원 적립(매월 12.5만 원) 시 정부(900만 원)와 기업(400만 원)이 같이 적립하여 1,600만 원(+이자)의 목돈 마련을 지원

(나) (3년형) 청년이 중소기업 등에서 3년간 근속하면서 자기부담금 600만원 적립(매월 16.5만 원) 시 정부(1,800만 원)와 기업(600만 원)이 같이 적립하여 3,000만 원(+이자)의 목돈 마련을 지원

2. 지원 대상

가) [청년] 만 15세~34세 이하로 중소·중견기업에 정규직으로 신규 취업한 청년

나) [기업] 고용보험 피보험자 수 5인 이상 중소·중견기업으로서 상기 청년을 정규직으로 채용한 기업

3. 지원 내용【2년형】

가) [청년] 2년간 취업지원금 900만 원 지원

나) [기업] 2년간 채용유지지원금 500만 원 지원(이중 400만 원은 청년에게 적립)

4. 지원 내용【3년형】

가) [청년] 3년간 취업지원금 1,800만 원 지원

나) [기업] 3년간 채용 유지 지원금 750만 원 지원(이중 600만 원은 청년에게 적립)

☞ 지원 대상 및 지원내용에 관한 자세한 사항은 청년내일채움 공제 전담 콜센터로 문의 (국번 없이 1350→2번→5번)

(11) 장년 근로시간 단축 지원금

60세 이상 고령자를 다수 고용하고 있는 정년 없는 사업장의 사업주 지원

(가) 지원 내용

1) 50세 이상 근로자가 주 소정근로시간이 32시간 이하로 단축되고 임금이 감액되는 경우 감액된 임금의 일부 지원

2) 해당 사업장에서 18개월 이상 계속 근무
3) 근로시간 단축 이후 연장근로시간은 1주 12시간 이내

(12) 고용장려금 융자
기업이 여성·고령자·장애인인 피보험자의 고용안정 및 취업 촉진, 근로시간 단축, 일 가정 양립 환경 구축 등 고용환경개선을 위하여 관련 시설이나 장비를 설치·개선하고자 하는 경우 그에 필요한 비용의 일부를 융자 지원
(가) [상환조건] 3년 거치 5년 균등 분할 상환
(나) [이율] 연 2%(우선 지원 대상 기업, 고령자 연 1%)

구분	지원 대상	지원내용
일자리함께하기설비투자 융자	교대제 개편, 실근로시간 단축을 통해 신규채용을 확대하기 위한 시설·장비·설비 등을 투자하는 경우 융자 지원	① 사업주가 투자한 총 금액의 2/3 이내 ② 융자금액의 한도는 50억 원 ③ 이율 : 대기업 2%, 우선 지원대상 기업 1%
여성 고용환경개선 융자	직장어린이집 또는 여성 고용친화시설(여성전용 휴게실, 모유 수유실, 기숙사 등)설치 또는 개선하고자 하는 사업주	① 시설 건립, 매입, 임차, 시설 개·보수, 시설 전환시 7억 원(공동직장어린이집 9억원) 한도 ② 이율 : 대기업 2%, 우선 지원대상 기업 1%
고령자고용환경개선 융자	고령자 고용 관련 작업시설, 부대시설,편의시설 등 설치 또는 개선하고자 하는 사업주	① 사업주당 10억 원 한도- 이율 : 1%

2. 직업 능력 개발 훈련

(1) 직업 능력 개발 훈련 지원

피보험자, 채용예정자 등을 대상으로 고용노동부 장관의 인정을 받은 직업 능력 개발 훈련을 실시

(가) 연간 지원 한도액

1) 우선 지원 대상 기업 훈련 비용 연간 총액 → 고용안정, 직업 능력 개발사업 납부보험료의 240%

2) 대기업훈련 비용 연간 총액→ 고용안정, 직업 능력 개발 사업 납부보험료의 100%

☞ 지원 최소금액 : 500만 원* 고용조정의 지원 등이 필요하다고 지정·고시한 업종 또는 지역의 사업주에게는 보험료의 300%(대규모 기업 130%)를 한도까지 지급

☞ 사업주가 다른 사업 근로자를 대상으로 훈련을 실시하는 경우에는 보험료의 80%까지 추가 지급

지원액 산정 방식

집체훈련·현장훈련	인터넷 원격훈련	우편원격훈련	스마트 훈련
직종별 훈련 비용 기준단가×훈련시간×훈련수료인원×100% (1,000인 미만60%,1,000인이상 40%)	인터넷 원격훈련단가×훈련시간×수료인원×80%(우선 지원 대상 기업100%,1,000인 이상 기업40%)	우편원격훈련단가×훈련시간×수료인원×80%(우선 지원 대상기업 100%,1,000인 이상기업 40%) * 원격훈련 훈련생1인당 지원금액은 고용노동부 장관이별도 고시	스마트 훈련 단가×훈련시간×수료인원×80%(우선 지원 대상기업100%,1,000인 이상 기업40%)

(2) 기간제 등 훈련 우대 훈련비 지원 : 집체

기간제·단시간·파견·일용근로자에 대해 사업주 훈련 실시할 경우 비용 추가 지원

(a) 임금 지원- 우선 지원 대상 기업 : 소정 훈련시간 × 최저임금법에 따른 시간당 최저임금액의 100분의 120

ⓑ 대기업 : 소정 훈련시간 × 최저임금법에 따른 시간당 최저임금

(3) 유급휴가 훈련 지원

  (가) 지원 대상

   사업주가 근로자에게 유급휴가를 부여하여 훈련을 실시할 경우 임금 및 훈련비 지원

   1) 150인 미만 기업 또는 우선 지원 대상 기업 : 5일 이상의 유급 휴가를 부여하여 20시간 이상의 훈련 실시

   2) 그 외 기업 : 1년 이상 재직근로자를 대상으로 60일 이상의 유급 휴가를 부여하여 180시간 이상의 훈련 실시

  (나) 지원 내용

   (가) 인건비 지원

    1) 우선 지원 대상 기업 : 소정 훈련시간 × 최저임금법에 따른 시간당 최저 임금액의 100분의 150

    2) 대기업 : 소정훈련시간 × 최저임금법에 따른 시간당 최저임금

   (나) 훈련비 지원

    1) 훈련비 지원 : 집체·현장훈련과 동일

(4) 대체인력 채용 지원

  (가) 150인 미만 기업 또는 우선 지원 대상 기업에서 30일 이상의 유급휴가를 부여하여 120시간 이상의 훈련 실시하면서 대체인력을 새롭게 채용하는 경우 대체인력 임금 지원

  (나) 지원 수준 소정근로시간 × 최저임금법에 따른 시간당 최저임금

(5) 국가인적자원개발 컨소시엄

  중소기업 재직근로자의 직업훈련 수혜 확대와 우수 인력 공급, 신성장 동력 분야 등 전략산업의 인력 육성, 지역·산업별 인력양성 기반 조성을 통한 현장 수요 맞춤형 직업훈련체계 구축

  (가) 지원 대상

   우선 지원 대상 기업의 재직근로자 및 채용예정자를 대상으로 훈련을 실시하는 공동훈련센터(다수의 중소기업과 훈련 협약을 체결하고, 자체 보

유한 우수훈련 인프라를 활용하여 협약기업에게 맞춤형 교육훈련을 제공하는 기업 및 사업주 단체, 공공기관 등

(나) 지원 내용

1) 시설·장비비: 연간 최대 15억 원까지 총 소요비용의 80% 내에서 6년 동안 지원하되, 6년 경과 후에는 차등 지원
2) 운영비: 사업 운영에 필요한 전담인력 인건비(80%) 및 일반운영비(100%)를 4억원 한도로 지원
3) 훈련 프로그램 개발비: 훈련 프로그램 개발에 소요되는 비용(100%)을 연간 1억 원 한도로 지원
4) 훈련비·훈련수당: 사업주 위탁 훈련비 환급 방식 등으로 수료인원에 따라 지급 훈련수당은 1개월(120시간) 이상의 채용예정자 훈련 수강생만 지원

☞ 고 숙련, 4차 산업혁명 등 신기술 훈련 우대 지원

(6) 국가 기간 전략산업직종 훈련 지원

금속·동력·기계·전기·전자 등 우리나라의 중요한 산업분야에서 인력이 부족한 직종과 인력 수요가 증가할 것으로 예상되는 직종에 대하여 직업 능력 개발 훈련을 실시함으로써 기업에서 필요로 하는 기술·기능 인력을 양성하여 공급

(가) 지원 대상

15세 이상의 실업자, 비진학 예정(취업희망) 고3 재학생 및 대학 졸업예정자 등 취·창업에 도움이 되는 직무수행능력 향상을 위한 직업 능력 개발 훈련이 필요한 사람

(나) 지원 내용

훈련비 전액과 단위 기간(1개월) 출석률이 80% 이상인 경우 대상 및 출석 일수에 따라 월 최대 11만 6천원의 훈련장려금 지급

(다) 신청

고용센터를 직접 방문하여 직업 능력 개발 계좌 발급을 신청하면 훈련상담(사전심의) 결과에 따라 필요성이 인정되는 경우 직업 능력 개발 계좌(내일 배움카드)를 발급하여 적합한 훈련을 수강할 수 있도록 훈련비 등 지원

☞ 직업훈련 포털 HRD-Net(hrd.go.kr) 접속 시 지원내용, 세부 훈련과정 정보 등 확인 가능

(7) 내일 배움 카드제(근로자)

중소기업 근로자, 비정규직 근로자 등의 직업훈련 기회 확대를 통한 평생 고용 가능성 제고

(가) 지원 대상

우선 지원 대상 기업 고용보험 피보험자, 기간제·단시간·파견·일용근로자, 고용보험 임의가입 자영업자, 대규모 기업 45세 이상 근로자(단시간 근로자 포함), 이직 예정자, 무급 휴직·휴업자, 3년 이상 사업주 훈련을 받지 못한 근로자, 육아휴직 중인 자, 직업 능력개발 훈련 및 평가를 받는 것을 조건으로 고용한 근로자

(나) 지원 내용

근로자 내일 배움 카드 과정을 수강한 경우 1인당 200만 원 (5년간 300만 원)한도 지원(자비부담분을 제외한 훈련비를 훈련 기관으로 지급)

☞ 지원 수준 훈련 비용의 100%(정규직 80%), 음식 서비스·기타 서비스 직종 60%(정규직 50%), 외국어 과정 50%, 인터넷과정 100%

☞ 내일 배움 카드 유효기간: 발급일로부터 3년(퇴사한 경우 1년)

(다) 신청

1) 카드 신청(근로자): 고용센터 또는 HRD-Net(hrd.go.kr)으로 신청
2) 지원금 신청(훈련 기관): 훈련 종료 후 고용센터에 신청

(8) 실업자

취·창업을 위하여 훈련이 필요한 실업자 등에게 직업 능력 개발 계좌(내일 배

움카드)를 발급하고 적합한 훈련을 수강할 수 있도록 지원함으로써 취·창업을 촉진

(가) 지원 대상

15세 이상의 실업자, 비진학 예정(취업희망) 고3 재학생 및 대학 졸업예정자등 취·창업에 도움이 되는 직무수행능력 향상을 위한 직업 능력 개발 훈련이 필요한 사람

(나) 지원 내용

계좌 발급일로부터 1년간 대상 및 직종별 취업률에 따라 훈련비의 20~95% 최대 200만 원까지 지원하고, 단위 기간 출석률이 80% 이상인 경우에는 월 최대 11만 6천 원의 훈련 장려금을 지원

☞ 다만, 취업성공패키지 2유형 참여자는 훈련비의 30%~95%까지 지원하고, 1유형 참여자는 최대 300만 원까지 훈련비의 전액 또는 90% 지원

(다) 신청

1) 고용센터를 직접 방문하여 직업 능력 개발 계좌 발급을 신청하면 훈련 상담 (사전심의) 결과에 따라 필요성이 인정되는 경우 직업 능력 개발 계좌(내일 배움 카드)를 발급하여 적합한 훈련을 수강할 수 있도록 훈련비 등 지원

☞ 직업훈련 포털 HRD-Net(hrd.go.kr) 접속 시 지원내용, 세부 훈련과정 정보 등 확인 가능

(9) 직업훈련 생계비 대부

실업자 및 비정규직 등의 장기간 직업훈련에 따른 생계부담을 대부 지원을 통해 경감함으로써 직업훈련에 전념토록 하여 더 나은 일자리로의 취업 지원

(가) 지원 대상

고용부가 지원하는 훈련(지방자치단체 설치 공공직업훈련시설에서 실시하는 취업 목적 훈련 포함) 중 3주 이상 훈련에 참여하고 있는 비정규직 근로자 및 전직실업자(배우자 합산 연간 소득 금액 8,000만 원 초과자, 실업급여 수급 중인 자 제외)

(나) 지원 내용

신청일 현재 잔여 훈련 기간에 대하여 1인당 월 200만 원 내 분할 대부 (1인당 1,000만 원 한도)

☞ 특별 고용 지원업종 및 고용위기 지역은 2,000만 원 한도
- 연 1% 금리
- 최대 3년 거치, 5년 균등분할상환

(10) 일학습병행제

기업이 청년 등을 선 채용 후 NCS 기반 현장훈련을 실시하고, 학교·공동훈련센터의 보완적 이론교육을 통해 숙련시키는 새로운 현장 중심의 교육훈련 제도

(가) 지원 대상

해당 분야에서의 기술력을 갖추고 기업 현장교사 및 훈련에 필요한 인력·장비 등을 확보하고 안정적으로 장기 훈련이 가능한 인력양성 의지가 높은 기업

☞ 1년~4년(연간 300~1,000시간 이내)의 일학습병행제 이수를 통해 숙련이 필요한 직무

(나) 지원 내용

1) 훈련과정 개발 및 학습도구 지원·컨설팅, 기업 현장 교사 및 HRD 담당자 양성교육 등 훈련 인프라 지원
2) 훈련비(S-OJT, OFF-JT), 기업 현장 교사 수당(연간 400~1,600만 원 한도), HRD 담당자 수당(연간 300만 원 한도) 및 일학습병행 훈련 지원금(월40만 원 한도)등 지원

3. 실업급여

   (1) 구직급여

   (가) 지원 내용

   근로의 의사와 능력을 가지고 있음에도 취업하지 못한 피보험자가 재취업 활동을 하는 기간에 급여를 지급함으로써 생활 안정 및 재취업 지원

   (나) 지원 요건

   이직일 이정 18개월간 피보험 단위 기간(보수 지급의 기초가 된 날)이 180일 이상이고, 회사의 경영사정 등 비자발적으로 이직하여 실업한 상태에서 적극적으로 재취업 활동을 하는 사람

   1) 일용근로자는 수급자격 신청일 이전 1개월 동안의 근로일수가 10일 미만이어야 함

   ☞ 이직 사유가 일정 기간 임금체불, 최저임금 미달, 사업장 도산, 휴·폐업 등 정당한 사유가 있는 경우에는 자발적으로 이직한 경우에도 수급자격 인정

   (다) 지원 수준

   〈구직급여의 소정급여일수〉

	1년 미만	1년 이상 3년 미만	3년 이상 5년 미만	5년 이상 10년 미만	10년 이상
30세 미만 피보험기간	90일	90일	120일	150일	180일
30세 이상 이직일 현재연령~50세 미만	90일	120일	150일	180일	210일
50세 이상 및 장애인	90일	150일	180일	210일	240일

   이직일 당시 연령과 고용보험 가입 기간(피보험기간)에 따라 90일~240일간 이직 전 평균임금의 50%를 지급 시작

   1) 신청방법 실직 후 워크넷(www.work.go.kr)에 구직신청을 하고, 거주지 관할 고용센터에 「수급자격인정신청서」 제출

   2) → 이후 재취업 활동을 하여야 하며, 1~4주 범위에서 고용센터에서 지정한 날에 출석(인터넷)하여 실업인정 신청 및 취업상담

   3) → 확인 후 구직급여 지급

(라) 연장급여

특별한 사유에 해당하는 경우 구직급여를 연장하여 지급

훈련 연장 급여	개별 연장 급여	특별 연장 급여
○ 직업 능력 개발 훈련 등이 필요하다고 판단되어 고용센터에서 훈련을 지시한 사람으로 훈련 기간 동안 구직급여의 100%를 지급(최대 2년)	○ 취업이 특히 곤란하고 생활이 어려운 수급 자격자로써 고용센터의 직업소개에 3회 이상응하였으나 취업되지 아니하고 19세 미만인 자 등의 부양가족이 있으며 재산이 일정기준 이하인 경우 구직급여의 70%를 최대 60일간 연장하여 지급	○ 대량 실업사태 방생 등 대통령령으로 정한 사유 발생시 구직급여의 70%를 최대 60일간연장하여 지급

(마) 실업크레딧지원

훈련 연장 급여	개별 연장 급여	특별 연장 급여
○ 직업 능력 개발 훈련 등이 필요하다고 판단되어 고용센터에서 훈련을 지시한 사람으로 훈련 기간 동안 구직급여의 100%를 지급(최대 2년)	○ 취업이 특히 곤란하고 생활이 어려운 수급 자격자로써 고용센터의 직업소개에 3회 이상응하였으나 취업되지 아니하고 19세 미만인 자 등의 부양가족이 있으며 재산이 일정기준 이하인 경우 구직급여의 70%를 최대 60일간 연장하여 지급	○ 대량 실업사태 방생 등 대통령령으로 정한 사유 발생시 구직급여의 70%를 최대 60일간연장하여 지급

(바) 취업촉진 수당

특구직급여 수급자에게 조기재취업수당, 직업 능력 개발 수당, 광역 구직 활동비, 이주비 등의 인센티브를 제공함으로써 수급자의 장기 실업 방지 및 재취업 촉진

구분	지원 요건	지원내용
조기재취업수당	대기 기간(실업 신고일 부터 7일)이 지난 후소정 급여일수 1/2 이상 남	잔여 소정 급여일수의 1/2 지급

	기고 안정된 직업에 12개월 이상 계속하여 고용된(사업을영위한*) 경우* 사업을 영위한 경우는 자영업 준비활동으로 1회 이상 실업인정을 받아야 함	
직업 능력개발 수당	고용센터에서 지시한 직업 능력 개발 훈련을 받은 경우	실제로 훈련을 받은 날1일당 7,530원*실업자 훈련
광역구직활동비	고용센터의 소개로 거주지에서 25km 이상떨어진 사업장에 구직활동을 할 경우	숙박료 : 실비(1박당 상한액서울시 70,000원,광역시 60,000원,그 밖에 50,000원)운임:실비(교통수단별 중등급 수준)
이주비	취업하거나 고용센터에서 지시한 직업 능력개발 훈련을 받기 위하여 이사를 할 경우	5톤 이하는 실비(5톤초과 시 5톤까지는 실비+5톤 초과 7.5톤까지는실비의 50%)*사다리차 이외 옵션은 제외

4. 모성보호지원

구분	지원 요건	지원내용
육아휴직급여	○ 육아휴직 시작인 이전 피보험 단위기간이 통산하여 180일 이상이고, 육아휴직을 30일 이상 부여받은 근로자 ○ (육아휴직) 만 8세 이하 또는초등학교 2학년 이하의 자녀를 가진 근로자는 1년간 사용가능 (한 자녀 당 남녀 각각 1년 가능) ○ 육아휴직을 시작한 날 이후 1개월부터 종료 후 12개월 이내 고용센터에 신청	○ 출산·육아로 인한 이직을 방지 ○ 출산 전후휴가 급여, 육아휴직 급여 등 모성보호 지원 고용센터에서 최대 1년간 육아휴직 급여 지원- (육아휴직 급여) ▲첫 3개월 : 월 통상임금의80%(상한액 150만원, 하한액 70만원), ○ ▲나머지 9개월 : 월 통상임금의 50% (상한액 120만원, 하한액 70만원) ○ 육아휴직 급여의 25%는 직장 복귀 후 6개월 이상 계속 근무 시 일시불로 지급 ('사후 지급금'제도) ○ (아빠 육아휴직보너스제) 같은 자녀에 대해부모가 모두 육아휴직하는 경우 두 번째 사용자(주로 아빠)의 첫 3개월 육아휴직 급여는 통상임금의 100% (월 상한 250만 원)아빠 육아 휴직보너스제는 '사후 지급금' 제도 적용
육아기근로시간 단축급여	○ 육아기 근로시간 단축 시작일 이전 피보험 단위기간이 통산하여 180일 이상이고,	○ 고용센터에서 최대 1년*간 육아기 근로시간단축급여 지원* 1년 이내에서 육아휴직과 육아기 근로시간 단축을 선택하

	육아기 근로시간 단축*을 30이 이상 부여받은 근로자 ○ (육아기 근로시간 단축) 만 8세 이하 또는 초등학교 2학년이하의 자녀를 가진 근로자는육아휴직 대신 육아기 근로시간 단축 사용가능 (단축 후 근로 시간 : 주당 15~30시간) ○ 육아기 근로시간 단축을 시작한 날 이후 1개월부터 종료 후 12개월 이내 고용센터에 신청	여 사용 가능 ○ 급여액=통상임금의 80%(월상한150만원) $\times \dfrac{\text{단축 전 소정근로시간} - \text{단축 후 소정근로시간}}{\text{단축 전 소정근로시간}}$		
출산전후(유산·사산)휴가급여	○ 휴가가 끝난 날 이전 피보험단위기간이 통산하여 180일 이상이고, 출산 전후(유산·사산) 휴가를 부여받은근로자 ○ (출산 전후휴가) 사업주는 임신한 여성근로자에게 90일(다태아 120일)의 출산전후휴가를 부여해야 함 ○ (유산사산휴가) 임신 중 유산·사산한 여성근로자는 5~90일의 유산사산 휴가 청구 가능 ○ 휴가를 시작한 날(대규모기업은 휴가 시작 후 60일이 지난 날) 이후 1개월부터 종료 후 12개월 이내 고용센터에 신청	○ 아래 기준에 따라 고용센터에서 출산 전후(유산·사산)휴가급여 지원		
		▪ 구분	✓ 최초 60일 ✓ (다태아 75일)	✓ 마지막 30일(다태아 45일)
		▪ 우선 지원 대상 기업근로자	✓ (정부) 최대 월 ✓ 180만원 지급 ✓ (사업주) 통상임금과 180만 원의 차액분 지급	✓ (정부) 최대 월 180만 원 지급 ✓ (사업주) 통상임금과 180만원의 차액분 지급
		▪ 대규모 기업근로자	✓ 사업주가 통상임금 지급	✓ 정부가 통상임금 지급 (최대 월 180만원)

5. 자영업자 고용보험

(1) 가입대상

 (가) 본인 명의의 사업자등록증을 보유한 1인 자영업자 또는 50인 미만 근로자를 고용하는 자영업자로 사업자등록일로부터 5년 이내인 자

 (나) 고용보험법상 적용이 제외되는 사업(법인이 아닌 5인 미만 농업·임업·어업, 소규모 공사, 가사 서비스업)과 부동산 임대업자는 가입 제외

(다) 만 65세 이후에 자영업을 개시한 자는 고용 안정·직업 능력 개발사업에 한하여 가입 가능

(2) 신청방법

(가) 근로복지공단에 「자영업자 고용보험 가입신청서」를 제출
(나) 고용·산재보험 토탈 서비스(total.kcomwel.or.kr)에서 신청
(다) 근로복지공단(☎1588-0075)에 신청서 제출

(3) 기준보수(보험료 및 구직급여 산정기준)

(가) 고용노동부 장관이 매년 고시하는 "기준보수"중에서 본인이 선택
(나) 보험료 : 선택한 기준보수 × 보험료율(고용안정·직업 능력 개발사업: 0.25%)

구분	1등급	2등급	3등급	4등급	5등급	6등급	7등급
기준보수	1,820,000	2,080,000	2,340,000	2,600,000	2,860,000	3,120,000	3,380,000
월 보험료	40,950	46,800	52,650	58,500	64,350	70,200	76,050
월구직급여	910,000	1,170,000	1,170,000	1,300,000	1,430,000	1,560,000	1,690,000

(4) 보험료 납부

(가) 1인 소상공인 고용보험료 지원 사업(소상공인진흥 공단)
(나) 대상 : 자영업자 고용보험에 가입한 1인 소상공인 중 1~4등급 선택 가입자
(다) 내용 : 1~2등급은 고용보험료의 50%, 3~4등급은 30% 지원
(라) 절차 : 연 1회 소상 공인시장 진흥 공단에 신청→분기별로 지원
(마) 매월 부과된 고용보험료를 다음 달 10일까지 납부
(바) 자영업자 고용보험료는 근로복지공단이 매월 부과하고, 건강보험공단이 징수

(5) 구직급여

(가) 지급요건

고용노동부령으로 정하는 정당한 사유로 폐업하였을 것(6개월 연속하여 적자 발생, 3개월 월평균 매출액 20% 이상 감소, 건강 악화·자연재해 등 부득이한 사정으로 사업을 지속하기 어려운 경우 등)
○ 법령을 위반하여 허가 취소, 영업정지, 방화 등 본인의 중대한 귀책사유,

자기 사정으로 인해 폐업한 경우는 수급자격이 제한될 수 있음
　　○ 신청 시 폐업 신고서, 부가가치세 신고서, 기타 매출액·비용 증빙 등 폐업 사유 입증을 위한 자료를 제출해야 함
　　1) 폐업일 이전 24개월 간 1년 이상 보험료를 납부하였을 것
　　2) 근로의사와 능력을 가지고 적극적으로 재취업 활동을 할 것
　(나) 수준 및 기간
　　○ 본인이 선택한 기준보수의 50%에 해당하는 금액(월 91만 원~169만 원)을 90일~180일까지 지급
　(다) 보험료 납부
　　폐업 후 고용센터에 구직등록 및 「자영업자 수급자격 인정신청서」 제출, 신청 후 재취업 활동 필요기간에 따라 1~4주 범위에서 고용센터가 지정한 날에 출석하여 취업상담 및 실업인정

6. 4대보험정보연계센터

명칭(운영 기관)	사이트 주소	운영 기관	홈페이지 문의
근로복지공단 EDI(고용·산재보험토탈서비스)	total.kcomwel.or.kr	근로복지공단	1833-6000
국민건강보험 EDI	edi.nhis.or.kr	국민 건강보험공단	1577-1000
국민연금 EDI	edi.nps.or.kr	국민연금공단	063-713-6565
고용보험 EDI	www.ei.go.kr	한국고용정보원	1577-7114
KT EDI	bips.bizmeka.com	㈜케이티	080-318-5306
4대 보험정보연계센터	www.4insure.or.kr	국민연금공단	063-711-7800

7. 취업규칙 변경절차의 특례

"최저임금 월 환산액"이란?

고시된 시간급 최저임금액에 1개월의 최저임금 적용기준 시간 수를 곱하여 산정
2024년 시간급 최저임금 9,860원 × 1개월의 최저임금 적용기준 시간 수 (209시간, 최저임금 고시 기준)* = 2,060,740원

* 1주 소정근로시간 40시간이고 유급주휴 8시간인 경우 1개월의 최저임금 적용기준 시간 수 산정방법: (1주 소정근로시간 40시간 + 유급주휴 8시간) × 365일÷7일÷12월 = 약 209시간

[취업규칙 변경절차의 특례]

최저임금에 산입되는 임금에 포함시키기 위하여 1개월을 초과하는 주기로 지급하는 임금을 총액의 변동없이 매월 지급하는 것으로 취업규칙 변경 시 근로자의 과반수(또는 근로자의 과반수로 조직된 노동조합)의 의견청취 필요

(1) 취업규칙 변경절차의 특례

사용자가 지급주기가 1개월을 초과하는 임금을 최저임금에 산입시키기 위해 그 총액의 변동없이 지급주기를 매월 단위로 하는 내용의 취업규칙을 변경할 경우
- ○ 해당 사업자 근로자의 과반수 노동조합 또는 근로자 과반수의 의견 청취 필요
  " 총액의 변동이 없는 임금" 이란?
- ☞ 지급주기가 변경(1개월 초과 ▶매월 1회 이상) 되는 임금 (임금총액이 아님)

- ☞ 근로기준법 제94조제1항에 따른 취업규칙 변경절차는 적용 안됨
- ○ 동의 아닌 의견청취만 필요(법제6조의2)
- ○ 취업규칙을 근로자에게 불리하게 변경하는 경우에는 그 동의를 받아야 한다.
- ○ 사용자는 여전히 취업규칙신고 의무 (근로기준법 제93조 및 제94조제2항)

8. 근로계약 및 교부

근로자	근로자는 근로를 제공하고, 사용자는 이에 대하여 임금을 지급하는 것을 목적으로 체결한 계약
교부	2012년부터는 근로계약 체결시는 물론 변경시에도 주요 근로조건이 명시된 서면을 반드시 교부
벌칙	① 근로기준법 제17조에 의한 근로계약을 하지 않거나, 미 교부시 제109조에 의한 형사 처벌 (정규직) ② 기간제 및 단시간 보호등에 관한 법률 제17조에 의한 근로계약을 하지 않거나, 미교부시 제114조에 의한 500만원 이하의 과태료

9. 개정된 연차 휴가제도

(1) 8할 이상 출근시 15일의 연차유급휴가 부여(2년마다 1일가산) (휴가일수 한도 : 25일)
(2) 개정법 적용 대상 : '17.05.30. 이후 입사자
   - (1년차) 1개월 개근 시 연차휴가 1일씩 부여(총11일)
   - (2년차) 15일의 연차유급휴가 발행
(3) '17.07.01. 입사하여 '18.07.30. 퇴사한 근로자의 연차휴가는 총 26개 (11+15)가 발생합니다.
   - 11개('17.07.01.~'18.06.30.)
   - 16개('18.07.01.~퇴직시)

제2절 Q&A 자주묻는 질문

1. 법정근로시간과 휴게시간 및 연장근로

Q: 법정근로시간은 어떻게 되며 휴게시간 및 연장근로는 얼마나 가능한지?

A :

상시근로자 5인 이상인 사업장의 경우, 근로기준법 제 50조에서 1주간의근로시간은 휴게시간을 제외하고 40시간을 초과할 수 없고, 1일의 근로시간은 휴게시간을 제외하고 8시간을 초과할 수 없다고 규정하고 있습니다. 그리고, 동법 제53조에서, 당사자간에 합의하면 1주간에 12시간을 한도로 근로시간을 연장할 수 있습니다.

동법 제54조에서, 사용자는 근로시간이 4시간인 경우에는 30분 이상, 8시간인 경우에는 1시간 이상의 휴게시간을 근로시간 도중에 주어야 한다고 규정하고 있으며, 휴게시간은 근로자가 자유롭게 이용할 수 있습니다.

2. 본인의사로 퇴직한 경우, 재취업 시 실업급여는?

Q: 법정근로시간은 어떻게 되며 휴게시간 및 연장근로는 얼마나 가능한지?

A:

부득이한 사유없이 개인사정으로 이직한 경우에는 그 자격이 제한 되어 실업급여 수급자격이 인정되지 않아 실업급여를 받을 수 없습니다. 수급자격을 입정하지 않는 개인사정은 유학, 전직, 창업 등입니다.

개인사정으로 이직한 경우에 실업급여 수급권은 제한되지만, 고용노동부에서 승인 받은 실업자 작업능력개발 훈련과정은 수강하실 수 있습니다

3. 실업급여 신청방법

Q: 실업급여를 신청하는 방법이 어떻게 되나요?

A:

고용보험법 제40조에 따른 요건을 충족하여 실업급여를 신청하고자 할 경우, 퇴사 후 지체없이 거주지 관할 고용센터에 방문하여 실업을 신고하고 실업급여 수급자격 인정을 신청하면 되며, 퇴직당시 연령과 고용보험 가입기간에 따라 90일~240일의 범위내에서 퇴직전 평균임금의 50%가 지급됩니다.

☞ 실업급여는 이직일의 다음날부터 12개월을 초과하면 소정급여일수가 남아있더라도 지급을 받을 수 없음

【실업급여 신청방법】

(1) 전산망(www.work.go.kr)을 통하여 구직신청을 하고, 거주지관할고용센터를 방문(신분증 지참)하여 고용센터에서 실시하는 실업급여신청자
(2) 취업지원 설명회 참석

☞ www.ei.go.kr에서 실업급여 수급 설명회 온라인 교육 수강 가능

(3) 고용센터에서 실시하는 취업지원 설명회에 따라 수급자격인정신청서 및 재취업 활동계획서 작성·제출

☞ 워크넷으로 구직등록 후 방문시 워크넷 활용교육 및 구직표 작성시간을 면제받을 수 있음

(4) 취업지원 설명회 종료 후, 개별상담을 거쳐 추후 일정에 대하여 안내받은 후 귀가
(5) 관할 고용센터는 원칙적으로 접수 후 14일 이내에 수급자격 인정여부를 결정, 통지

4. 퇴직금 및 평균임금 산정방법

Q: 퇴직금 및 평균임금 산정방법이 어떻게 되는지?

A:

1. 근로자퇴직급여보장법 제8호 제1항의 규정에 의거 사용자는 계속근로기간 1년에 대하여 30일분 이상의 평균임금을 퇴직금으로 퇴직하는 근로자에게 지급할 수 있는 제도를 설정하여야 하며, 이때 계속 근로년수라 함은 근로계약을 체결하여 고용된 날부터 퇴직할 때까지의 전체기간을 말합니다.

2. 퇴직금 산정의 기준이 되는 평균임금은 근로기준법 제2조의 규정에 따라 이를 산정하여야 할 사유가 발생한 날 이전 3개월 동안에 그 근로자에 대하여 지급된 임금총액을 그 기간의 총일수로 나눈 금액을 말하며, 이러한 방법으로 산출된 평균임금액이 그 근로자의 통상임금보다 적으면 그 통상 임금액을 평균임금으로 하여야 합니다.

☞ 평균임금=[산정사유발생일 이전 3개월간의 임금총액]/ [위 3개월간의 역일수(총 날짜수)]

☞ 퇴직금=평균임금×30일분×계속근로일수/365]

5. 연차유급휴가 부여기준

Q: 연차유급휴가 부여시 시간 단위, 반일 단위로 부여할 수 있는지?

A:
근로기준법 제60조에 따른 연차유급휴가는 일 단위로 부여하는 것이 원칙이라 할 것이나, 노사 당사자간의 합의로 정한 바에 따라 시간 단위 또는 반일 단위로 부여하더라도 근로기준법에 위반된다고 보기는 어려울 것으로 사료됩니다.

6. 해고 예고수당 적용기준

Q: 회사에서 즉시 해고를 통보했는데 해고 예고수당이 적용되나요?

A:

근로기준법 제26조에서 사용자는 근로자를 해고(경영상 해고를 포함)하려면 적어도 30일 전에 예고를 하여야 하고, 30일 전에 예고를 하지 아니 하였을 때에는 30일분 이상의 통상임금을 지급하여야 합니다. 다만, 천재·사변, 그 밖의 부득이한 사유로 사업을 계속하는 것이 불가능한 경우 또는 근로자가 고의로 사업에 막대한 지장을 초래하거나 재산상 손해를 끼친 사유(시행규칙 별표)에는 적용되지 않습니다. 또한, 동법 제 35조에서 일용근로자로서 3개월을 계속 근무하지 아니한 자, 2개월 이내의 기간을 정하여 사용된 자, 월급근로자로서 6개월이 되지 못한 자*, 계절적 업무에 6개월 이내의 기간을 정하여 사용된 자, 수습 사용중인 근로자의 경우에는동 조항이 적용되지 않습니다.

☞ 2017.12.23. 헌법재판소 위헌 결정에 따라, 월급근로자로 6개월 미만 근로한 근로자에게도 해고예고수당 지급

따라서, 사용자가 30일전에 예고 없이 해고한 경우에는 해고 즉시 해고예고 수당을 지급하여야 하며, 미지급시에는 사업장 소재지 관할 지방고용노동관서에 진정 등 신고를 통해 권리구제를 받으시기 바랍니다.

7. 상여금 지급기준

Q: 제가 근무하던 아파트는 연 350%의 상여금을 한다는 취업규칙이 있습니다. 근로계약서에 입사 3개월까지는 상여금을 지급치않는다라고 하여 3개월까지는 상여금을 지급받지 못하였는바 상여금을 지급받을 수 없나요?

A:

상여금에 대하여는 근로기준법에 별도로 정한바가 없으므로, 귀하가 상여금을 지급받을 수 있는지에 대하여는 당해 회사의 단체협약, 취업규칙, 관행 등을 종합적으로 검토하여 판단하여야 할 것입니다.

8. 퇴직금 중간정산 후 1년 미만의 퇴직금 지급여부

Q: 퇴직금 중간정산 후 1년 미만 기간에 대한 퇴직금 지급여부?

A:

근로자퇴직급여보장법 제8조 제1항에 따라, 사용자는 계속근로년수 1년에 대하여 30일 분 이상의 평균임금을 퇴직금으로서 퇴직하는 근로자에게 지급할 수 있는 제도를 설정하여야 하며, 이때 계속 근로년수라 함은 근로계약을 체결하여 고용된 날부터 해지될 때까지의 기간을 말합니다.

동법 제8조 및 동법 시행령 제3조에 따라 퇴직금 중간정산을 실시하여 중간정산 이후의 계속근로기간이 1년 미만이라 하더라도, 사용자는 동기간에 대한 퇴직금을 산정하여 근로자의 퇴직일로부터 14일 이내에 지급하여야 합니다.

9. 연장/휴일근로 통상임금 지급기준

Q: 근로기준법 56조에 연장, 휴일근로에 대해 통상임금 1.5배 가산지급 되어 있는데 부칙 제6조에는 2항에는 최초의 4시간은 1.5배를 1.25배로 본다로 되어있는데 어떻게 적용하나요?

A:

연장근로의 경우, 주 40시간을 도입한지 3년까지는 1주 최초 4시간의 연장근로에 대해 1.25배가 적용됨을 의미하며,

- 5인이상 20인 미만 사업장의 경우 11.7.1부터 주40시간제가 적용 되었습니다.

10. 통상임금 계산기준?

Q: 통상임금 나누기 209에서 209는 주 48시간 근무에 4.345를 곱해서 나온 숫자라고 하셨는데, 주 48시간 (8시간*6일)과 4.345는 무엇를 근거로 한 숫자인가요?

A:

주40시간을 근무하는 경우 유급으로 처리되는 주휴일이 8시간이 있으므로 이를 포함하여 1주간 유급으로 처리되는 시간이 48시간이며, 1년 전체는 52.142주로 되어 있고 52.142주를 평균(12개월로 나눔)한 한달의 수치가 4.345주입니다.

11. 자주하는 질의/답변

Q: 자주하는 질의/답변

A:

(1) 취업규칙 제정 : 취업규칙은 근로기준법에 의거 상시 10인 이상 근로자를 사용하는 사업장은 의무적으로 작성해야 하는바, 수진기업은 정규직 인원은 10인 미만이지만, "상시"라는 개념은 평균적인 의미로써 일용직을 포함하여 평균적으로 10인 이상의 근로자를 사용한다면 취업규칙을 작성해야 합니다.

(2) 근로계약서 구비 : 서면 근로계약서의 작성이 없어 근로기준법상 근로조건 명시 의무에 위배되고, 월급(연봉)제를 적용받는 정규직과 일당제를 적용받는 일용직을 구분하
여 각각의 실태에 부합하는 근로계약서를구비, 작성할 필요성이 있습니다.

(3) 급여체계 개선 : 연봉제 형태의 임금체계를 운영 중이나 월 지급 총액및 법정수당이 아닌 복리후생적 급여(교통비, 휴대폰보조비, 상여금)로만 구성되어 있고, 이 경우 연장근로수당 등 법정수당 미지급으로 인정될 가능성이 높아 추후 민원 발생이 우려되는바, 조속히 개선함이 바람직 합니다.

(4) 주40시간제 : 2011. 7월 1일부터 상시 5인이상 20인 미만 사업장에 주40시간 적용, 수진업체도 그 대상사업장에 해당하는바, 주40시간제에 대비한 절차적 부문의 자문, 취업규칙 및 급여체계의 정비가 필요합니다.

12. 퇴직금

Q: 퇴직금에 대해 알아야 할 점

(1) 퇴직금은 1년 이상 계속 근로한 근로자가 퇴직할 때 지급합니다.
(2) 1년 미만인 근로자, 주 15시간 미만인 근로자는 제외
(3) 수습사용 기간, 출산휴가, 육아휴직, 업무상 부상·질병, 사용자 승인하의 개인휴직 기간포함
(4) 퇴직금 중간정산, 고용승계 없는 용역업체 변경, 정년퇴직 후 재입사 시 이전 기간 불포함

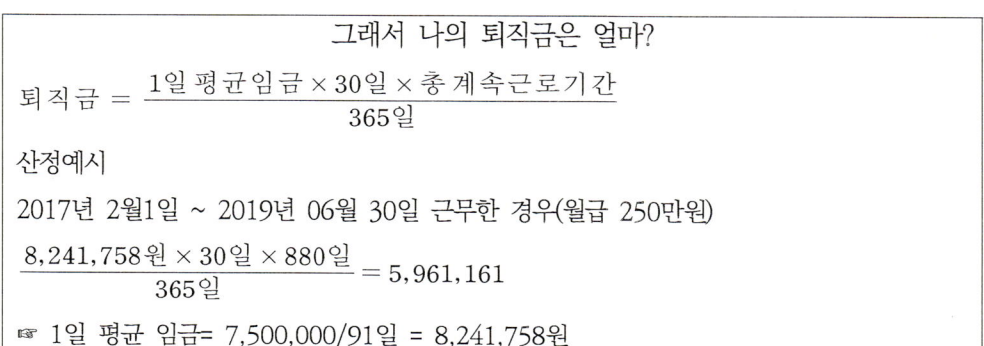

그래서 나의 퇴직금은 얼마?

$$퇴직금 = \frac{1일\,평균임금 \times 30일 \times 총\,계속근로기간}{365일}$$

산정예시
2017년 2월1일 ~ 2019년 06월 30일 근무한 경우(월급 250만원)

$$\frac{8,241,758원 \times 30일 \times 880일}{365일} = 5,961,161$$

☞ 1일 평균 임금= 7,500,000/91일 = 8,241,758원

13. 해고 예고

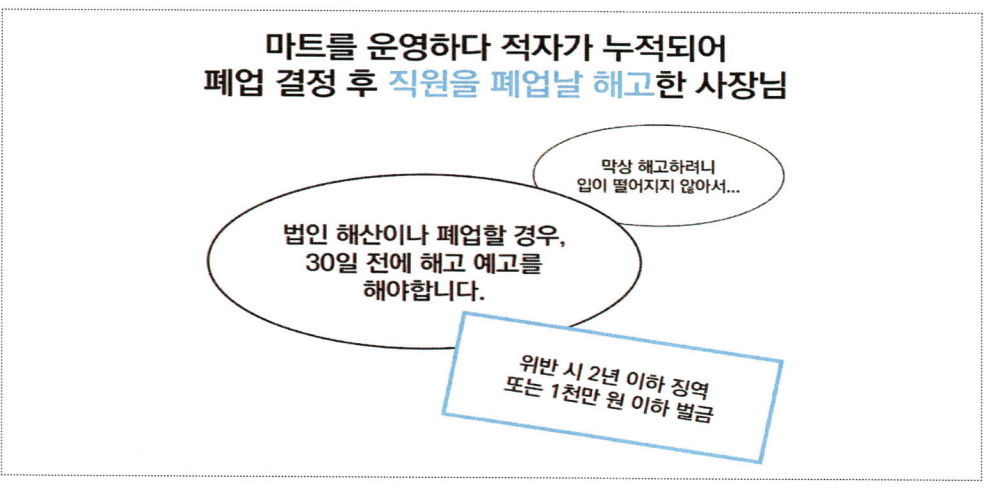

- 이별에도 예의와 절차가 있는법
- 적당한 해고사유가 있더라도 근로자의 생계 보호를 위해 해고 30일 전 예고
- 해고예고수당은 해고 즉시 지급, 예고하지 않으면 통상임금 30일 분 지급
- 해고 방법엔 제한 없지만 서면이 바람직, 대상 근로자, 해고 사유, 시기를 명확하게
  - ☞ 월급 250만원, 주 40시간(209시간) 근무하는 고길동씨 해고 수당은?
- 통산일급 × 30일 = 2,870,812원, 시급 11,962원(250만원/209시간
- 통상일급 시급 × 8시간 = 95,694원
- 단시간 근로자 임금 산정은 시간급이 원칙

- 해고 예고, 이럴 땐 예외로 합니다
- 근로자의 계속 근로 기간이 3개월 미만
- 천재사변, 그 밖의 부득이한 이유로 사업을 지 속하기 어려울 때
- 근로자가 고의로 사업에 막대한 지장을 초래하 거나 재산 손해를 끼쳤을 때
- 고용노동부령으로 정하는 사유

14. 개인사업자도 실업급여 받을 수 있나요?

소상공인이 매출 감소. 건강상의 이유 등으로 불가피하게 폐업하더라도 안정적인 생계를 유지하고 재기를 준비할 수 있는 실업급여 제도가 있는데 아시나요?

소상공인이 폐업하게 되면 직업훈련 비용, 실업급여 등 재취업.창업을 도와주는 '자영업자 고용보험 환급(=실업 급여)' 대상이, 기존에는 1인 자영업자에게만 고용보험료가 지원됐으나, 2024년부터는 자영업자 고용보험에 가 입한 '모든 소상공인'에게 보험료의 100%~70%를 환급해 준다.

근로자 고용보험과 소상공인 고용보험 비교		
구분	근로자 고용보험	자영업자(소상공인) 고용보험
가입대상	• 근로자·모든	50인 미만 근로자를 고용하는 자영업자
가입제한	• 65세 이후 고용된 자 • 1개월 근로시간이 60시간 미만인 자 • ·외국인근로자 등	부동산임대업, 가사서비스업, 5인 미만 농림어업 등의 사업주
가입의무	• 의무가입	임의가입(기준보수액 1~7등급 중 선택)
보험료	• 근로자와 사업주가 각각 50% 부담	자영업자(사업주)가 전액 부담

자영업자가 보험료 납부 후 매월 환급받는 방식으로 지원되는 '자영업자 실업급여' 지원 사업은 소상공인이 고용 보험에 신규 가입하면 5년간 최대 100% (서울시 20%, 정부 80%)를 지원받을 수 있다.

정부는 올해부터 기준보수 1~2등급은 납입액의 80%, 3~4등급은 60%, 5~7등급은

50%를 차등 지원하며, 여기에 서울시는 '일괄 20%'를 추가로 지원한다.

예컨대, 기준보수 1등급 소상공인이 '23년 기준 월 보험료 40,950원을 납부하면 서울시자영업지원센터와 소상 공인시장진흥공단으로 부터 100%에 해당하는 40,950원을 전액 환급받을 수 있어 실 납부액은 '0'원이 되는 셈 이다. 지원 비율이 가장 낮은 5~7등급 소상공인이라 하더라도 70%까지 지원받기 때문에 실 부담이 전년 대비 대폭 줄었다.

기준보수 등급별 보험료							(단위 : 원)
구분	1등급	2등급	3등급	4등급	5등급	6등급	7등급
기준보수 월액	1,820,000	2,080,000	2,340,000	2,600,000	2,860,000	3,120,000	3,380,000
월 보험료	40,950	46,800	52,650	58,500	64,350	70,200	76,050
월 실업급여	1,092,000	1,248,000	1,404,000	1,560,000	1,716,000	1,872,000	2,028,000
서울시 월지원액	8,190	9,360	10,530	11,700	12,870	14,040	15,210
소진공 지원액	32,760	37,440	31,590	35,100	32,175	35,100	38,025
소상공인 실부담액	0	0	10,530	11,700	19,305	21,060	22,815

☞ 혜택

○ (실업급여) 1년 이상 고용보험료를 납부하고, 비자발적으로 폐업할 경우 가입 기간에 따라 120~210일까지 구직급여 지급
○ (직업능력 개발) 훈련 비용의 60~100% 지원

☞ 가입 및 지원금 신청 방법

고용보험은 근로복지공단에 방문.팩스. 우편. 온라인으로 가입할 수 있으며, 가입 후 서울신용보증재단과 소상공 인시장진흥공단에 각각 환급 신청하면 된다.

서울시 지원 사업은 서울신용보증재단 25개 지점을 방문하거나 자영업지원센터 누리집 (www.seoulsbdc.or.kr)을 통해서 신청할 수 있다.

납입한 보험료는 고용보험 납입 실적 기준보수 등급 등에 따라 월별 환급하며, 연중 신청하더라도 1월분부터 소 급해 환급해 준다. 고용보험료 지원 신청은 1회 신청으로 5년간 유지된다

15. 부정경쟁방지 및 영업비밀보호에 관한 법률

제2조 (영업비밀의 정의)

(1) "영업비밀"이란 공공연히 알려져 있지 아니하고 독립된 경제적 가치를 가지는 것으로 서, **합리적인** 노력에 의하여 비밀로 유지된 생산방법, 판매방법, 그 밖에 영업활동에 유용한 기술상 또는 경영상의 정보를 말한다.

(2) "영업비밀 침해행위"란 다음 각 목의 어느 하나에 해당하는 행위를 말한다.

   (가) 절취(절취), 기망(기망), 협박, 그 밖의 부정한 수단으로 영업비밀을 취득하는 행위(이하 "부정취득행위"라 한다) 또는 그 취득한 영업비밀을 사용하거나 공개(비밀을 유지하면서 특정인에게 알리는 것을 포함한다. 이하 같다)하는 행위

   (나) 영업비밀에 대하여 부정취득행위가 개입된 사실을 알거나 중대한 과실로 알지 못하고 그 영업비밀을 취득하는 행위 또는 그 취득한 영업비밀을 사용하거나 공개하는 행위. 영업비밀을 취득한 후에 그 영업비밀에 대하여 부정취득행위가 개입된 사실을 알거나 중대한 과실로 알지 못하고 그 영업비밀을 사용하거나 공개하는 행위

   (다) 계약관계 등에 따라 영업비밀을 비밀로서 유지하여야 할 의무가 있는 자가 부정한 이익을 얻거나 그 영업비밀의 보유자에게 손해를 입힐 목적으로 그 영업비밀을 사용하거나 공개하는 행위

   (라) 영업비밀이 라목에 따라 공개된 사실 또는 그러한 공개행위가 개입된 사실을 알거나 중대한 과실로 알지 못하고 그 영업비밀을 취득하는 행위 또는 그 취득한 영업비밀을 사용하거나 공개하는 행위

   (마) 영업비밀을 취득한 후에 그 영업비밀이 라목에 따라 공개된 사실 또는 그러한 공개행위가 개입된 사실을 알거나 중대한 과실로 알지 못하고 그 영업비밀을 사용하거나 공개하는 행위

16. 보안 서약서

보안 서약서

고객명: 석호삼 귀하

고객명 : 석호삼 귀하

담당자 : 창업에서 중견기업까지

복구의뢰일 : 2024. 01. 01

복구내용 : 2.5"HDD 2TB 데이터 복구

모델 1K9AP8-501/SN/NA7WICT8

상기 고객이 창업에서 준견기업까지에 복구 의뢰한 원본 매체및 복구된 데이터에 대해서 어떤 형태로도 이를 내외부에 공개, 배포 또는 이전하지 않겠으며 이를 위반하여 발생하는 민·형사상 및 보안상의 책임은 관련 법규에 의한 조치에 따를 것을 서약합니다.

2021년 01월 01일

주식회사 홍길동

공급자 회사상호 명판 찍은 후 대표이사 도장

보안 서약서

본인은 기술보호 통합상담•신고센터의 전문가로 근무하면서 다음과 같은 사항을 준수할 것을 엄숙히 서약합니다.

1. 본인은 상담과정에서 취득한 내용에 대해 어떠한 경우에도 공개하거나 유포하지 않을 것을 약속합니다. 이를 위반하여 발생하는 민•형사상 및 보안상의 책임은 관련 법규에 의한 조치에 따를 것을 서약합니다.
2. 본인은기술보호 통합상담•신고센터의 전문가로서 고객의 권리와 이익을 보호하고 모든 민원에 대해 친절하게 응대할 것을 서약합니다.

2024년 1월 1일

소 속:

직 급:

서약자:

0000 주식회사 귀중

17. 5대 법정 의무교육 한눈에 알아보기

5대 법정 의무교육이란? 법에 따라 사업주가 필수적으로 실시해야 하는 교육

	교육명	의무대상	교육시간	관련법령	과태료 등
1	직장내 장애인 인식개선 교육	사업주 및 모든 근로자	연1회 1시간 이상	장애인고용촉진 및 직업재활법 제5조의 2	300만원 이하의 과태료
2	산업안전 보건교육	5인 이상 사업장 (일부 업종 제외)	매분기 6시간 이상 사무직/판매업 매분기 3시간 이상	산업안전보건법 제31조	500만원 이하의 과태료
3	직장내 성희롱 예방교육	근로자를 사용하는 모든 사업장	연 1회 이상	남녀 고용 평등과 일·가정 양립 지원에 관한 법률 제13조	500만원 이하의 과태료
4	개인정보 보호교육	개인정보를 처리하는 자	연 1~2회(권고)	개인정보보호법 제28조	사고·사건 발생시 최대 5억원 이하의 과징금
5	직장내 괴롭힘의 금지	산업안전보건법			

■ **산업안전보건법 시행규칙[별표 5] 〈개정 2021. 11.19〉**
안전보건교육 교육대상별 교육내용(제26조 제1항 등 관련)
근로자 안전보건교육(제26조 제1항 관련)
가. 근로자 정기교육

■ 교육내용
1. 산업안전 및 사고 예방에 관한 사항
2. 안전보건 및 직업병 예방에 관한 사항
3. 건강증진 및 질병 예방에 관한 사항
4. 유해·위험 작업환경 관리에 관한 사항
5. 산업안전보건법령 및 산업재해보상보험 제도에 관한 사항
6. 직무스트레스 예방 및 관리에 관한 사항
7. 직장 내 괴롭힘, 고객의 폭언 등으로 인한 건강장해 예방 및 관리에 관한 사항

제6장 도움이 되는 제도

제1절 최저임금

1. 2025년 적용 최저임금

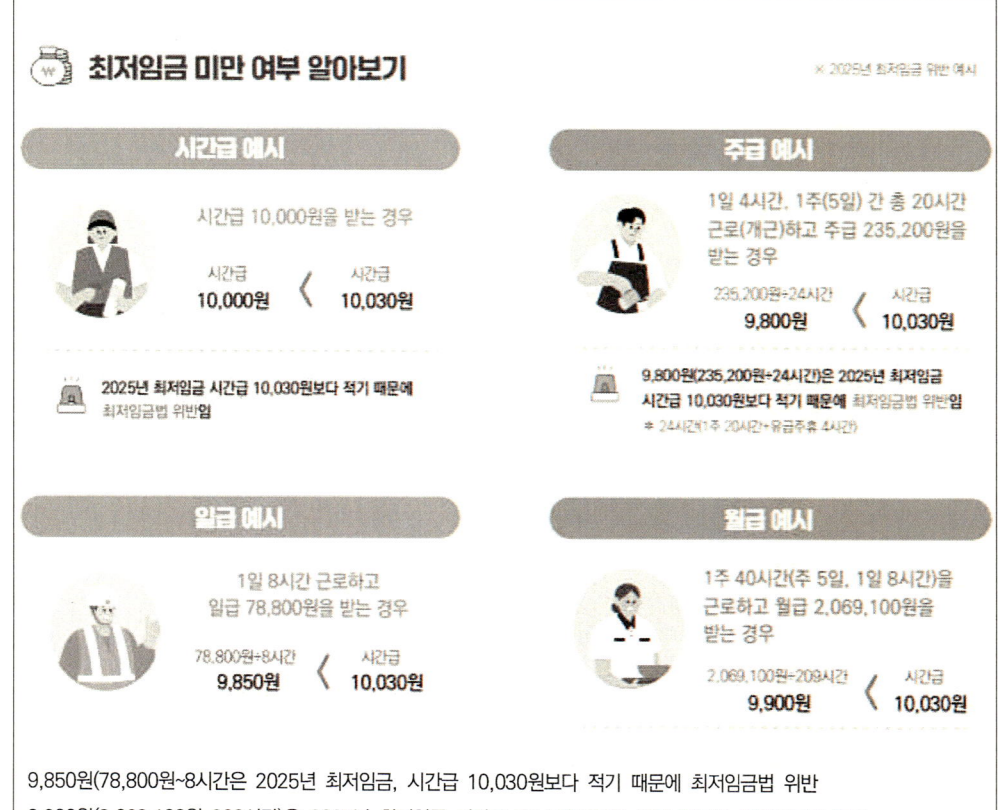

9,850원(78,800원÷8시간)은 2025년 최저임금, 시간급 10,030원보다 적기 때문에 최저임금법 위반
9,900원(2,069,100원÷200시간)은 2025년 최저임금 시간급 10,030원보다 적기 때문에 최저임금법 위반
209시간{(1주40시간+유급주유 8시간)*365÷7}÷12월

주휴수당 알아보기

주휴수당이란?

1주 소정근로시간이 15시간 이상인 근로자가 1주일 동안 개근한 경우 주 1회 유급휴일을 부여하여야 하는데 이때 지급하는 수당이 주휴수당 입니다. 주 5일 주 40시간 미만 근로자라도 소정근로시간이 주 15시간 이상이면 시간에 비례하여 주휴수당을 지급하여야 합니다.

누가, 얼마나 받을 수 있나요?

1주 동안 소정근로일을 개근한 근로자가 대상이 되며, 정상근로일의 소정근로시간에 해당하는 1일분의 임금액을 받을 수 있습니다. 여름 들어 하루에 8시간씩 근무하는 경우에는 시간에 대한 임금을 받을 수 있습니다.

2025년 최저임금 시간급
10,030원
2025.1.1.~2025.12.31. 적용
월 환산액 2,096,270원
(주 40시간 기준, 유급주휴 8시간 포함)

최저임금은 근로자에 대하여 임금의 최저수준을 보장하여 근로자의 생활안정과 노동력의 질적 향상을 꾀함으로써 국민경제의 건전한 발전에 이바지 하는 것을 목적으로 하는 제도입니다.

최저임금이 적용되는 사업장과 근로자는 어떻게 되나요?
근로자 1명 이상인 모든 사업 또는 사업장에 적용됩니다.
다만, 동거하는 친족만을 사용하는 사업과 가사사용인선원법의 적용을 받는 선원 및 선원을 사용하는 선박 소유자에게는 적용되지 않습니다.
근로기준법상 근로자(정규직·비정규직 파트타임 아르바이트, 청소년 근로자, 외국인 근로자 등)에게는 모두 적용됩니다.

다만, 정산 또는 신체장애로 근력이 현저히 낮아 고용노동부장관의 작용제의 인가를 받은 사람에 대하여는 적용되지 않습니다

최저임금액과 다른 금액으로 최저임금액을 정하는 근로자는?
1년 이상의 기간을 정하여 근로계약을 체결하고 수습 중에 있는 근로자로서 수습을 시작한 날부터 3개월 이내인 사람에 대하여는 최저임금액의 10%를 감액하여 지급할 수 있습니다.
다만, 단순노무업무로 고용노동부장관이 정하여 고시한 직종에 종사하는 근로자에게는 수술여부 계약기간과 관계없이 최저금액의 100% 지급하여야 합니다.

Q 최저임금에 산입되는 임금과 산입되지않는 임금은 어떻게 되나요?
최저임금에 산입되는 임금은 근로기준법상 임금으로서 매월 1회 이상 정기적으로 지급하는 임금
다만, 아래의 임금은 최저임금에 산입되지 않음

2025년 적용 최저임금
시급	**10,030원** (전년대비 170원 인상)
일급	**80,240원** (일 8시간 기준)
월급	**2,096,270원** (주 40시간, 유급주휴 8시간 포함)

최저임금은 임금의 최저수준을 정하고, 사용자에게 이 수준의 이상의 임금을 지급하도록 하는 제도입니다.

최저임금 미달여부 판단방법

소정근로시간이 **1주 40시간**인 근로자가
2025년 1월 급여 2,354,470원을 받는 경우

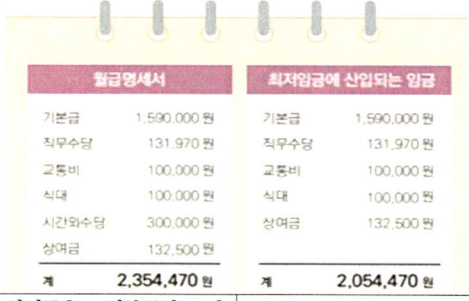

| 상여금은 기본금의 연 100%(132,500원)을 12개월로 나눠서 매월 지급 | 식대, 교통비 및 상여금 전부 삽입 |

추려낸 임금을 시간당 임금으로 환산
9,830원(2,054,470원 ÷ 209시간)은
2025년 최저임금 시간급 10,030원 보다 적기 때문에
🚨 **최저임금법 위반**

최저임금 위반 상담 및 신고
- 상담 : 국번없이 **1350**
- 위반신고 : 사업장 관할 지방고용노동청(지청)

최저임금액 결정 단위

④ "최저임금 월 환산액"이란?
고시된 시간급 최저임금액에 1개월의 최저임금 적용기준 시간 수를 곱하여 산정
2025년 시간급 최저임금 10,030원 × 1개월의 최저임금 적용기준 시간 수 (209시간, 최저임금 고시 기준) = 2,096,270원

---

* 1주 소정근로시간 40시간이고 유급주휴 8시간인 경우 1개월의 최저임금 적용기준 시간 수 신청방법: (1주 소정근로시간 40시간 유급주휴 8시간)×365일÷7일÷12월 약 209시간

취업규칙 변경절차의 특례
최저임금에 산입되는 임금에 포함시키기 위하여 1개월을 초과하는 주기로 지급하는 임금을 총액의 변동없이 매월 지급하는 것으로 취업규칙 변경 시 근로자의 과반수(또는 근로자의 과반수로 조직된 노동조합)의 의견청취 필요

사용자가 근로자에게 반드시 알려 주어야할 사항은 무엇인가요?
사용자는 최저임금액 등을 근로자가 쉽게 볼 수 있는 장소에 게시하거나 그 외 적당한 방법으로 근로자에게 널리 알려야 합니다.
사용자가 근로자에게 최저임금액 등을 알려주지 않을 경우에는 100만원 이하의 과태료가 부과됩니다.

알려야 할 내용
최저임금액
최저임금에 산입하지 아니하는 임금
적용제외 근로자의 범위
최저임금의 효력 발생 연월일

사용자가 최저임금에 미달하여 임금을 지급한 경우 어떤 처벌을 받나요?
3년 이하의 징역 또는 2천만원 이하 벌금에 처해지거나, 이 두 가지 벌칙을 같이 받을 수 있습니다.

최저임금액보다 낮은 임금을 지급 받기로 한 근로계약은 유효한가요?
최저임금액보다 낮은 금액으로 임금을 정한 경우, 이렇게 정한 임금 부분은 무효이고 최저임금액과 동일한 임금을 지급하여야 합니다.

고용노동부 장관	최저임금 위원회			
1. 최저임금 심의 요청(매년 3월 31일까지)	2 전원회의 보고·상정			
	3 심의 기초자료 분석 및 현장 의견 청취		4 전문위원회 심사	
7 최저임금안 고시	1.심의기초자료 분석	2. 현장의견청취	1.생계비전문위원회	2 임금수준전문위원회
7-1. 재심의 요청 (최저임금인 접수일로 부터 20일 이내) - 최저임금인에따라 최저임금을 결정하기가 어려운 경우 - 노사이의제기의 이유가 인정되는 경우 노 사단체: 10일 이내이의제기 가능) 8 최저임금 고시(8월5일까지)	• 생계비 분석 • 임금실태등분석 • 최저임금적용효과에 관한 실태조사 • 주요노동경제지표분석	• 사업장 현장방문 등 실시	• 생계비 분석결과심사 • 노-사제시 생계비 산출만 심사	• 임금실태등분석 결과 심사 • 최저임금적용효과에 김연실태조사 결과 심사 • 노·사 제시 임금수준만 심사
5. 전원회의 심의 · 의결				
6 최저임금안 제출				
심의 요청을 받은 날부터 30일이내				

2. **벤처확인**

    2.1 벤처기업이란

    우리나라에서는 다른 기업에 비해 기술성이나 성장성이 상대적으로 높아, 정부에서 지원할 필요가 있다고 인정하는 기업으로서 "벤처기업육성에관한특별조치법"의 3가지 기준 중 1가지를 만족하는 기업을 의미합니다. 우리나라의 벤처기업은 성공한 결과로서의 기업이라기 보다는 세계적인 인류기업으로 육성하기 위한 지원대상으로서의 기업이라는 성격이 강하다고 볼 수 있다.

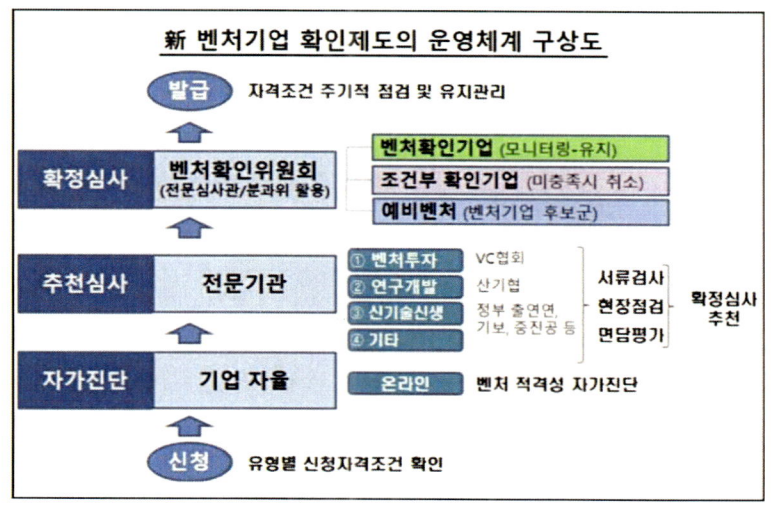

2.2 벤처확인요건

확인유형	기준요건(각항목 모두 충족)	전문평가기관	비고
벤처투자유형	1. 「중소기업기본법」 제2조에 따른 중소기업일 것 2. 투자금의 총 합계가 5천만원 이상일 것 3. 기업의 자본금 중 투자금액의 합계가 차지하는 비율이 10% 이상일 것 적격투자기관 범위 1. 중소기업창업투자회사, 한국벤처투자, 벤처투자조합, 농식품투자조합*, 신기술사업금융업자, 신기술사업투자조합, 창업기획자 (엑셀러레이터)*, 개인투자조합, 전문개인투자자(전문엔젤), 크라우드펀딩*, 한국산업은행, 중소기업은행, 일반은행, 기술보증기금*, 신용보증기금*, 신기술창업전문회사*, 공공연구기관첨단기술지주회사*, 산학협력기술지주회사*, 경영참여형 사모집합투자회사, 외국투자회사 • 표시 기관은 법 시행일(21.2.12)이후 투자유치 건 (입금일 기준)에 한하여 인정 • 해당 기업이 「문화산업진흥 기본법」 제2조제12호에 따른 제작자 중 법인이면 자본금의 7% 이상 • "투자"란 주식회사가 발행한 주식, 무담보전환사채 또는 무담보신주인수권부사채를 인수하거나, 유한회사의 출자를 인수하는 것을 의미	한국벤처캐피탈협회	벤처기업법 제2조의2(벤처기업의 요건) ① 항의 2호의 가목
연구개발유형	1. 「중소기업기본법」 제2조에 따른 중소기업일 것 2. 「기초연구진흥 및 기술개발지원에 관한 법률」 제14조의2제1항에 따라 인정받은 기업부설연구소 또는 연구개발전담부서 및 「문화산업진흥 기본법」 제17조의3제1항에 따라 인정받은 기업부설창작연구소 또는 기업창작전담부서 중 1개 이상 보유 3. 벤처기업확인요청일이 속하는 분기의 직전 4분기 기업의 연간 연구개발비가 5천만원 이상이고, 연간 총매출액에 대한 연구개발비의 합계가 차지하는 비율이 5% 이상 4. 연간 총매출액에 대한 연구개발비의 합계가 차지하는 비율에 관한 기준은 창업 후 3년이 지나지 아니한 기업에 대하여는 미적용 5. 벤처기업확인기관으로부터 사업의 성장성이 우수한 것으로 평가벤처기받은 기업	신용보증기금 중소벤처기업진흥공단	벤처기업법 제2조의2 (벤처기업의 요건) ① 항의 2호의 나목
혁신성장유형	1. 「중소기업기본법」 제2조에 따른 중소기업일 것 2. 벤처기업확인기관으로부터 기술의 혁신성과 사업의 성장성이 우 수한 것으로 평가받은 기업	기술보증기금 농업기술실용화재단 연구개발특구진흥재단 한국과학기술정보연구	벤처기업법 제2조의2 (벤처기업의 요건) ① 항의 2호의 다목

구분		내용		법적근거
			원 한국발명진흥회 한국생명공학연구원 한국생산기술연구원	
예비벤처기업		1. 11. 법인설립 또는 사업자등록을 준비중인 자 2. 12. 벤처기업확인기관으로부터 기술의 혁신성과 사업의 성장성이 우수한 것으로 평가받은 기업	기술보증기금	벤처기업법 제2조의2(벤처기업의 요건) ① 항의 2호의 다목

○ 벤처기업 인증 혜택

구분	내용	법적근거
세제	법인세, 소득세 최초 벤처확인일부터 5년간 50% 감면 • 대상 : 창업벤처중소기업(창업 이후 3년 이내에 2021년 12월 31일까지 벤처확인을받은 기업)	조특법 §6②
	취득세 75% 감면재산세 최초 벤처확인일부터 3년간 면제, 이후 2년간 50% 감면 • 대상 : 창업벤처중소기업은 최초 벤처확인일부터 4년 이내, 청년창업벤처기업 경우에는 최초 벤처확인일부터 5년 이내	지특법 §58의3②
금융	기술보증기금 보증한도 확대 • 일반30억원 → 벤처 50억원, 벤처기업에 대한 이행보증과 전자상거래담보보증 70억원	기보규정
	코스닥상장 심사기준 우대 • 자기자본 : 30억원 → 15억원 • 법인세비용차감전계속사업이익 : 20억원 → 10억원 • 기준 시가총액 90억원 이상이면서 법인세비용차감전계속사업이익 20억원 → 10억원 이상 • 법인세비용차감전계속사업이익이 있고 기준 시가총액 200억원 이상이면서 매출액 100억원 → 50억원 이상 • 기준 시가총액 300억원 이상이면서 매출액 100억원 → 50억원 이상	코스닥시장 상장규정§6①
입지	벤처기업육성촉진지구 내 벤처기업에 취득세·재산세 37.5% 경감	지특법 §58④
	수도권과밀억제권역 내 벤처기업집적시설 또는 산업기술단지에 입주한 벤처기업에 취득세(2배)·등록면허세(3배)· 재산세(5배) 중과 적용 면제	지특법 §58②
M&A	대기업이 벤처기업을 인수·합병하는 경우 상호출자제한기업집단으로의 계열편입을 7년간	공정거래법

	유예		시행령 §3의2②
인력	**기업부설연구소 또는 연구개발전담부서의 인정기준 완화** • 기업부설 연구기관 연구전담요원의 수: 소기업 3명(3년미만 2명), 중기업5명, 매출 5천억 미만 중견기업 7명, 대기업 10명 이상 → 벤처기업 2명 이상		기초연구법 시행령§16 의2①
	기업부설창작연구소 인력 기준 완화 • 일반 10명, 중소기업 5명 이상 → 벤처기업 3명 이상		문산법시행 령§26의①
	스톡옵션 부여 대상 확대 • 임직원 → 기술, 경영능력을 갖춘 외부인, 대학, 연구기관, 벤처기업이 주식의 30% 이상 인수한 기업의 임직원		벤처법§16 의3①
	총 주식수 대비 스톡옵션 부여 한도 확대 • 일반기업 10%, 상장법인 15% → 벤처기업 50%		벤처법시행 령§11의3⑦
광고	**TV,라디오 광고비 3년간 최대 70% 할인, 정상가 기준 35억원(105억/3년) 한도** • 대상 : 한국방송광고진흥공사에서 자체 규정에 따라 별도 선정		방송광고 진흥공사 자체규정

3. 연구소설립

3.1 제도 목적

구소/전담부서 설립신고 제도는 일정 요건을 갖춘 기업의 연구개발전담조직을 신고, 인정함으로써 기업내 독립된 연구조직을 육성하고 인정받은 연구소/전담 부서에 대해서는 연구개발활동에 따른 지원혜택을 부여하여 기업의 연구개발을 촉진하는 제도임

3.2 법적 근거

(1) 기업부설연구소 : 기초연구진흥 및 기술개발지원에 관한 법률 제14조 제1항, 동법 시행령 제16조

(2) 2 연구개발전담부서 : 기초연구진흥 및 기술개발지원에 관한 법률 제14조 제1항, 동법 시행령 제16조

3.3 담당 기관

(사)한국산업기술진흥협회는 기초연구진흥 및 기술개발지원에 관한 법률 제20조 및 동법 시행령 제27조 1항에 근거하여 연구소/전담부서 신고의 수리 및 인정 업무를 처리하고 있음

3.4 신고주체

(과학기술분야 또는 지식기반서비스 분야 연구개발활동을 수행하는 기업(개인기업 포함)

○ 기업 외에 비영리기관, 의료법에 의한 의료법인, 은행법 등에 의한 금융기관 등은 신고대상에서 제외됨

3.5 신고주체

(과학기술분야 또는 지식기반서비스 분야 연구개발활동을 수행하는 기업(개인기업 포

3.6 신고방법

기업부설연구소/연구개발전담부서 설립신고는 기본적으로 先설립·後신고 체계이므로 이를 신고하고자 하는 기업은 신고 인정요건을 갖춘 상태에서 구비서류를 작성하여 (사)한국산업기술진흥협회에 신고

○ 온라인 시스템을 통해서만 신고할 수 있습니다

3.7 인정요건

구분			신고요건
인적요건	연구소	벤처기업	연구전담요원 2명 이상
		연구원창업중소기업	
		소기업	연구전담요원 3명이상 단, 창업일로부터 3년까지는 2명이상
		중기업	연구전담요원 5명 이상
		국외에 있는 기업연구소 (해외연구소)	연구전담요원 5명 이상
		중견기업	연구전담요원 7명 이상
		대기업	연구전담요원 10명 이상
	연구개발전담부서	기업규모에 관계없이 동등적용	연구전담요원 1명 이상
물적요건	연구시설 및 공간요건		연구개발활동을 수행해 나가는 데 있어서 필수적인 독립된 연구공간과 연구시설을 보유하고 있을 것

연구전담 요원 자격
1. 기업규모 등에 관계없이 모두 인정되는 경우
- 자연계(자연과학·공학·의학계열)분야 학사 이상자로서, 연구개발활동 분야 전공자 OR 해당 연구개발 경력 1년 이상 보유
- 연구개발활동과 관련된 국가기술자격법에 의한 기술·기능분야 기사 이상

2. 중소기업에 한해 인정되는 경우
- 연구개발활동과 관련된 자연계분야 전문학사로 해당 연구분야 2년 이상 경력자(3년제는 1년 이상 경력자)
- 연구개발활동과 관련된 국가기술자격법에 의한 기술·기능분야 산업기사로 해당 연구분야 2년 이상 경력자
- 마이스터고 또는 특성화고 졸업자로 해당 연구분야 4년이상 경력자
- 기능사 자격증 소지자의 경우, 관련 연구개발 경력 4년이상인 경우 연구전담요원 인정 가능
- ☞ 창업 3년 미만 소기업 : 대표이사가 연구전담요원 자격을 갖춘 경우 연구전담요원 인정 가능

3. 중견기업에 한해 인정되는 경우
- 중소기업 당시 연구전담요원으로 등록되어 해당 업체에 계속해서 근무하는 경우는 중소기업에 한해 인정되는 자격을 중견기업이 되었어도 인정

4. 산업디자인 분야 및 지식기반서비스 분야를 주업종으로 하는 경우
- 학사(비자연계분야 전공자도 가능) 이상자로서, 연구개발활동 분야 전공자 OR 해당 연구개발 경력 1년 이상 보유
- 전문학사로 해당분야에서 2년(비관련 전공자는 3년)이상 근무한자
- 국가기술자격법 제9조제2호에 따른 서비스분야 1급 이상의 자격을 가진자
- 국가기술자격법 제9조제2호에 따른 서비스분야2급 소유자로서 해당분야에서 2년이상 근무한자

5. 독립된 연구공간
- 사방이 다른 부서와 구분될 수 있도록 벽면을 고정된 벽체로 구분하고 별도의 출입문을 갖춘 독립공간을 확보해야 함
- 면적은 객관적으로 볼 때 해당 연구소에서 연구기자재를 구비하고 연구원이 관련분야의 연구개발을 수행하는 데 적절한 크기를 확보해야 함
- 소기업 및 지식기반서비스 분야의 중소기업 연구소가 독립공간(방)을 연구공간으로 확보하지 못할 경우, 소규모(전용 면적 30㎡이하) 연구공간을 별도의 출입문을 갖추지 않고 다른 부서와 칸막이 등으로 구분하여 운영할 수 있음 (연구소 현판을 칸막이에 부착)

6. 연구시설
- 연구기자재(연구전담요원 또는 연구보조원이 연구개발활동에 직접 사용하는 기계, 기구, 장치 및 재료를 말한다)는 연　구공간에 위치할 것

보다 더 자세한 내용은 한국산업기술진흥협회(https://www.koita.or.kr/)

4. 이노비즈(INNO BIZ)

이노비즈란?

Innovation(혁신)과 Business(기업)의 합성어로 기술 우위를 바탕으로 경쟁력을 확보한 기술혁신형 중소기업을 지칭합니다

▶ 이노비즈 인증 혜택: 금리혜택, 세제혜택, 정책자금지원 유리, 정부R&D지원사업 활용 유리

이노비즈 신청대상 기업

이노비즈 기업으로 선정 받고자 하는 기업은 업력이 3년 이상인 기업으로써 제조업, 소프트웨어업, 바이오업, 환경업, 전문디자인업 등 크게 분류해 볼 수 있음

이노비즈 신청제한 기업

연체, 국세체납 등으로 신용관리정보대상자로 규제를 받는 기업

어음교환소로부터 거래정지처분을 받은 기업

파산, 회생절차개시, 개인회생절차 개시 신청이 있거나 청산에 들어간 기업

숙박 및 음식점업(여관업, 휴양콘도 운영업, 한식음식점 등)

부동산업 및 임대업(주거용건물임대업, 부동산 자문 및 중개업 등)

오락업 및 문화업(골프장운영업, 무도장운영업 등)

공공,수리 및 기타서비스업(이용업,가정용세탁업 등)

이노비즈 선정기준

중소기업청장은 평가기관의 평가결과, 기술혁신시스템 평가점수가 700점 이상이고, 기술평가등급이 B등급 이상인 기업에 대하여 이노비즈로 선정하게 된다.

이노비즈 유효기간 연장

평가기관은 이노비즈 선정 유효기간의 만료가 도래하는 기업에 대하여 그 사실을 유효기간 만료일 90일전까지 해당기업에 통보하여야 하며, 이 경우 이노비즈 선정을 연장하고자 하는 기업은 이노비즈넷을 통하여 유효기간 만료일 35일 전까지 연장 신청 하여야 함

4.1 이노비즈 절차

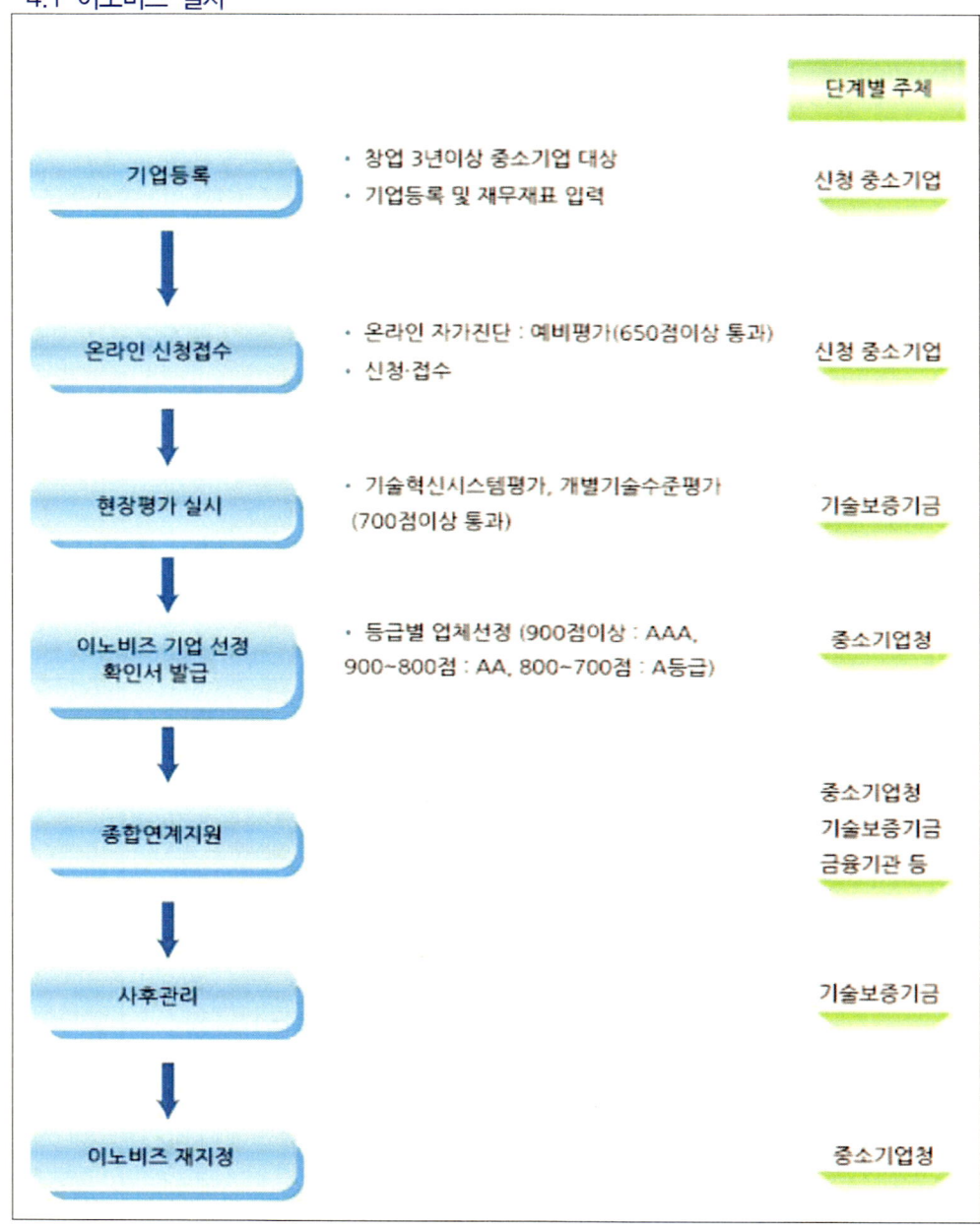

4.2. 이노비즈 확인기업 우대사항

구분	주요지원내용
RD지원	기술혁신개발, 이전기술개발, 구매조건부기술개발, 기업협동형공동기술개발, 창업보육기술개발사업(가점2점) 산학연공동기술개발, 산학협력실, 대학내 기업부설연구소 설치사업, 생산정보화(가점3점) 불법기술유출 방지사업(가점2점) 쿠폰제경영컨설팅(5점) 해외유명인증규격 획득지원(5점)
금융지원	부분보증비율 전액보증 기업당 보증한도 상향(이행보증, 수출입금융보증, 시설자금보증):50억원(일반기업30억원) 보증료감면:0.2%(신용등급 우량기업은 0.4%까지 감면가능)
인력지원	병역지정업체(전문연구, 산업기능요원)추천우대
판로지원 (수출포함)	조달청 물품구매 적격심사(신인도 평가부문:-2~3점)우대 고시금액 이상: 1.5점 -고시금액 미만:2점 중소기업자간 경쟁제도 계약이행능력 심사(신인도 평가1.5점) 민간해외지원센터 활용사업 참여시 지원비율을 일반기업 대비 10%상향 글로벌브랜드사업 참여자격 완화 적용: 수출 200만불 이상(일반기업:500만불 이상) 조달청의 우수제품 선정시 우대:8점(일반기업6점)
기타지원	특허출원시 우선 심사

5. MAINBiz

메인비즈 개요

MAINBiz = MAnagement + INnovation + Business
MAINBiz
메인비즈는 중소기업기술혁신촉진법 제15조 2에 의거 중소기업청장이 선정한 "경영혁신형 중소기업"을 말합니다. 도입 취지는 경영혁신활동을 통해 새로운 성장동력을 갖춘 중소기업을 발굴하여 우수기업으로 육성 및 경영혁신을 촉진하기위함이며, Management(경영), Innovation(혁신), Business(기업)의 합성어로 구성되어 있습니다.
메인비즈 인증 혜택: 금리혜택, 세제혜택, 정책자금지원 유리, 정부R&D지원사업 활용 유리
메인비즈 도입배경
☞ 이노비즈의 한계성
경영혁신형 중소기업은 혁신활동을 통해 일반 중소기업에 비해 높은 부가가치를 창출하는 기업(일자리 창출 : 3배, 매출 : 4배)
벤처기업과 이노비즈가 대표적 혁신형 중소기업이나, 혁신기업은 그외 서비스업, 문화산업, 전통제조업 등의 다양한 형태로 존재 : 이노비즈 평가지표의 72%는 기술혁신 능력을 평가하나, 경영혁신형 중소기업 평가지표 는 90%가 마케팅, 조직관리 등 경영혁신능력을 평가
벤처의 경우 숙박, 이미용, 일부 문화업종은 법적으로 제한: 현재 벤처기업중 관광업 관련 기업은 10개 업체에 불과 · 이노비즈는 업종제한은 없으나 기술성위주의 평가이므로 서비스 업종이 이노비즈 기업 으로 평가받는데 한계 : 이비즈에서 서비스 관련업체는 90여개 이나 대부분 제조 및 연구개발을 병행
정책협의회는 반기별1회, 분과는 분기별1회 정기회의를 개최하고, 주요 현안에 대하여는 수시 개최
☞ 메인비즈의 필요성
국내의 중소기업의 약 77%를 차지하는 서비스업종의 경영혁신화가 필수 또한, 중소기업 경영확신활동 조사결과 마케팅, 고객관리등이 중소기업의 새로운 경쟁력 확보수단으로 변화 양극화 해소 및 형평성이 부각되고 다양한 업종에서의 혁신기업의 육성을 위해서는 경영혁신 중소기업을 발견하기 위한 방법으로 해당 제도 도입의 필요성 인식
1,382개 중소기업 중 927개 업체가 정보화 등 혁신활동을 수행 중: 문화산업, 전통제조업 등의 다양한 형태로 존재
경영혁신을 수행한 중소기업이 일반 중소기업에 비해 경영성과가 월등히 우수 평가 메인비즈 신청대상 기업
중소기업기본법 제2조의 규정에 의한 중소기업 중 업력이 3년 이상인 기업이 신청가능 함.

5.1 메인비즈 신청제한 기업

(1) 불건전 영상게임기 제조업
(2) 도박게임장비 등 불건전, 오락용품 제조업
(3) 담배중개업
(4) 주류, 담배도매업
(5) 숙박업 및 주점업(단,관광진흥법에 의한 관광숙박업은 지원가능)
(6) 불건전 게임소프트웨어 개발 및 공급업
(7) 연체, 국세체납 등으로 인하여 신용관리정보대상자로 규제를 받고 있는 기업
(8) 어음교환소로부터 거래정지처분을 받은 기업
(9) 파산, 회생절차개시, 개인회생절차 개시 신청이 있거나 청산에 들어간 기업
(10) 부채비율이 1,000%이상인 경우
(11) 기업이 완전자본잠식 상태에 있는 경우(단, 법정관리, 화의 기업의 경우 법원의 화의 및 회사정리인가결정을 받은 후 법원에 제출한 화의계획안 또는 정리계획안의 채무변제계획을 정상적으로 이행하고 있는 업체는 예외

5.2 메인비즈 선정기준

신청기업의 자가진단 실시결과 평가점수가 600점 이상인 경우에 한하여 메인비즈로 선정하여 줄 것을 신청을 할 수 있으며, 중소기업청장은 평가기관의 평가결과, 700점 이상인 기업에 대하여 메인비즈로 선정하게 된다.

메인비즈 유효기간 연장

관리기관은 메인비즈 선정 유효기간의 만료가 도래하는 기업에 대하여 그 사실을 유효기간 만료일 90일전까지 해당기업에 통보하여야 하며, 이 경우 메인비즈 선정을 연장하고자 하는 기업은 메인비즈넷을 통하여 유효기간 만료일 35일 전까지 연장 신청 하여야 함.

5.3 메인비즈 절차

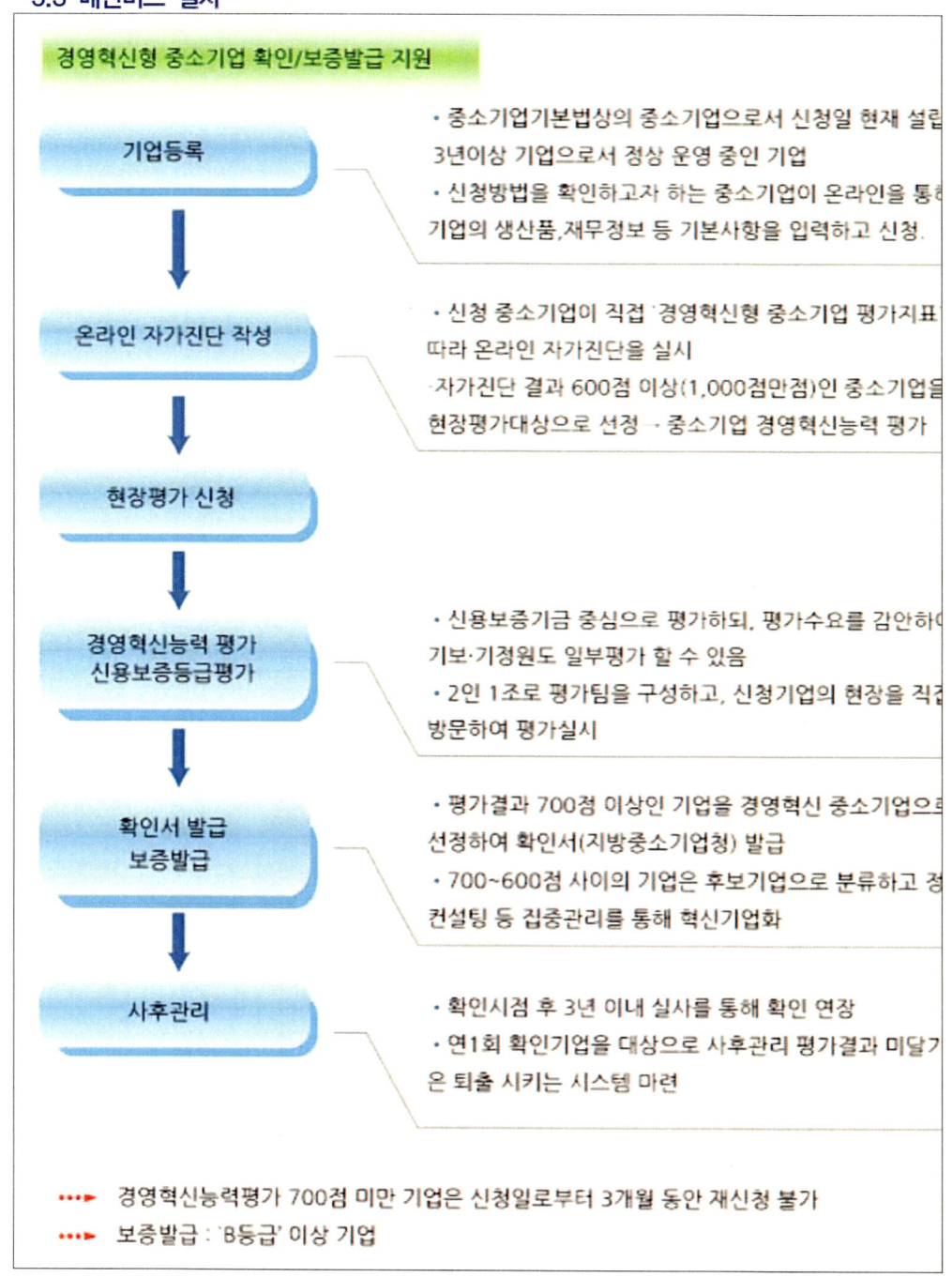

5.4 메인비즈 확인기업 우대사항

구분	주요지원내용
금융지원	신용보증시 부분보증비율 85% 보증료 0.1%차감(단, 혁신역량 공유 및 전파기업은 0.2%p) 5개 금융기관과의 협약을 통한 지원 국민, 기업, 우리, 하나, 농협(세부지원 내용은 각 금융기관 문의)
중소기업청 지원	중소기업 기술개발사업 평가시 가점부여 기술혁신개발사업(1점), 이전기술개발사업(1점), 구매조건부기술개발사업(1점), 기업협동형기술개발사업(1점), 생산환경혁신기술개발사업(1점), 창업보육기술개발사업(1점), 서비스연구개발사업(2점), 중소기업생산설비정보화사업(3점), 중소기업정보화구축사업 지원(3점), 중소기업컨설팅지원사업(2점), 중소기업 기업부설연구소 설치지원사업(2점), 중소기업산업보안기술개발사업(2점), 산학협력실 지원사업(2점), 산학연공동기술개발사업(2점)
타 기관 지원내용	병역지정업체(산업기능요원)추천시 우대(10점-공업(제조업)분야, 광업·에너지분야) 중소기업자간 경쟁제도에 따른 낙찰자 결정을 위한 계약이행능력심사제의 신인도 평가(-2~3점)시 우대(1.5점 부여)
광고료 지원	TV, 라디오70%, DMB 보너스 200%(2013.12월까지)

6. 2024년 체계적 현장훈련(S-OJT) 한국산업인력공단

(1) (일반직무전수OJT) 현장직무 노하우(실무 역량) 전수를 위해 AI가 추천하는 과정 또는 자체 개발을 통해 현장훈련에 참여
(2) (과제수행OJT) 전문가 컨설팅 방식으로 현장 개선문제를 과제화한 PBL방식의 훈련과정을 개발하여 현장훈련에 참여

훈련유형	과정개발방식	목적	주요내용
일반 직무 전수 OJT	AI추천	신속한 훈련 참여	• 기업 정보를 바탕으로 유사 업종·기업의 훈련선호도 분석
	자체개발		• 주치의 또는 기업이 훈련 여건에 맞게 표준과정 재구성
과제수행 OJT	과정개발 컨설팅	과제해결 중심 훈련	• 현장 개선과제 해결을 위한 PBL방식 훈련으로 구성

훈련유형별 지원내용

구분		일반직무전수OJT	과제수행OJT
사내훈련교사 역량향상 지원		사내 훈련교사 양성 지원(온라인 교육) 훈련근로자 코칭 기법, PBL 개념 등 사내훈련 교사 역량 향상 교육 지원	
비용 지원	훈련과정 개발비	-	
	훈련비	NCS단가X훈련시간X인원 ※「고용보험법 시행령」제42조(비용지원의 한도)제4항제1호가목에 따라 6개월 미만 과정은 직업능력개발 훈련비용 지원한도액에서 차감	
	사내훈련교사 수당	· 회차당 20만원 ~ 최대 50만원(투입시간에 따라 상이)	
	외부훈련 교사 수당	시간당 10만원 회차당 최대 200만원, 기업당 최대 400만원	시간당 20만원 회차당 최대 300만원, 기업당 최대 600만원
지원 기준		기업 당 3개 과정(과정당 운영 회차 한도 없음)	기업 당 3개 과정(과정별 1회차만 운영)
기타 지원		· 기업의 HRD기초진단, HRD기초컨설팅 등	

"HRD4U 기업직업훈련지원시스템(www.hrd4u.or.kr/hrddoctor/web)"에 기업 회원가입

〈 일반직무전수OJT 및 과제수행OJT 비교 〉

구분	일반직무전수OJT	현장 문제해결 및 개선
훈련 목적	근로자 숙련도 향상	과정개발 컨설팅(PBL방식)
과정 개발	AI추천 과정 또는 자체 개발	1년 이내
훈련 시간	4시간~60시간(1개월 이내 권고)	10명 이내
훈련 인원	5명 이내	훈련일정표 활용
훈련 관리	훈련시간표 활용 출결 관리(QR코드)	훈련참여자 주도형 프로젝트 수행 방식 현장문제 해결, 목표 설정 후 완료 목표 운영 현장 문제 파악 및 해결을 위한 단계적 수행 및 결과물 제출 암묵지의 문서화를 통한 노하우 전수
훈련 운영	훈련교사 주도형 강의 및 코칭	프로젝트 운영 팀장 업무 노하우 전수

	암묵지의 문서화를 통한 노하우 전수	과제수행OJT 과정평가 실시 과제수행OJT 결과평가 실시 훈련결과보고서 작성
사내 훈련교사	강사 업무 노하우 전수	강사(이론, 현장훈련 강의) 전문 노하우 전수 프로젝트 수행 컨설팅 과제수행OJT 과정평가 실시 훈련결과보고서 작성 지원
외부 훈련교사	현장훈련 강의(주) 내부훈련교사 코칭(부) 전문 노하우 전수	과제수행OJT 과정평가·결과 평가 훈련결과보고서에 평가 내용 포함

7. 중소기업 기술보호울타리(https://www.ultari.go.kr/)

(1) 2025년 중소기업 기술보호 지원사업 공고

중소기업의 기술침해 사전예방 및 신속한 피해구제로 기술보호 역량 수준을 강화하기 위해 중소벤처기업부에서 추진하고 있는 『2025년 중소기업 기술보호 지원사업』 시행계획을 다음과 같이 공고합니다.

2025년 2월 03일

중소벤처기업부장관

(가) 사업개요

중소기업의 기술침해 사전예방 및 신속한 피해구제를 통해 기술보호 역량 수준을 강화하여 기업 간 공정한 기술거래 환경 조성

〈 2025년 중소기업 기술보호 지원사업 현황 〉

세부사업명	지원내용	기업부담 비용	접수
【사전예방】			
기술보호 바우처	▶ 기업의 기술보호 수준에 따라 바우처를 지급하여 맞춤형·단계별 종합지원 ▶ * 초보/유망/선도기업 3단계(최대 6개 사업)	⇨ 바우처 한도 및 보조율 차등 ⇨ 기술유출방지시스템 구축 등 일부사업은 기업부담	2월~
손해액 산정 지원	▶ 기술침해로 피해를 입은 중소기업이 합리적인 손해배상을 받을 수 있도록 전문기관을 통한 피해금액 산정을 지원	⇨ 비용의 10~50% 기업부담 ⇨ 법원으로부터 해기업으로 확인된 경우 무료 지원	2월~
기술보호 정책보험	▶ 국내·외 기술침해 분쟁 발생 시 소요되는 소송비용에 대해 보험금 지급	⇨ 보험료 20~30% 기업부담	3월~
기술자료 임치제도	▶ 기업의 핵심 기술자료 및 영업비밀을 안전하게 보관하여 분쟁시 활용	⇨ 신규 : 30만원(년) ⇨ 갱신 : 15만원(년) ⇨ * 창업,벤처 등 1/3감면	수시
상생형 기술유출방지 시스템구축사업	▶ 기술적·물리적 보안이 취약한 중소기업 대상으로 보안시스템 구축	⇨ 총사업비(8천만원)의 20%	3월~, 6월~
기술지킴서비스	▶ 사이버 해킹에 대비 안관제(모니터링) 서비스 및 기술유출방지프로그램(3종) 무료 제공	⇨ 보안관제: 장비 보유 시 무료 ⇨ 유출방지프로그램 30개 무료	수시

세부사업명	지원내용	기업부담 비용	접수
【피해구제】			
기술보호 통합상담신고센터	▶ 기술보호 보안·법률상담, 기술유출 신고 접수 및 경찰청 연계	⇨ 무료(유선, 온라인·화상, 방문)	수시
통합 기술보호지원반	▶ 기술보호 역량강화 및 애로사항 해결을 위해 전문가가 현장방문 등 컨설팅 지원	⇨ 무료(기본 3일 + 4일 추가)	2월~
기술보호 법무지원단	▶ 중소기업기술 보호 및 기술유출·탈취 등의 분쟁 관련 법률자문 지원	⇨ 무료(최대 60시간, 3개월 이내)	수시
기술분쟁 조정·중재	▶ 조정, 중재부를 통해 당사자 간 원만하고 신속한 기술분쟁 해결 및 지원	⇨ 조정 : 5만원 이내 ⇨ 중재 : 신청금액 따라 변동	수시
디지털포렌식	▶ 기술유출 예방 및 기술유출 피해 증거 수집·보존을 위한 기업 소유의 업무용 디지털기기에 대한 디지털포렌식 지원	⇨ 무료(최대 5백만원)	수시

8. 기술자료 임치제도

□ **사업개요**

◦ 기업의 핵심 기술자료 및 영업비밀을 안전하게 보관하고, 피해발생 시 해당 기업의 기술개발 사실을 입증(법적추정력)하는 제도

   * 관련근거 : 「대·중소기업 상생협력 촉진에 관한 법률」 제24조의2 내지 제24조의5
   ** 지정 임치기관 : 대·중소기업·농어업협력재단, 기술보증기금

□ **이용대상**

◦ (대상) 기술자료 소유권을 보유한 법인, 기관, 단체 또는 사업자
◦ (임치 대상물) 영업비밀로 보호받고자 하는 기술상·경영상 정보 또는 그 밖의 영업활동에 유용한 지식재산권과 관련된 정보 등

기술상 정보	경영상 정보
▪ 생산·제조 방법, 시설·제품설계도 등 ▪ 물질 배합 비율·성분표 ▪ 연구개발보고서 및 관련 각종 데이터 ▪ SW 소스코드·데이터 및 디지털 콘텐츠 등	▪ 기업의 운영 및 관리와 관련된 기밀서류 (재무, 회계, 인사, 마케팅, 노무, 생산) ▪ 기업의 매출과 관련된 기밀서류 등(원가, 거래처, 각종 보고서 및 매뉴얼)

□ **신청방법**

◦ (신청기간) 연중 상시
◦ (신청방법) 임치기관을 통해 온라인 또는 오프라인으로 신청 가능

신청방법	신청주소
온라인	▪ 기술자료임치센터(www.kescrow.or.kr, 대·중소기업·농어업협력재단) ▪ 기술보호종합포털(ts.kibo.or.kr, 기술보증기금)
오프라인	▪ 대·중소기업·농어업협력재단(서울 충무로 소재) 직접 방문 ▪ 서울 중구 퇴계로 173 남산스퀘어 7층 ▪ 온라인으로 신청서 작성 후 기술보증기금(대전) 직접 방문 ▪ 대전 서구 둔산서로 141, 4층 기술보증기금 기술보호센터

○ (이용절차) 임치물을 제출하고 소정의 계약절차를 통해 임치증서 발급

```
┌─────────────┐   ┌─────────────┐   ┌─────────────────┐   ┌─────────────┐
│ 임치신청·제출 │ → │  임치물 제출  │ → │  임치계약 체결   │ → │ 임치증서 발급 │
│  (신청기업)  │   │  (신청기업)  │   │(신청기업↔임치기관)│   │  (임치기관)  │
└─────────────┘   └─────────────┘   └─────────────────┘   └─────────────┘
```

○ (임치 수수료) 기술자료 임치에 따른 수수료

구분	대·중소기업· 농어업협력재단	기술보증기금 (VAT 포함)	비 고
신규	300,000원/년	330,000원/년	■ 국가핵심기술 보유기업, 창업·벤처기업, 기술혁신형·경영혁신형 중소기업의 경우 수수료의 1/3 감면(신청일 기준 자격이 유효한 경우에 한함) ■ 5년 이상 장기 임치계약을 체결하는 경우 수수료의 1/2 감면 * 감면 항목 중복적용 불가함
갱신	150,000원/년	165,000원/년	
편입	50,000원/년	55,000원/년	■ 양자간 임치계약*에 사용인으로 편입 * 개발기업과 임치기관간 계약
추가	50,000원/건	55,000원/건	■ 임치한 기술자료에 추가적으로 암치하는 경우

* 창업기업이 사업계획서 또는 거래제안서 등을 공모전, 거래예정기업으로 제출하기 전 아이디어 보호를 위해 임치제도 무료이용(1년이내) 가능(창업기업 무료, 벤처기업 5만원)

9. 중소 소모성자재 납품기업 지원

○ 소모성자재 납품기업(MRO) 판로지원

○ 중소 소모성자재 납품업지원센터를 설치하여 마케팅지원, 공동 MRO몰 시스템을 통한 구매대행사업 통한 구매대행사업 종합 서비스를 제공하는 등 중소 소모성자재 납품업체의 경쟁력 강화를 지원하고 있습니다.

  (1) 2023년 소모성자재납품 중소기업 코칭 지원 공고 계획(안)

    (가) 지원개요

      1) 지원목적 : 소모성자재를 납품하는 중소기업에 대한 맞춤형 코칭을 통해 입찰 수주, 자재·유통관리, 마케팅 등 취약분야 개선

      2) 지원내용 : 전문위원이 현장(기업)방문 및 비대면을 통하여 1:1 코칭 지원

      3) 지원대상 : 소모성자재 납품 중소기업(제조기업, 구매대행기업, 납품기업)

      4) 지원업체 : 총 40개사(연 1회 신청가능, 기업당 3회 코칭)

    (나) 업체모집

      1) 신청방법

      가) (공고 및 접수) 판판대로 홈페이지(fanfandaero.kr) 공고 후 온라인 신청서 접수(지원 가능여부 검토 후 선정, 선착순 마감)

      나) (코칭 전문가 선택) 신청서 접수시 전문가 프로필 확인 후 선택 (1순위~3순위)

  ☞ 편중방지

      가) 전문위원별 연 8개 기업 이내 코칭 수행 및

      나) '22년 지원기업은 '23년 동일 전문위원의 동일과정 신청 불가

  (2) 사업일정

    (가) 접수일정 : '23년 2월 10일(금) ~ 〈수시접수 및 선착순 지원마감〉

(나) 신청서 접수 및 자부담금 입금 완료 기준

☞ 제출서류(fanfandaero.kr(온라인접수)) : 참가신청서, 기업정보 용동의서, 개인정보 수집·이용·제공 동의서, 사업자등록증, 자부담 입금확인증

☞ 비용지원 : 정부지원(80%)+신청기업 자부담(20%)

유 형	지역 구분	정부보조(80%)	기업체 자부담(20%)	계
대면코칭	서울/경기/인천	792,000원	198,000원	990,000원
	그 외 지역	1,056,000원	264,000원	1,320,000원
비대면코칭	전국 동일	528,000원	132,000원	660,000원

☞ 단, 초기창업기업(3년 이내), 간이과세자 중소기업은 자부담 10%

☞ 입금계좌 : 국민은행 884201-04-098066 중소기업유통센터

(3) 코칭 전문위원 운영

   (가) 전문위원 역할 : 업체 담당자 미팅을 통한 1:1 맞춤형 코칭 지원 및 활동계획서·활동보고서·완료보고서 제출을 통한 사전(후) 보고

   (나) (자격요건) 전문분야(구매관리·조달입찰·판로개척)에서 5년 이상의 과장급 이상 재직 또는 근무한 자

(4) 코칭 방식

   (가) 지원방식 : 전문위원 기업 방문을 통한 1:1 대면 코칭이 원칙이나, 시공간 제약이 없는 비대면 코칭 지원 병행

   (나) (비대면 코칭) 집중 코칭기간 설정(3주/ 주 1회)하여 해당 기간 내에 비대면 방식(전화, 이메일, 화상회의 등)으로 각 전문가가 담당 업체에 맞춤형 코칭 제공

10. 중소벤처기업부 비즈니스지원단

   (1) 지원내용

   ○ (전문상단) 분야별 전문 상담위원*이 기업의 경영애로를 인터넷·전화·방문 등을 무료 상담.

   ○ (현장클리닉) 전문상담 후, 추가적인 현장클리닉이 필요한 경우, 분야별 클리닉위원*이 직접 기업 현장을 찾아가 단기간(3일 내외)에 경영애로 해결

   ☞ 클리닉위원: 경영·기술지도사, 노무사, 변호사, 회계사, 기타 경력자 등 외부 위원.

   (가) 지원분야 : 12개 분야

분야	세부지원내용
창업	• 창업절차, 공장설립, 사업타당성 검토, 연구소 설립, 벤처 등록 등
경영전략	• 경영전략 수립, 환경경영, CSR컨설팅 등
마케팅/디자인	• 마케팅 전략, 판매전략, 홍보전략, 시제품 디자인, 패션/의류 디자인, 웹페이지 디자인등
법무	• 법률자문, 상사분쟁, 인수합병, 국제분쟁, 회생/퇴출, 신용회복 등
금융	• 정책자금, 환위험 관리, 자금 관리, 금융 및 보증기관 안내 등
인사노무	• 조직개발, 목표관리, 직무분석, 취업규칙 및 근로계약서 작성 등
회계(세무)	• 세법 검토, 조세법령 검토, 재무분석, 회계관리, 회계감사 자문 등
수출입	• 원산지 증명, FTA 활용, 바이어 발굴, 수출계약 체결등
기술	• 특허선행기술 조사, 지재권 관리, 해외출원, 우회설계, 기술보호 등
특허	• 지재권 관리, 해외출원, 기술보호 등
정보화	• 정보화전략 자문, 정보화기반 구축, 정보화교육, 정보화 융합기술 등
생산관리	• 기술지도, 품질개선, 원가관리, 작업/공정개선, 스마트공장 추진 등

* '납품단가연동제'는 전문 상담만 가능

(2) 지원대상

- ○ (전문상담) 중소·벤처기업, 소상공인, 자영업자 등 경영/기술상 애로가 있는 중소기업 관련자
- ○ (현장클리닉)「중소기업기본법」제2조 제2항에 따른 소기업과 운영지침 [별표 1]에 해당하는 예비창업자로 하되, [별표 2]를 제외한 업종
- 주된 업종별 평균매출액 등의 소기업 규모 기준(중소기업기본법 시행령 제8조 제1항 관련)

(3) 지원규모 / 지원조건

구 분	지원규모	지원조건	신청기간
전문상담	제한 없음	무료 상담	연중 상시 (휴일 제외)
현장클리닉	3,000개사 내	정부지원금 80%	공고일 ~ 예산 소진 시

- ○ 현장클리닉 : 기업당 1일 35만원 (정부지원금 80% + 기업부담금 20%)
- ➭ 기업당 3일 이내 (특정 분야의 경우, 최대 7일까지 가능)
- ➭ 부가세(10%)는 기업에서 별도 부담 (부가세 신고시, 환급 가능)
- ➭ 특별재난지역, 장애인기업, 사회적기업, 예비창업자는 기업부담금 면제,
- ☞ 정부지원금 100% 지원 (단, 부가세 10% 별도 부담)

(4) 지원절차

○ 및 현장클리닉 진행절차전문상담

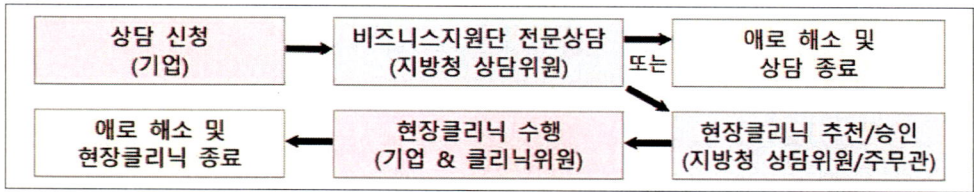

○ (전문상담) 분야별 전문 상담위원*이 기업의 경영애로를

(5) 현장클리닉 기업부담금 납부액

- 일반
(단위: 원)

수행일수	계약금액 (A)	정부지원금 (B=80%*A)	기업부담금 (C=20%*A)	VAT (D=10%*A)	실 입금액 (E=C+D)
1일	350,000	280,000	70,000	35,000	**105,000**
2일	700,000	560,000	140,000	70,000	**210,000**
3일	1,050,000	840,000	210,000	105,000	**315,000**
4일	1,400,000	1,120,000	280,000	140,000	**420,000**
5일	1,750,000	1,400,000	350,000	175,000	**525,000**
6일	2,100,000	1,680,000	420,000	210,000	**630,000**
7일	2,450,000	1,960,000	490,000	245,000	**735,000**

- 면제
(단위: 원)

수행일수	계약금액 (A)	정부지원금 (B=100%*A)	기업부담금 (C=0%*A)	VAT (D=10%*A)	실 입금액 (E=C+D)
1일	350,000	350,000	0	35,000	**35,000**
2일	700,000	700,000	0	70,000	**70,000**
3일	1,050,000	1,050,000	0	105,000	**105,000**
4일	1,400,000	1,400,000	0	140,000	**140,000**
5일	1,750,000	1,750,000	0	175,000	**175,000**
6일	2,100,000	2,100,000	0	210,000	**210,000**
7일	2,450,000	2,450,000	0	245,000	**245,000**

* (대상) 산업위기대응지역·고용위기지역·특별재난지역, 사회적기업, 장애인기업, 예비창업자

○ 세금계산서 발행 및 업로드 방법 (클리닉위원)
현장클리닉 만족도조사 완료 후, 클리닉위원은 수진기업에게 전자세금계산서를 발행하고, 이를 비즈니스지원단 시스템에 업로드하셔야 자문료를 지급받을 수 있습니다.

〈현장클리닉 수행일수별 세금계산서 발행금액〉

수행일수	세금계산서 발행액	현장클리닉 자문비용	정부지원금 (80%)	기업부담금 (20%)	부가가치세 (10%)	실제지원기업 입금액 (기업부담금+부가가치세)
1일	385,000	350,000	280,000	70,000	35,000	105,000
2일	770,000	700,000	560,000	140,000	70,000	210,000
3일	1,155,000	1,050,000	840,000	210,000	105,000	315,000
4일	1,540,000	1,400,000	1,120,000	280,000	140,000	420,000
5일	1,925,000	1,750,000	1,400,000	350,000	175,000	525,000
6일	2,310,000	2,100,000	1,680,000	420,000	210,000	630,000
7일	2,695,000	2,450,000	1,960,000	490,000	245,000	735,000

1. 세금계산서 회계처리 방법 (기업)

① 수행일이 "3일"이고, 기업부담금 "일반지역"일 경우

(단위 : 원)

계약금액 (100%)	정부지원금 (80%)	기업부담금 (20%)	VAT (10%)
1,050,000 (VAT 미포함)	840,000	210,000	105,000
		기업부담금 실제 입금액 : 315,000	

- 계약금액의 80%가 정부지원금, 20%가 기업부담금
* 계약금액에 대한 VAT(10%)는 기업에서 부담

<시스템 내 세금계산서 업로드 방법>

① 만족도조사 완료 메시지 수신 후, 시스템에서 "세금계산서 발급확인" 버튼 클릭

② 발행일 및 발행금액 입력 후, 세금계산서 pdf 파일 첨부.

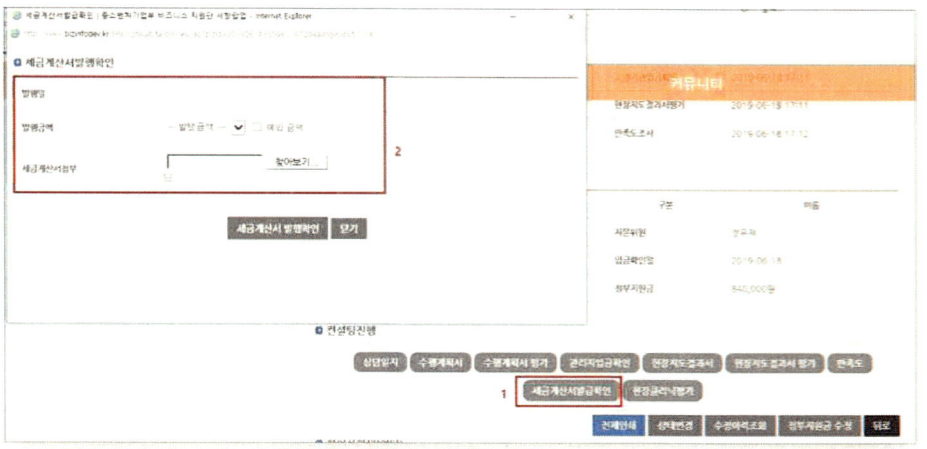

25년 현장클리닉 기업부담금 입금계좌

* 25년 기업부담금 입금 계좌: 480-073004-04-100 기업은행
  예금주: (사)한국경영기술지도사회

※ 기업부담금은 수행계획서 상 첫 수행일 전까지 반드시 입금해주셔야 하며 기한내에 입금되지 않은 경우 현장클리닉이 취소될 수 있으니 유의 바랍니다.

감사합니다.

- 한국경영기술지도사회 컨설팅사업팀 드림 -

11. 2025년 경기도 기술닥터사업 공고

중소기업 기술 애로를 단계별로 해결 지원하는「2025년 경기도 기술닥터사업」을 다음과 같이 공고합니다.

2025. 1. 24.

경기도지사 · 경기테크노파크원장

(1) 사업개요

    (가) 사업목적: 산·학·연 보유 연구 자원을 연계·활용하여 기업의 현장애로 기술 해결을 통한 중소기업 경쟁력 강화 및 일자리 창출 실현.

    (나) 주관기관: 경기테크노파크

    (다) 지원내용: 현장애로기술지원, 중기애로기술지원, 상용화지원, 단계별검증지원

(2) 지원내용

단계	프로그램	내용	지원금액	기업부담
1단계	현장애로 기술 지원	기업의 애로기술 분야 '1:1 맞춤형 애로기술 해결' 지원 현장애로 기술지원 (기술닥터 10회 이내 현장방문 지원) * 기술보호 분야 신설(정보보안, 기술보안, 보안수준 진단, 산업기술유출 방지 전략 도출 등)	전문가수 당 지원	없음
2단계	중기애로 기술 지원	완료된 현장애로기술지원 과제에 대한 추가 심화지원 (시제품제작, 공정 개선 등 구체적 성과물 도출)	2,000만원 이내	총 비용의 20%
3단계	상용화 지원	기업의 매출향상 및 고용창출 위한 제품화사업화 지원 (상세설계, 디자인, 시작금형, 시험분석, 마케	5,000만원 이내	총 비용의 20%

단계별 검증지원	기술검증	현장애로기술지원 과제 관련 시험분석, 설계/시뮬레이션, 목업(3D프린팅) 지원	5,000만원 이내	총 비용의 20%
	사업화 검증	현장애로기술지원 과제 및 관련 제품에 대한 크라우드 펀딩 지원	500만원 이내	총 비용의 20%

○ 지원금액 및 기업부담: 부가세 제외

○ 기업부담금 5% 감면대상: 사회적기업, 여성기업, 근로자 5인 이하 기업(대표자 제외), 장애인기업, 경기도일자리우수기업

○ 시험분석 수수료 할인(20%)기관: 한국산업기술시험원, 한국화학융합시험연구원, 한국건설생활환경시험원, 한국소방산업기술원, 한국조명연구원, 한국의류시험연구원, KOTITI시험연구원, FITI시험연구원

(3) 기술닥터 사업

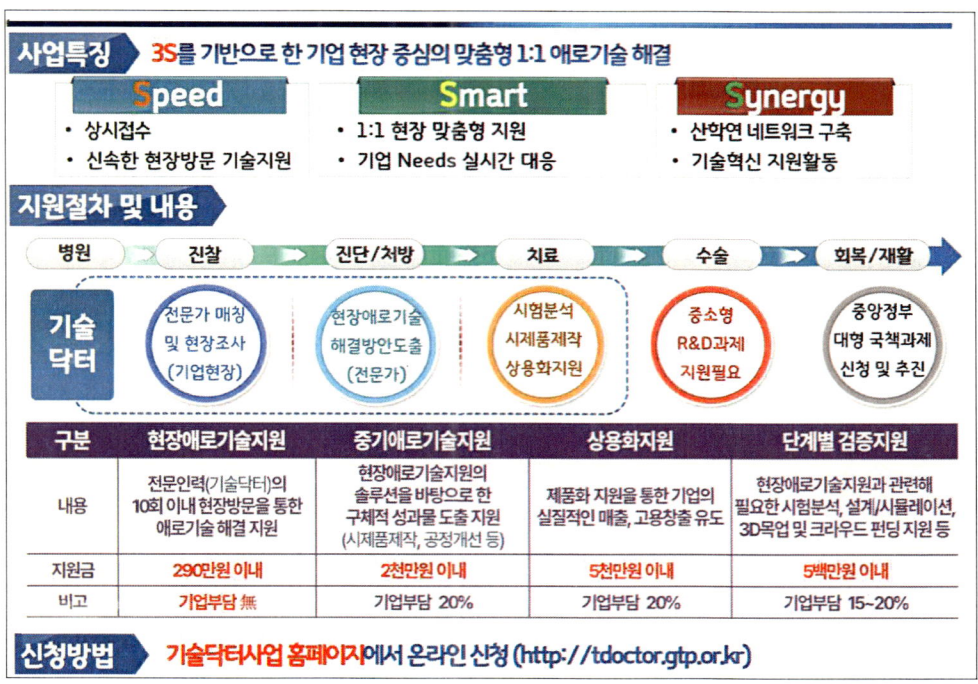

12. 경기도경제과학진흥원

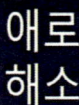

애로해소

기업 SOS지원센터 운영

불합리한 제도로 인하여 불이익이나 피해를 겪었거나,
정보부족으로 기업운영에 어려움을 겪는 기업대상으로 경기도 및 시군 합동으로 애로를 해소

기업애로원스톱종합지원센터
경기도경제과학진흥원 1층
전화 : 1533-1472
1472@gbsa.or.kr

기업SOS넷 (giupsos.or.kr)
경기도 기업애로 신청 및 처리시스템

규제 개선 건의
불합리한 규제, 제도개선 건의 (상시)

(찾아가는) 지원시책설명회
시군, 지역 기업인 협의회,
산업단지, 지식산업센터 등

현장 클리닉 지원
전문가가 기업현장으로
찾아가서 지원하는 자문 서비스

전문가 상담 지원 (분야별)

분야	요일	비고
정책자금	월~금	
수출판로	월 수	
기술인증	화	
경영일반	월	
법률		첫째 주
기술	목	둘째 주
특허		셋째 주
인사노무		넷째 주
창업벤처	수 금	

사업화 지원

경기도 대중소 상생협력 활성화 지원

사업목적 대중소기업 상생의 장 조성을 통한 지역내 상생협력 강화

지원대상 경기도 소재 대중소기업

지원내용 동반성장위원회 연계 구매상담회 참여 지원
상생협력 프로그램 **100**개사 지원
납품대금 연동제 컨설팅 **25**개사 지원

마케팅	사업화	일터개선	CSR
광고홍보 국내·외 전시회	국내·외 규격인증 특허, 디자인 개발 시제품 금형제작	공정 업무개선 안전 보건관리 일터환경 개선	사회적 책임 경영

사업화 지원

중소기업 개발생산판로 맞춤형 지원

사업목적
중소기업의 성장단계별 맞춤 지원

지원대상
27개 시·군 소재, 연매출 120억원 이하
* 용인,성남,안산, 안양 소재기업 제외

지원한도
연간 기업당 **2,000**만원 한도

- **창안개발**
  - 국내·외 지식재산권 출원
  - 국내·외 규격인증 획득
  - 산업기술 정보제공

- **판로·마케팅**
  - 국내·외 전시박람회 참가
  - 홈페이지, 카탈로그 제작
  - 홍보판로(동영상, 잡지)

- **제품 생산화**
  - 시제품개발(금형, 목업)
  - 시험분석비

사업화 지원

중소기업 제품 디자인 개발 지원

사업목적 디자인 경쟁력 제고를 통해 신제품 개발촉진 및 제품경쟁력 강화

지원대상
- 지원규모 : 연간 **130**개사 내외

  *제외시군: 성남, 안산, 김포, 연천, 의정부, 가평, 과천, 연천 **(8개)**

지원내용

디자인 개발	
제품 디자인	14백만원
시각/포장	7백만원
(기업자부담30%)	

사업화 지원

경기도 스타기업 육성 사업

사업목적 기술혁신 및 수출주도 중소기업 중 성장가능성 높은 기업을 성장촉진

지원규모 43개사내외

신청자격 3년이상 경기도 소재 기업부설연구소 또는 연구개발전담부서 설치 기업 & 직전년도 매출액 50억원 이상(지식서비스기업 20억 이상)

지원내용
기업당 76백만원 이내 (총 소요비용의 최대 70% 이내)
*예산 매칭 시군에 따라 상이

제품 혁신(5개 분야)
시제품제작, 디자인개발, 지식재산권 제품규격인증, 기술사업화

시장 개척(2개 분야)
홍보·판로개척, 국내외 전시회 참가

스마트혁신(3개 분야)
스마트 공정개선, 온텍트홍보판로 디지털 전환

사업화 지원

글로벌 강소기업 육성 사업

사업목적 혁신성과 성장잠재력을 갖춘 기업을 수출선도기업으로 육성

지원대상 지정규모 : 50개사 내외(전국 200개사 내외)
*지원제외 : 월드클래스플러스 기업, 수출바우처 선정기업, 수출지원기반활용사업 수행기관 참여기업

신청자격 전년도 수출액 500만불 이상

지원내용
- 기술개발지원 (4년간 20억원 한도, 연 5억원)
- 지역자율 지원프로그램 (기업당 2천만원 내외)
- 수출금융 및 보증지원 우대
- 수출지원사업 참여 우대

사업화 지원

여성기업 마케팅 지원

사업목적 여성기업이 필요로 하는 마케팅, 사업화에 대한 맞춤형 지원

지원대상 업력 3년 이상 도내 소재 여성기업 (본사 또는 공장 경기도 소재)

지원내용 기업당 8백만원 지원(기업부담 20%)

마케팅
홍보기반구축 지원
(홈페이지, 카탈로그 제작 등)
국내·외 전시박람회 참가지원,
SNS 온라인마케팅 지원

사업화
국내·외 규격인증
해외특허권리
디자인 상품화
제품생산 지원(금형, 목업)

사업화 지원

기업 ESG경영 도입 기반 조성

사업목적 새로운 무역장벽인 ESG 리스크 극복과 대응 위한 중소기업 ESG경영 역량 강화

지원대상 도내 기업, 기관, 임직원 및 경제단체

지원내용 수출중소기업 맞춤형 ESG지원, 중소기업 ESG지원

수출중소기업 맞춤형 ESG지원
- ESG 전문컨설팅(50개사)
- ESG 국제인증취득(100개사)
- ESG 담당자 역량강화 교육(예정)

중소기업 ESG 지원
- 인식개선교육(1000명)
- 온라인 자가진단(무료)
- 진단·평가(200개사)
- 컨퍼런스 및 간담회 개최

판로지원

G-FAIR KOREA 2025 개최

사업목적

국내 최대 중소기업 수출전문 종합 전시회로,
국내외 바이어와의 상담을 통한 중소기업의 판로개척 지원

www.gfair.or.kr

전시회개요

- 개최일시: 2025. 10.30.(목) ~ 11.1 (토), 3일간
- 개최장소: KINTEX 제1전시장 4~5홀
- 전시규모: 500개사, 600부스
- 초청바이어: 해외바이어 300명, 국내MD 200명 이상

해외마케팅지원

GMS (GBC 수출대행사업)

사업목적 경기비즈니스센터(GBC)가 해외마케팅을 대행하여 기업의 해외시장 개척지원

모집시기 3월, 5월, 7월, 10월 모집

지원내용 현지 GBC(경기비즈니스센터)에서 바이어 발굴, 상담 주선 및 현지 출장시 동행 등

대상지역
- 동북아: 중국(상하이, 선양, 광저우, 충칭), 일본(도쿄)
- 동남아: 말레이시아(쿠알라룸푸르), 베트남(호치민), 태국(방콕), 인도네시아(자카르타), 필리핀(마닐라)
- 서남아: 인도(뭄바이, 벵갈루루)
- 중동/아프리카: 이란(테헤란), 케냐(나이로비)
- CIS/중앙아시아: 러시아(모스크바), 우즈베키스탄(타슈켄트)
- 북미: 미국(LA, 뉴욕)
- 중남미: 멕시코(멕시코시티)

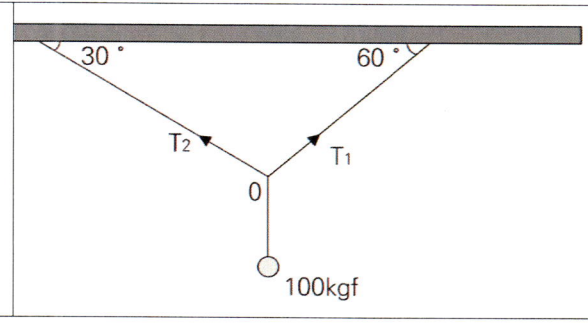

13. 힘의 합성과 분해

예제 1
무게가 100kgf인 어떤 물체가 그림에서와 같이 로프에 매달려있을 때 로프의 장력 T1과 T2를 구하라

0점에 x,y 직각좌표의 원점을 위치시킨 후 T1, T2의 수평력과 수직력을 각각 구하면 평형의 제조건으로부터
x축: T1cos60°−T2cos30° = 0
 T1−T2 3=0……①
y축: T1sin60° + T2sin30°−100kgf=0
 T1 3 + T2 = 200kgf…②
② − ① × 3하면 T2=50kgf이고 이를 ①식에 대입하면 T1=85kgf이다.

14. 우리나라 중소기업을 둘러싼 환경분석 SWOT분석

외부요인 / 내부요인 (External/Internal)	Stengths(강점) • 신정부의 경제정책 "사람중심 경제, 소 및 혁신주도 성장" • 4차 산업혁명 전개에 따른 산업발전 패러다임의 변화 • 중소기업 혁신, 상생경영 철학이 반영 <J노믹스> • 국내 대기업의 공급망 리쇼어링 (Reshoring. 자국회귀)움직임	Weakneses(약점) • 글로벌 선도국가의 기술표준 선점 • 글로벌/대기업에서 요구하는 높은 수준의 공급망 품질 • 최저 임금 인상에 따른 원가 상승 압력 • 중소기업 규제 애로 상존 • 사회적 책임(CSR)준수요구 등 비관세 무역규제의 강화

Opportunity(기회)
• 대기업과 비교 시, 차별화 Point
  - Flexibility(유연성) : 대기업 대비 기민한 생산, 경영환경 전환가능
  - Extensibility(확장가능성) : 이업종 또는 대기업 공급망과 연계하여 비즈니스영역을 확대 가능
  - Specialty(전문성) : 산업 분야별로 축적되어 온 지식과 기술력
• 혁신을 통한 기업성장에 대한 중소기업의 의지
	SO(강점+기회):공격적전략
	• 4차 산업혁명 Initiative로서 스마트공장 구축 지원 가속화
	• 대·중소기업 간 상생협력을 바탕으로 공급망 체계 혁신
	• 4차 산업혁명 선도를 위한 업종 간 융·복합 영역 선정, 추진 로드맵 수립 및 실행 지원
	• 대기업과 중소기업, 대학이 함께 참여하는 '개방형' 시장 창출 신기술 체계 수립 및 실행 지원
		ST(강점+위협):(극복)방어전략
		• 중소기업 활동을 저해하는 불필요한 규제 개선 및 애로 해소
		• 중소기업 이업종 전환 및 융,복합 사업 추진 관련 규제 혁신
		• 중소기업 혁신활동 성과의 보호와 사업화를 위한 지원
		• 중소기업 글로벌 시장 진출 지원방안 재 검토 및 내실 강화

Threats(위협)
• 성장을 지원할 자원의 부족
  - 인적자원 확보의 어려움
  - 보유 인적자원 능력개발 지원 애로
  - 경영자금(설비투자 포함)의 부족
• 경영자금 등 물적 자원의 부족
• 4차 산업혁명 시대 기술개발 요구를 대응할 수 없는 기술력 및 R&D Infra의 한계
	WO(약점+기회):전환전략
	• 중소기업 취업 연계를 고려한 미 취업 인력 대상 교육 훈련
	• 성장을 통한 일자리 창출 지원을 위한 물적 자원(자금, 설비투자) 지원
	• 대·중소기업 및 산학연 공동 연구개발 및 공유자원 활용을 통한 상생협력 기술혁신
		WT(약점+위협):출구전략
		• 중소기업 대상 글로벌 기술표준 대응 지원을 위한 인프라 구축 및 지원
		• 중소기업 혁신활동 지원체계 및 인프라 구축 및 지원
		• 중소기업 혁신활동 지원을 위한 교육 및 컨설팅 지원

SWOT 분석의 응용(샌프란시스코 대학의 하인츠 웨이리치 1982년 논문)

외부요인 (External) / 내부요인 (Internal)	Stengths(강점)	Weakneses(약점)
Opportunity(기회)	SO(강점+기회):공격적전략 강점 X 기회(SO전략) **적극 공세**	ST(강점+위협):(극복)방어전략 약점 X 기회(WO전략) **약점 강화**
Threats(위협)	WO(약점+기회):전환전략 강점 X 위협(ST전략) **차별화**	WT(약점+위협):출구전략 약점 X 위협(WT전략) **방어/철수**

15. 경제성 검토

○ 머시닝센터에서 다음과 같은 조건으로 어떤 자동차 부품을 가공하려고 합니다. 지그제작비 (Y)를 계산하세요

조건
- n(지그를 사용하여 1년간 생산한 제품 수) : 300개
- r(제품가공에 필요한 간접비의 비율) : 100% = 1
- t_0 (지그를 사용하지 않는 경우 제품 1개당 가공시간) : 0.6시간
- a_0 (지그를 사용하지 않는 경우 평균시간) : 1,000원
- t_1 (지그를 사용할 경우 제품 1개당 가공시간) : 0.1시간
- a_1 (지그를 사용할 경우 평균시간) : 300원
- p (지그 감가 상각 이율) : 7분 = 0.07
- q (지그 1년당 유지비와 제작비와의 비): $\frac{5}{100} = 0.05$
- i (지그 감가년수) : 5년

지그제작비

$$Y \leq \frac{ni(1+r)(t_0 a_0 - t_1 a_1)}{1+\pi+qi} = \frac{300 \times 5 \times (1+1) \times (0.6 \times 1,000) - (0.1 \times 300)}{1+(0.07 \times 5)+(0.05 \times 5)}$$

지그의 제작비 1,124,981원 정도까지는 좋다는 것이 된다.

16. 손익분기점(BEP: Break Even Point)

조건
- Y (지그제작비용) : 600,000원
- H (지그를 사용하지 않을 때 1개당 가공시간) : 2분
- HJ(지그를 사용할 때 1개당 가공시간) : 0.5분

손익분기점

$$N = \frac{Y}{(H-HJ)Y}$$

N : 지그의 손익 분기점

Y : 지그 제작비용
H : 지그를 사용하지 않을 때 1개당 가공 시간
HJ : 지그를 사용할 때 1개당 가공 시간
y : 1시간당 가공비용

지그제작비가 600,00원이고 지그를 사용하지 않았을 때 걸리는 제품 가공시간은 2분 그를 사용하였을 때 제품가공시간은 0.5분이고 시간당 가공비가 2,000원일 때 손익분기점을 구하세요

풀이 $N = \dfrac{600.000}{(2-0.5) \times 2,000} = 200$개

즉, 200개 이상이면 지그를 사용하였을 때가 이익이고 200개 이하이면 손실이 되는 것이다. 실제로 회사에서는 N이 실제 수량의 2배 이상이 되지 않으면 지그를 만들 필요가 없을 것이다.

17. 단위계 및 단위환산

(1) 대표적 단위계 비교

단위계	길이	질량	시간	온도	가속도	힘	응력	압력	에너지	일률
SI	M	kg	s	K	m/s^2	N	Pa	Pa	J	w
CGS	cm	g	s	℃	Gal	dyn	dyn/cm	dyn/cm	erg	erg/s
공학단위	m	$kg_f \cdot s^2$	s	℃	m/s^2	kgf	kg_f/cm	kg_f/cm	kgf·m	kgf·m/s

(2) SI 기본단위

양	명칭	기호	정 의
길이	미터	m	• 빛이 진공중에서 1/299,792,458초 종안 진행한 거리이다.
질량	킬로그램	kg	• 프랑스, 파리 국제도량형국에서 보관하고 있는 국제 킬로그램 원기의 질량과 같다.
시간	초	s	• 세슘 133 원자의 바닥상태에 있는 2개의 초미세 준위 사이의 전이에 대응하는 복사선의 9,192,631,770 주기의 지속시간이다.
전류	암페어	A	• 무한히 길고 무시할 수 있을 만큼 작은 원형 단면적을 가진 두 개의 평행한 직선 도체가 진공 중에서 1미터 간격으로 유지될 때 두 도체상이에 미터당 $2 \times 10^{-7} N$의 힘을 생기게 하는 전류에 해당함.
열역학적 온도	캘빈	K	• 열역학적 온도의 단위로, 물의 삼중점의 열역학적 온도의 1/273.16임.
물질량	몰	mol	• 탄소 12의 0.012 kg에 있는 원자의 수와 같은 수의 구성 요소를 포함한 어떤 계의 물질량.
광도	칸델라	cd	• 주파수 540×1012 Hz인 단색광을 방출하는 광원의 복사도가 어떤 주어진 방향으로 매 스테라디안당 1/683W일 때, 이 방향에 대한 광도임.

18. 공지능의 발전방향

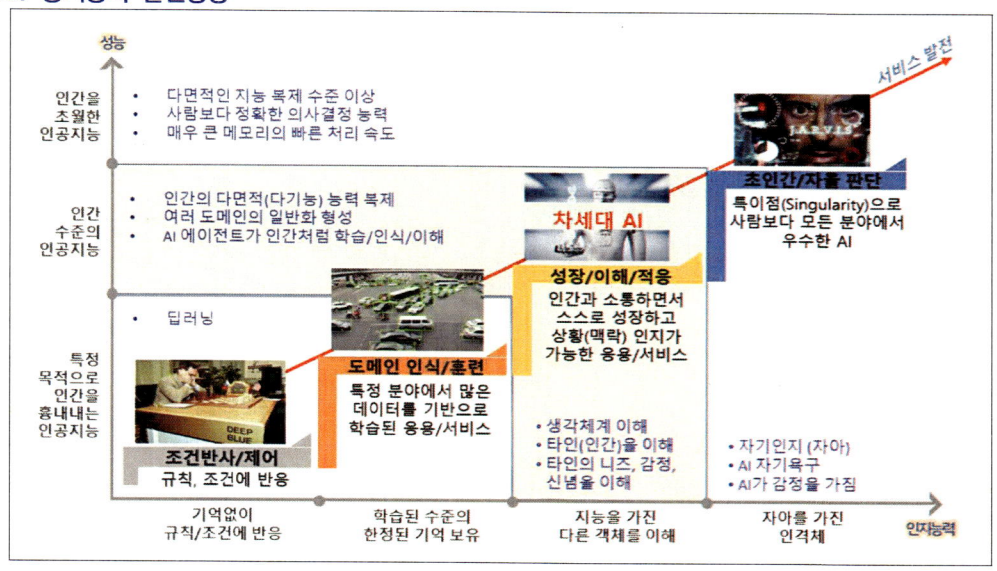

제7장 2025년 자금 지원 정책 방향
제1절 정책자금

1 중소벤처기업진흥공단

1. 시설자금

업력	지원사업(자금)	신청대상	대출금리 (기준금리±@)	대출기간 (거치기간)	대출한도 (억원)
7년 미만	창업기반지원	전체 중소기업	△0.6%p	10년(4)	60
	재창업	재창업(준비) 기업으로 성실경영평가 통과기업	△0.3%p	10년(4)	60
7년 이상	혁신성장지원	전체 중소기업	+0.2%p	10년(4)	60
무관	개발기술사업화	특허, 정부 R&D 등 보유 기술사업화 추진기업	△0.3%p	10년(4)	30
	제조현장스마트화	스마트공장 도입 추진기업 등	△0.3%p	10년(4)	100
	Net-Zero유망기업	탄소중립 기술사업화 기업	+0.2%p	10년(4)	60
	수출기업글로벌화	수출유망기업 (수출10만불 이상)	△0.3%p	10년(4)	30
	사업전환	사업전환계획 승인 (5년 미만) 기업	△0.3%p	10년(5)	100
	구조개선전용 (선제적자율구조개선)	위기징후 중소기업 등	2.5%(고정)	10년(4)	60

2. 운전자금

업력	지원사업(자금)		신청대상	대출금리 (기준금리±@)	대출기간 (거치기간)	대출한도 (억원)
7년 미만	창업기반지원		전체 중소기업	△0.3%p	5년(2)	5
	재창업		재창업(준비) 기업으로 성실경영평가 통과기업	기준금리	6년(3)	5
7년 이상	혁신성장지원*	융자	전체 중소기업	+0.5%p	5년(2)	5
		이차보전	최근 3년내 시설투자 기업	이차보전 최대 3%	3년(3)	5

업력	지원사업(자금)		신청대상	대출금리 (기준금리±@)	대출기간 (거치기간)	대출 한도 (억원)
무관	개발기술사업화	융자	특허, 정부 R&D 등 보유 기술사업화 추진기업	기준금리	5년(2)	5
		이차보전	정부 R&D '24~'25년 사업비 감액기업으로 협약변경 후 확인서를 발급받은 기업	1사분기 중 공고 예정		
	제조현장스마트화	융자	스마트공장 도입 추진기업 등	기준금리	5년(2)	10
		이차보전		이차보전 최대 3%	3년(3)	5
	Net-Zero유망기업	융자	탄소중립 기술사업화 기업 등	+0.5%p	5년(2)	5
		이차보전		이차보전 최대 3%	3년(3)	5
	스케일업 금융		회사채 발행(P-CBO)을 통한 자금조달 희망 기업	1사분기 중 공고 예정		
	내수기업 수출기업화		내수·수출초보기업 (수출 10만불 미만)	기준금리 또는 고정금리	5년(2)	5
	수출기업 글로벌화	융자	수출유망기업	기준금리	5년(2)	10
		이차보전	수출 10만불 이상	이차보전 최대 3%	3년(3)	5
	긴급경영안정		일시적 경영애로기업	+0.5%p	5년(2)	10
			자연재해, 사회재난 피해기업	1.9%(고정)		
	사업전환		사업전환계획 승인 (5년 미만) 기업	기준금리	6년(3)	5
	구조개선전용	일반	위기징후 중소기업 등	기준금리	5년(2)	10
		선제적 자율 구조개선		2.5%(고정)		15
	매출채권 팩토링		보유 매출채권 유동화 희망 기업	1사분기 중 공고 예정		
	동반성장 네트워크론		발주기업에 납품하는 수주 중소기업	1사분기 중 공고 예정		

3 혁신창업사업화자금

◆ 사업목적 및 융자규모

가. 사업목적
  ○ 기술력과 사업성이 우수하나 민간 금융기관에서 자금 조달이 어려운 벤처·스타트업을 집중 육성하고 중소벤처기업이 보유한 우수 기술의 사업화를 지원

나. 지원규모 : 융자(1조 6,358억원), 이차보전(1,526억원)

3.1 창업기반지원자금

□ **창업기반지원자금(일반)**

- **(대상)** 「중소기업창업 지원법」 제2조에 따른 창업자(업력 7년 미만, 예비창업자 포함) 또는 동법 제25조에 따른 신산업 창업 분야(참고 1-1) 업력 10년 이내 중소기업
  * (업력산정) 사업개시일로부터 정책자금 융자신청서 제출일까지
    (법인전환 등의 경우 최초 창업한 기업의 사업개시일부터 산정)
- **(융자방식)** 직접대출, 대리대출, 성장공유형 대출, 투자조건부 융자
- **(대출조건)**

구분	대출 조건
대출한도	(직접·대리대출) 연간 60억원 이내 (운전자금은 연간 5억원 이내)
대출기간	(직접·대리대출, 시설) 10년 이내 (거치기간 : 담보 4년 이내, 신용 3년 이내) (직접·대리대출, 운전) 5년 이내 (거치기간 : 2년 이내)
대출금리	(직접·대리대출) 정책자금 기준금리(변동) - 0.3%p
기 타	• 별표3(용도별 대출한도 우대기준, p44)에 해당하는 기업은 대출한도 우대 • 중소기업 ESG 인식확산을 위한 ESG 자가진단 실시 (기업 수행)

□ **창업기반지원자금(청년전용창업자금)**

- **(대상)** 대표자가 만 39세 이하로서, 업력 3년 미만인 중소기업 또는 중소기업을 창업하는 자
  * 단, 창업성공패키지사업(청년창업사관학교, 글로벌창업사관학교) 참여 기업, 청년창업기업보증 지원 기업(기보) 및 민간VC 투자 유치 기업 중 해당 기관의 추천을 받은 우수 기업은 업력 7년 미만까지 가능
  ** 청년전용창업자금 대상 중 중점지원분야(참고1~4)를 영위하는 소상공인은 청년전용창업자금 신청 가능
- **(융자방식)** 직접대출

◦ (대출조건)

구분	대출 조건
대출한도	기업당 최대 1억원 이내 (제조업 및 중점지원분야 영위기업은 2억원 이내)
대출기간	(직접대출, 시설) 10년 이내 (거치기간 : 담보 4년 이내, 신용 3년 이내) (직접대출, 운전) 6년 이내 (거치기간 : 3년 이내)
대출금리	2.5% (고정금리)
기 타	자금신청·접수 후, 사업계획서 등 심의위원회 평가를 통해 지원 여부 결정 후 대출

※ 성장공유형 대출 및 투자조건부 융자의 세부 지원대상, 지원조건, 지원절차 등은 추후 공고

3.2 개발기술사업화자금

☐ 대상

◦ 아래에 해당하는 기술을 사업화하고자 하는 중소기업
* 단, 제품 양산 후 3년이 경과한 기술은 제외(초격차 분야(참고1-1) 기술은 5년)

① 중소벤처기업부, 산업통상자원부 등 정부 또는 지자체 출연 연구개발사업에 참여하여 기술개발에 성공(완료)한 기술
② 특허, 실용신안 또는 저작권 등록 기술
③ 정부 및 정부 공인기관이 인증한 기술
 * 신기술(NET), 전력신기술, 건설신기술, 녹색기술인증, 공공기관 통합기술마켓 인증
④ 공인 기업부설연구소 및 연구개발전담부서 보유 기업이 개발한 기술
⑤ 특허청의 IP-R&D 전략지원 사업에 참여하여 개발을 완료한 기술
⑥ 국내외의 대학, 연구기관, 기업, 기술거래기관 등으로부터 이전 받은 기술
⑦ 중소벤처기업부가 인가한 기관과 기술자료 임치계약을 체결한 기술
⑧ 기술혁신형 중소기업, 경영혁신형 중소기업, 벤처기업의 자체 기술
⑨ 민관협력 오픈이노베이션(OI) 문제해결형(Top-Down) 최종 선정 기술

☐ (융자방식) 직접대출, 성장공유형 대출, 투자조건부 융자, 이차보전

※ 성장공유형 대출 및 투자조건부 융자의 세부 지원대상, 지원조건, 지원절차 등은 추후 공고

> ※ 개발기술사업화(중소기업 R&D 이차보전)사업의 세부 지원대상, 지원조건, 지원절차 등은 추후 공고
>   * 신청대상 : 정부 R&D의 '24~'25년 계속·종료 과제 연구개발비가 당초 협약금액 대비 감액된 기업으로 R&D 전문기관**과 협약 변경 후 관련 확인서 등 증빙을 발급받은 기업
>   ** 전문기관 : 중앙행정기관의 장이 추진하는 기술개발사업에 대한 기획·평가·관리 등의 업무를 대행하는 기관으로서 국가연구개발혁신법 제22조 등에 따라 지정된 기관

□ 대출조건

구분	대출 조건
대출한도	(직접대출) 연간 30억원 이내 (운전자금 연간 5억원 이내) * 혁신성장분야 영위기업 중 지원대상 ①, ②, ③, ④, ⑤유형에 해당하는 경우 연간 60억원 이내, 운전자금은 연간 10억원 이내
대출기간	(직접대출, 시설) 10년 이내 (거치기간 : 담보 4년 이내, 신용 3년 이내) (직접대출, 운전) 5년 이내 (거치기간 : 2년 이내)
대출금리	(직접대출) 정책자금 기준금리(변동)
기 타	• 중소기업 ESG 인식확산을 위한 ESG 자가진단 실시 (기업 수행)

4 신시장진출지원자금

◆ 사업목적 및 융자규모

가. 사업목적

◦ 민간 금융기관에서 자금 조달이 어려운* 중소벤처기업이 보유한 우수 기술·제품의 글로벌화 촉진 및 수출인프라 조성에 필요한 자금을 지원하여 수출 중소기업 육성

   * 이차보전의 경우 민간금융기관 대출을 활용하여 지원

나. 지원규모 : 융자(3,825억원), 이차보전(2,000억원)

> ※ 해외법인 지원 자금의 세부 지원대상, 지원조건, 지원절차 등은 추후 공고

4.1 내수기업수출기업화

□ **(대상)** 아래 유형에 해당하는 수출실적 10만불 미만 중소기업

　　* (수출실적) 최근 1년간(신청전월 기준) 직·간접 수출실적 합계
　**「소상공인기본법 시행령」에 따른 소상공인도 지원대상에 포함

① **(수출 초보기업)** 1불~10만불 미만의 수출실적이 있는 기업

② **(수출지원사업 참여기업)** 정부 및 지자체 수출지원사업 참여기업(사업기간 또는 사업 종료 후 1년 이내) 및 수출 관련 지정제도 선정기업(유효기간 이내)
　* 수출지원기반활용(수출바우처사업), 전자상거래수출지원사업 등

③ **(기술 수출 중소기업)** 기술 수출 실적을 보유(계약 포함)한 중소기업
　* (실적) 특허, 상표, 디자인, 노하우, 기술서비스, R&D 등 무형자산 판매 등
　**(계약) 기술수출 관련 계약을 체결한 경우

□ **(융자방식)** 직접대출

□ 대출조건

구분	대출 조건
대출한도	(직접대출, 운전) 연간 5억원 이내
대출기간	(직접대출, 운전) 5년 이내 (거치기간 2년 이내)
대출금리	(직접대출, 운전) 정책자금 기준금리(변동) 또는 고정금리
기　타	• 중소기업 ESG 인식확산을 위한 ESG 자가진단 실시 (기업 수행)

4.2 수출기업글로벌화

□ **(대상)** 수출실적 10만불 이상 중소기업

　　* (수출실적) 최근 1년간(신청전월 기준) 직·간접 수출실적 합계
　**「소상공인기본법 시행령」에 따른 소상공인도 지원대상에 포함

□ **(융자방식)** 직접대출, 이차보전

□ 대출조건

구분	대출 조건
대출한도	(직접대출) 연간 30억원 이내 (운전자금은 연간 10억원 이내) * 단, 수출 고성장기업은 연간 60억원 이내 (전년도 수출액 100만$ 이상이고, 최근 3년간 연평균 수출증가율 20% 이상 기업) (이차보전) 융자계획 공고 Ⅱ. 공통사항 융자방식 참조 (p7)
대출기간	(직접대출, 시설) 10년 이내 (거치기간 : 담보 4년 이내, 신용 3년 이내) (직접대출, 운전) 5년 이내 (거치기간 : 2년 이내) (이차보전) 융자계획 공고 Ⅱ. 공통사항 융자방식 참조 (p7)
대출금리	(직접대출) 정책자금 기준금리(변동) (이차보전) 융자계획 공고 Ⅱ. 공통사항 융자방식 참조 (p7)
기 타	• 사업장 건축(토지구입, 건축), 사업장 매입 용도의 시설자금 지원 불가 • 무명의 수출용사 포상 기업은 이차보전 지원 시 우대(포상 후 1년 이내) • 글로벌 강소기업 1000+ 프로젝트 강소단계(500만불 이상) 이상 선정 기업은 정책우선도 평가를 생략하고 정책자금 융자신청기회 부여 • 중소기업 ESG 인식확산을 위한 ESG 자가진단 실시(기업 수행)

5 신성장기반자금

◆ 사업목적 및 융자규모

가. 사업목적

ㅇ 민간 금융기관에서 자금 조달이 어려운* 성장유망 중소벤처기업의 생산성 향상, 스마트화, 탄소중립, 스케일업에 필요한 자금을 지원하여 미래 성장 동력 창출
   * 이차보전의 경우 민간금융기관 대출을 활용하여 지원

나. 지원규모 : 융자(1조 3,111억원), 이차보전(2,501억원)

5.1 혁신성장지원자금

□ 혁신성장지원자금(일반)

◦ **(대상)** 업력 7년 이상 중소기업 (「중소기업창업 지원법」 제2조에 따른 창업자에 해당하지 않는 업력 7년 미만 중소기업 포함)

　※ (이차보전 대상) 최근 3년 이내 시설을 도입한 업력 7년 이상 중소기업

　* (업력산정) 사업 개시일로부터 정책자금 융자신청서 제출일까지 (법인전환 등의 경우 최초 창업한 기업의 사업개시일부터 산정)

◦ **(융자방식)** 직접대출, 대리대출, 성장공유형 대출, 이차보전

> ※ 성장공유형 대출의 세부 지원대상, 지원조건, 지원절차 등은 추후 공고

◦ (대출조건)

구분	대출 조건
대출한도	(직접·대리대출) 연간 60억원 이내 (운전자금은 연간 5억원 이내) (이차보전) 융자계획 공고 Ⅱ. 공통사항 융자방식 참조 (p7)
대출기간	(직접·대리대출, 시설) 10년 이내 (거치기간 : 담보 4년 이내, 신용 3년 이내) (직접·대리대출, 운전) 5년 이내 (거치기간 : 2년 이내) (이차보전) 융자계획 공고 Ⅱ. 공통사항 융자방식 참조 (p7)
대출금리	(직접·대리대출) 정책자금 기준금리(변동) + 0.5%p * (산업기술보호법 제9조 국가핵심기술 보유 중소기업) 정책자금 기준금리(변동) (이차보전) 융자계획 공고 Ⅱ. 공통사항 융자방식 참조 (p7)
기　타	• 운전자금은 동 자금의 시설자금을 대출받은 기업 중 시설 도입 후 소요되는 초기가동비만 지원을 원칙(시설자금의 50% 이내) * 단, '25년 상반기는 한시적으로 시설자금과 별도로 운전자금 지원 가능 • 별표3(용도별 대출한도 우대기준, p44)에 해당하는 기업은 대출한도 우대 가능 • 중소기업 ESG 인식확산을 위한 ESG 자가진단 실시 (기업 수행)

□ 혁신성장지원자금(협동화자금)
◦ (대상) 공동생산시설, 원자재 공동구매 등을 추진하는 아래의 중소기업

① 3개 이상의 중소기업이 규합하여 협동화실천계획의 승인을 얻은 자
② 2개 이상의 중소기업이 규합하여 협업사업계획의 승인을 얻은 자

※ 협동화사업 우대 사항
• 업력 제한 없음
• 별표1 '융자제외 대상업종' 中 산업단체(KSIC 94110)는 지원 대상에 포함
• 융자계획 공고 Ⅲ.유의사항(융자제한기업) ⑨항(소상공인) 적용 제외(협동화사업 추진주체인 협동조합), ⑩항(부채비율 초과기업) 적용 제외

◦ (융자방식) 직접대출, 대리대출

◦ (대출조건)

구분	대출 조건
대출한도	연간 100억원 이내 (운전자금은 연간 15억원 이내)
대출기간	(직접·대리대출, 시설) 10년 이내 (거치기간 : 5년 이내) (직접·대리대출, 운전) 5년 이내 (거치기간 : 2년 이내)
대출금리	(직접·대리대출) 정책자금 기준금리(변동)
기 타	• 토지구입비 지원 시 건축허가 조건 예외 적용 • 부지 조성공사 용도의 시설자금 지원 가능 • 중소기업 ESG 인식확산을 위한 ESG 자가진단 실시 (기업 수행)

□ 기타
◦ '혁신성장지원자금' 지원 시, 아래에 해당하는 업력 7년 이상 기업은 제품생산, 시장개척용도 등의 운전자금 지원 가능
* 「중소기업창업 지원법」 제2조에 따른 창업자에 해당하지 않는 업력 7년 미만 중소기업 포함

• 지식서비스산업(참고6)
• 소재·부품·장비 강소기업 100 · 스타트업 100 · 경쟁력강화위원회 추천기업
• 원전 협력 중소기업(단, 사업계획 및 자금 사용 목적이 원전 사업 추진을 위한 경우에 한하여 지원)

5.2 스케일업금융

☐ **(대상)** 민간으로부터 대규모 자금조달이 어렵지만, 스케일업 투자수요가 크고 중견기업으로 도약 가능한 중기업

◦ 중소기업이 발행하는 회사채를 유동화전문회사(SPC)가 인수한 후, 이를 기초자산으로 유동화증권(선순위, 중순위, 후순위)을 발행

【 스케일업금융(P-CBO) 발행구조 】

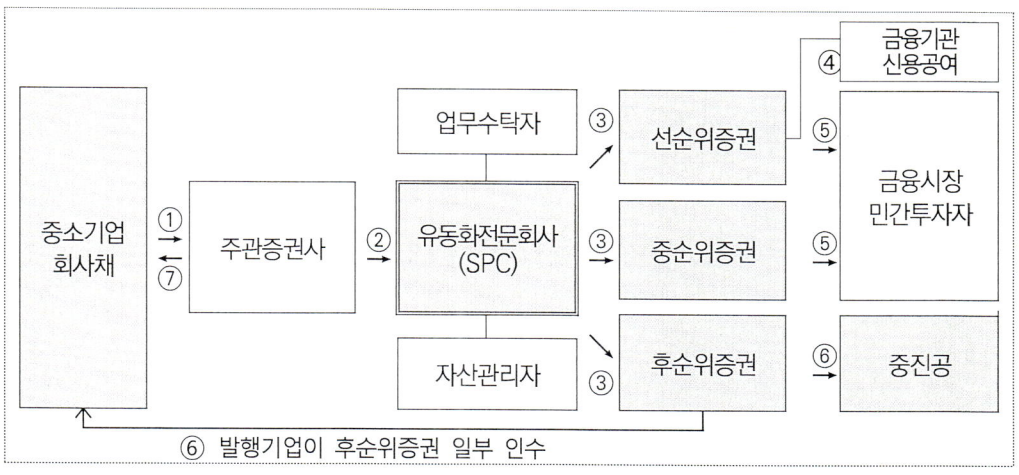

※ 스케일업금융 지원대상, 조건, 방식, 절차 등은 추후 공고

5.3 Net-Zero 유망기업 지원

☐ **(대상)** 아래 유형에 해당하는 그린기술 사업화, 저탄소·친환경 제조로 전환을 추진 중인 중소기업

- 신재생에너지, 탄소저감 등 그린분야(참고5) 영위기업 또는 기술 사업화 기업
- 원부자재 등을 친환경 소재로 전환하는 기업
- 오염물질 저감 설비, 저탄소·에너지 효율화 · 환경오염방지 설비 등 도입 기업
- 중소기업 혁신바우처 사업의 탄소중립 경영혁신 컨설팅 선정기업
- 탄소중립형 스마트공장 지원사업 협약기업
- 탄소중립 전환지원사업 선정기업

☐ **(융자방식)** 직접대출, 대리대출, 이차보전

☐ **대출조건**

구분	대출 조건
대출한도	(직접·대리대출) 연간 60억원 이내 (운전자금은 연간 5억원 이내) (이차보전) 융자계획 공고 Ⅱ. 공통사항 융자방식 참조 (p7)
대출기간	(직접·대리대출, 시설) 10년 이내 (거치기간 : 담보 4년 이내, 신용 3년 이내) (직접·대리대출, 운전) 5년 이내 (거치기간 : 2년 이내) (이차보전) 융자계획 공고 Ⅱ. 공통사항 융자방식 참조 (p7)
대출금리	(직접·대리대출) 정책자금 기준금리(변동) + 0.5%p (이차보전) 융자계획 공고 Ⅱ. 공통사항 융자방식 참조 (p7)
기 타	• 별표3(용도별 대출한도 우대기준, p44) 해당 기업은 대출한도 우대 가능 • 운전자금은 동 자금의 시설자금을 대출받은 기업 중 시설 도입 후 소요되는 초기가동비만 지원 (시설자금의 50% 이내) • 중소기업 ESG 인식확산을 위한 ESG 자가진단 실시 (기업 수행)

5.4 제조현장스마트화

☐ **(대상)** 아래 요건에 해당하는 중소기업

- 정부 등의 스마트공장 지원사업 참여기업
- 스마트공장 등 ICT기반 생산 효율화를 위한 자동화 시설 도입기업

※ 제조현장스마트화자금 우대 사항(직접대출, 대리대출)
- (국내 복귀 기업) 융자계획 공고 Ⅲ. 유의사항(융자제한기업) ⑩항(부채비율 초과기업) 적용 제외

☐ **(융자방식)** 직접대출, 대리대출, 이차보전

□ 대출조건

구 분	대출 조건
대출한도	(직접·대리대출) 연간 100억원 이내 (운전자금은 연간 10억원 이내) (이차보전) 융자계획 공고 Ⅱ. 공통사항 융자방식 참조 (p7)
대출기간	(직접·대리대출, 시설) 10년 이내 (거치기간 : 담보 4년 이내, 신용 3년 이내) (직접·대리대출, 운전) 5년 이내 (거치기간 : 2년 이내) (이차보전) 융자계획 공고 Ⅱ. 공통사항 융자방식 참조 (p7)
대출금리	(직접·대리대출) 정책자금 기준금리 (변동) (이차보전) 융자계획 공고 Ⅱ. 공통사항 융자방식 참조 (p7)
기 타	• 운전자금은 동 자금의 시설자금을 대출받은 기업 중 시설 도입 후 소요되는 초기가동비만 지원 (시설자금의 50% 이내) • 중소기업 ESG 인식확산을 위한 ESG 자가진단 실시(기업 수행)

6 재도약지원자금

◆ 사업목적 및 융자규모

가. 사업목적
◦ 사업전환, 구조조정, 재창업 지원으로 재도약과 경영정상화를 위한 사회적 기반 조성

나. 지원규모 : 7,501억원

6.1 사업전환자금

□ 사업전환자금(일반)
◦ (대상) 「중소기업 사업전환 촉진에 관한 특별법」에 의한 '사업전환계획' 또는 '공동사업전환계획'을 승인받은 중소기업으로 사업전환계획 승인일로부터 5년 미만(신청일 기준)인 기업

  * 상시근로자 5인 이상이며, 업종전환, 업종추가, 신사업추가 등 사업전환계획 또는 공동사업전환계획을 수립하고 타당성 평가를 통과하여 승인받은 기업

※ 사업전환자금 우대 사항
- (은행권 추천 경영애로기업) 융자계획 공고 Ⅲ. 유의사항(융자제한기업) ⑪항 (한계기업) 적용 제외
- 도약(Jump-up) 프로그램 선정기업은 융자심의위원회를 통해 융자계획 공고 Ⅲ. 유의사항(융자제한기업) ①항(우량기업) 中 신평사 신용평가등급 BB등급 이상, 자본총계 200억원 또는 자산총계 700억원 초과 기업, 중진공 신용위험 최상위 등급(CR1) 적용 예외 가능

◦ **(융자방식)** 직접대출, 대리대출
◦ **(대출조건)**

구분	대출 조건
대출한도	(직접·대리대출) 연간 100억원 이내 (운전자금은 연간 5억원 이내)
대출기간	(직접·대리대출, 시설) 10년 이내 (거치기간 : 담보 5년 이내, 신용 4년 이내) (직접·대리대출, 운전) 6년 이내 (거치기간 : 3년 이내)
대출금리	(직접·대리대출) 정책자금 기준금리(변동)
기 타	• 별표3(용도별 대출한도 우대기준, p44)에 해당하는 기업은 대출한도 우대 가능

☐ 사업전환자금(사업재편, 산업경쟁력강화, 통상변화대응)
◦ **(대상)**

① 사업재편
- 「기업활력 제고를 위한 특별법」에 의한 '사업재편계획'을 승인받은 중소기업으로 승인일로부터 5년 미만(신청·접수일 기준)인 기업
- (우대사항) 융자계획 공고 Ⅲ. 유의사항(융자제한기업) ③항(세금체납기업), ⑩항(부채비율 초과기업) 적용 예외
  (단, ③항(세금체납기업) 예외 적용의 경우는 압류·매각의 유예에 한함)

② 산업경쟁력강화
- 사업전환계획 승인기업 중 한중FTA 지원 업종(참고11) 영위기업

③ 통상변화대응(기존 무역조정)
- 「통상환경변화 대응 및 지원 등에 관한 법률(기존 무역조정 지원 등에 관한 법률)」에 의한 '통상변화대응지원기업(기존 무역조정지원기업)'으로 지정된 중소기업으로 지정일로부터 3년 미만(신청·접수일 기준)인 기업
- (우대사항) 융자계획 공고 Ⅲ. 유의사항(융자제한기업) ⑩항(부채비율 초과기업), ⑪항(한계기업) 적용 예외

◦ **(융자방식)** 직접대출, 대리대출

◦ (대출조건)
① 사업재편, 산업경쟁력강화

구분	대출 조건
대출한도	(직접·대리대출) 연간 100억원 이내 (운전자금은 연간 5억원 이내)
대출기간	(직접·대리대출, 시설) 10년 이내 (거치기간 : 담보 5년 이내, 신용 4년 이내) (직접·대리대출, 운전) 6년 이내 (거치기간 : 3년 이내)
대출금리	(직접·대리대출) 정책자금 기준금리(변동)
기 타	• 별표3(용도별 대출한도 우대기준, p44)에 해당하는 기업은 대출한도 우대 가능

② 통상변화대응(기존 무역조정)

구분	대출 조건
대출한도	(직접·대리대출) 연간 60억원 이내 (운전자금은 연간 5억원 이내)
대출기간	(직접·대리대출, 시설) 10년 이내 (거치기간 : 담보 5년 이내, 신용 4년 이내) (직접·대리대출, 운전) 6년 이내 (거치기간 : 3년 이내)
대출금리	2.0%(고정)
기 타	• 별표3(용도별 대출한도 우대기준, p44)에 해당하는 기업은 대출한도 우대 가능

6.2 구조개선전용자금

□ (대상) 아래의 유형(① ~ ③)에 해당하는 기업
① 아래 사항 중 하나에 해당되어 진로제시컨설팅(기초진로제시)을 받은 기업 중 '구조개선' 대상으로 판정된 기업

- 정책금융기관 등(중진공, 신보, 기보, 테크노파크)이 지정한 부실징후기업
- 「채권은행협의회 운영협약」 또는 「기업구조조정 촉진법」에 의한 워크아웃 추진기업으로 워크아웃계획을 정상 이행중인 경우
- 「채무자 회생 및 파산에 관한 법률」에 따른 회생절차 종결 후 5년 이내 기업으로 법원에서 승인한 회생계획을 정상 이행중인 경우
- 기타 경영애로를 겪고 있어 구조개선, 회생, 사업정리 등 향후 진로제시가 필요한 기업

* 진로제시컨설팅 시 기업 비용부담(컨설팅 비용의 10% 및 부가세 10%) 발생

② 아래 사항 중 하나에 해당되어 한국자산관리공사(캠코)에서 금융지원을 추천한 '캠코 협업 금융지원' 대상 기업

- 패키지형 회생기업 금융지원 참여기업
- 국세 물납 법인
- Sales & LeaseBack 참여(선정)기업

③ '선제적 자율구조개선 프로그램'에서 지원을 결정한 기업

※ 선제적 자율구조개선 프로그램 개요
- 중진공과 금융기관(협약은행 등)*이 협력하여 위기징후 중소기업을 선제 발굴하고, 공동 금융지원과 경영개선계획 수립 등으로 기업의 자율구조개선을 지원하여 신속한 경영정상화 촉진 및 재도약 기회 부여
  * 기업은행, 수출입은행, 경남은행, 농협은행, 산업은행, 국민은행, iM뱅크, 신한은행, 우리은행, 하나은행, 부산은행, 기술보증기금, 지역신용보증재단 등
  ** 지원절차 : 신청 → 상담·추천 → 사전검토 → 진단·평가 및 경영개선계획 수립 → 지원결정 → 금융지원 → 이행점검

* 프로그램 세부내용 확인 : 중진공 누리집(www.kosmes.or.kr) 「지원사업 - 정책자금융자 - 세부사업 - 재도약지원자금 - 선제적 자율구조개선 프로그램」

※ 구조개선전용자금 우대 사항
- 융자계획 공고 Ⅲ. 유의사항(융자제한기업) ③항(세금체납기업), ④항(신용정보관리대상기업), ⑩항(부채비율초과기업), ⑪항(한계기업) 적용 예외
  (단, ③항(세금체납기업) 예외 적용의 경우는 압류·매각의 유예에 한하며, ④항(신용정보관리대상기업) 예외 적용의 경우는 '회생' 정보 등록기업에 한함)

□ **(융자방식)** 직접대출

□ **대출조건**

구분		대출 조건	
		일반 구조개선전용자금 (캠코 협업 금융지원 포함)	선제적 자율구조개선 프로그램
대출 한도	시설	-	연간 60억원 이내
	운전	3년간 10억원 이내	3년간 15억원 이내(연 10억원 이내)
대출 기간	시설	-	10년 이내 (거치기간 : 담보 4년 이내, 신용 3년 이내)
	운전	5년 이내 (거치기간 : 2년 이내)	
대출금리		정책자금 기준금리(변동)	2.5%(고정)

6.3 재창업자금

□ **(대상)** 중소기업을 폐업하고 새로운 중소기업을 설립한 업력 7년 미만(신산업(참고 1-1) 창업 분야 중소기업은 10년 이내) 재창업기업 또는 예비재창업자로, 아래의 유형(① ~ ③)을 모두 만족하는 자
   * 설립 7년 미만(신산업 창업 분야 중소기업은 10년 이내) 법인기업을 인수한 경우도 포함
① 자금조달에 애로를 겪고 있는 기업인 또는 한국신용정보원의 '일반신용정보 관리규약'에 따라 공공정보(파산면책결정, 회생인가, 신용회복확정, 채무조정확정 등 신용회복지원)가 등록되어 있는 자
② 아래 요건에 모두 해당하는 재창업자

- 폐업 이력을 보유(폐업을 완료할 것)한 자로, 현재 재창업기업의 대표(이사)
  * 과거 폐업 개인기업의 대표자이거나, 폐업 법인기업의 대표이사 또는 실질기업주
- 폐업 기업의 업종이 아래의 업종에 해당하지 않는 자
  비영리업종, 사치향락업종, 주점업, 금융 및 보험업, 부동산업, 공공행정, 국방 및 사회보장행정, 가구 내 고용 및 자가 소비·생산활동, 국제 및 외국기관

③ 「중소기업창업 지원법」에 따른 성실경영평가를 통과한 자

- (성실경영평가) 재창업지원 사업 신청자가 재창업 전 기업을 분식회계, 고의 부도, 부당해고 등을 하지 않고 성실하게 경영했는지 등을 평가

※ 위 재창업자금 지원대상에 해당하지 않더라도, 아래 요건에 해당하는 기업은 별도 지원방식을 통해 지원 가능

- 연체 등 정보가 등록된 신용미회복자로 신용회복위원회의 신용회복과 재창업자금 동시 지원이 필요한 경우
  * (지원방식) 신복위 접수 → 중진공·신보·기보·NICE평가정보·한국평가데이터 중 한 개의 기관이 평가 → 위원회 심의 → 신보·기보 보증서 발급 → 신용회복 처리 후 중진공 대출

※ 재창업자금 우대 사항

- 융자계획 공고 Ⅲ.유의사항(융자제한기업) ③항(세금체납기업) 적용 예외
  (단, 압류·매각의 유예에 한함)
- 아래 조건에 해당되는 기업은 우선 접수하며, 융자상환금조정형 대출로 신청 가능
  * 중기부 재도전성공패키지사업 또는 TIPS-R 선정, 정부의 R&D사업 선정, 특허·실용신안 또는 기업부설연구소를 보유하고 재창업 후 동 기술을 사업화 중이거나 사업화한 기업, 재도전Fund 투자유치, 과기부 ICT 재창업 사업 선정, 혁신성장분야(참고1) 영위, 소재·부품·장비산업(참고4) 영위기업

☐ **(융자방식)** 직접대출, 대리대출

☐ 대출조건

구분	대출 조건
대출한도	(직접·대리대출) 연간 60억원 이내 (운전자금은 연간 5억원 이내)
대출기간	(직접·대리대출, 시설) 10년 이내 (거치기간 : 4년 이내)
	(직접·대리대출, 운전) 6년 이내 (거치기간 : 3년 이내)
대출금리	(직접·대리대출) 정책자금 기준금리(변동) * 성실경영 심층평가 통과기업은 금리 우대(△0.3%p)
기 타	• 업력 1년 미만 기업의 경우에는 역량평가와 초기재창업심의위원회 평가를 합산한 결과로 융자 여부 결정 • 융자상환금조정형은 대출한도 5억원 이내에서 직접대출로 운영 • 별표3(용도별 대출한도 우대기준, p44)에 해당하는 기업은 대출한도 우대 가능(융자상환금조정형 제외)

7 긴급경영안정자금

◆ 사업목적 및 융자규모

가. 사업목적
 ◦ 재해 피해 기업, 일시적 경영애로 기업에 긴급한 자금소요를 지원하여 중소기업의 안정적인 경영기반 조성

나. 지원규모 : 2,500억원

7.1 긴급경영안정자금(재해중소기업지원)

☐ **(대상)** 「재해 중소기업 지원지침(중소벤처기업부 고시)」에 따라 '자연재난' 및 '사회재난'으로 피해를 입은 중소기업

 * 특별자치시장·특별자치도지사(관할 구역 안에 지방자치단체인 시·군이 있는 특별자치도의 도지사는 제외)·시장·군수 또는 구청장(구청장은 자치구의 구청장을 말하며, 이하 "시장등")이 발급한 「재해중소기업 확인증」 제출

※ 긴급경영안정자금(재해중소기업지원) 우대 사항

- 융자계획 공고 Ⅲ.유의사항(융자제한기업) ①항(우량기업), ②항(휴·폐업기업), ③항(세금체납기업), ⑩항(부채비율초과기업) 적용 예외
  (단, ②항(휴·폐업기업) 예외 적용의 경우 재해를 직접적인 원인으로 한 휴업, ③항(세금체납기업) 예외 적용의 경우 압류·매각의 유예에 한함

☐ **(융자방식)** 직접대출

☐ **대출조건**

구분	대출 조건
대출한도	(직접대출, 운전) 피해금액 이내에서 최대 10억원 (3년간 15억원 이내)
대출기간	(직접대출, 운전) 5년 이내 (거치기간 : 2년 이내)
대출금리	(직접대출, 운전) 1.9%(고정)
기　타	• 운전자금의 용도는 직접 피해 복구에 소요되는 비용

7.2　긴급경영안정자금(일시적경영애로)

☐ **(대상)** '① 경영애로 사유'로 일정 부분 피해('② 경영애로 규모')를 입은 일시적 경영애로 기업 중 경영정상화 가능성이 큰 기업

※ 긴급경영안정자금(일시적경영애로) 우대 사항

- 융자계획 공고 Ⅲ.유의사항(융자제한기업) ⑩항(부채비율초과기업) 적용 예외

- 정부 산업구조조정 대상 업종(조선, 자동차, 해운, 철강, 석유화학), 원전 협력 중소기업, 대유위니아그룹 계열사 회생신청에 따른 피해 협력기업은 융자계획 공고 Ⅲ. 유의사항(융자제한기업) ①항(우량기업), ③항(세금체납기업), ⑩항(부채비율초과기업) 적용 예외 (단, ③항(세금체납기업) 예외 적용의 경우에도 압류·매각의 유예에 한함)

① 경영애로 사유

- 환율피해
- 대형사고(화재 등)
- 대기업 구조조정
- 정부의 산업구조조정 대상업종(조선, 자동차, 해운, 철강, 석유화학) 관련 피해
- 주요거래처 도산 및 결제조건 악화
- 기술유출 피해
- 불공정거래행위, 기술침해, 외국기업 또는 대기업과의 특허분쟁에 따른 피해
- 한·중 FTA 지원업종(피해)(참고11)
- 고용위기 또는 산업위기지역 소재 중소기업
- 산업위기 선제대응지역 소재 중소기업
- 화학안전 법령 이행
- 중소기업 특별지원지역 경영애로
- 개성공단 입주 철수기업
- 우크라이나 사태 피해기업
- 원전 협력 중소기업(단, 사업계획 및 자금 사용 목적이 원전 사업 추진을 위한 경우에 한하여 지원)
- 원자재 가격급등으로 인한 생산 등의 애로 중소기업
- 정의로운전환 특별지구에 소재한 중소기업
- 대유위니아그룹 계열사 회생신청에 따른 피해 협력기업
- 위메프, 티몬, 인터파크쇼핑, AK몰 또는 알렛츠로부터 판매대금 미정산 피해를 입은 것으로 인정(셀러허브를 통한 입점기업 포함)되는 중소기업
- 기타 중소벤처기업부장관이 지원이 필요하다고 인정하는 사유
  ※ 제품과 서비스의 시장성 부족 등에 따른 영업부진 등은 제외

② 경영애로 규모 : 매출액 또는 영업이익이 10% 이상 감소한 기업, 대형사고(화재 등)로 피해규모가 1억원 이상인 기업

비교 시점	(연도) 직전연도와 직전전연도 (반기) 직전반기와 직전전반기, 직전반기와 전년동반기 (분기) 직전분기와 직전전분기, 직전분기와 전년동분기 (월별) 신청전월과 전전월, 신청전월과 전년동월

※ 긴급경영안정자금(일시적경영애로) 경영애로 규모 요건 적용 예외
- 고용위기 또는 산업위기지역 소재 중소기업
- 조선업 관련 피해기업　　　　• 중소기업 특별지원지역 소재 중소기업
- 우크라이나 사태 피해기업　　• 원전 협력 중소기업
- 기술침해 피해기업
- 대유위니아그룹 계열사 회생신청에 따른 피해 협력기업

③ 신청기한 : 경영애로 피해 발생(피해 비교 가능시점) 후 6개월 이내
* 단, 정부의 산업구조조정대상 업종 관련 피해기업은 신청기한을 경영애로 피해발생 후 1년 이내로 우대

☐ **(융자방식)** 직접대출

☐ **대출조건**

구분	대출 조건
대출한도	(직접대출, 운전) 10억원 이내(3년간 15억원 이내)
대출기간	(직접대출, 운전) 5년 이내 (거치기간 : 2년 이내)
대출금리	정책자금 기준금리(변동) + 0.5%p
기 타	• 운전자금의 용도는 경영애로 해소 및 경영정상화에 소요되는 경비

8 밸류체인안정화자금

◆ 사업목적 및 융자규모

가. 사업목적
◦ 단기 생산자금 공급, 중소기업 보유 매출채권의 조기 유동화를 지원하여 단기 유동성 공급 강화

나. 지원규모 : 1,985억원

8.1 동반성장 네트워크론

□ **(대상)** 중진공과 동반성장 협약을 체결한 발주기업이 추천하는 「중소기업기본법」 제2조에 따른 수주 중소기업

o 최근 3개년 결산재무제표(동일 사업자번호 기준)를 보유하면서, 발주기업과 최근 1년 이내 거래실적을 보유하고 있는 기업

□ **(지원방식)** 발주서를 근거로 납품 前 수주기업에 생산자금을 대출하고, 납품 및 채권양수도 후 발주기업으로부터 대금 회수

【 동반성장 네트워크론 지원 절차 】

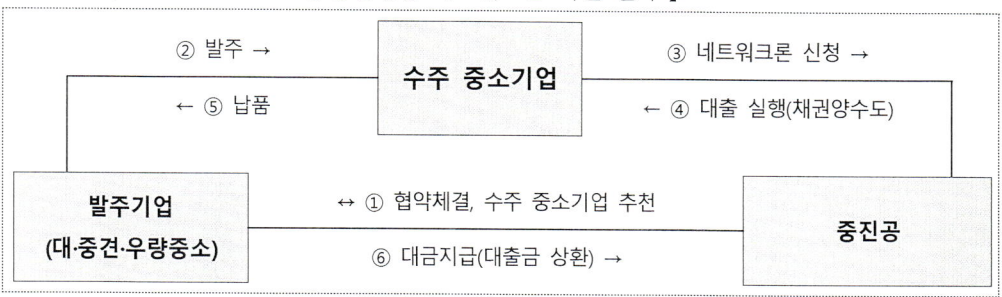

※ 동반성장 네트워크론의 세부 지원대상, 지원조건, 지원절차 등은 1.9일 공고 예정

8.2 매출채권팩토링

□ **(대상)** 최근 3개년 결산재무제표를 보유하고, 구매기업과 1년 이상 거래 실적을 보유하고 있는 「중소기업기본법」 제2조에 따른 중소기업

  * 타 정책기관(신용보증기금, 기술보증기금) 팩토링 제도를 활용 중인 기업은 신청대상에서 제외

□ **(지원방식)** 중진공이 판매기업의 매출채권을 '상환청구권 없이' 인수하여 자금을 공급하고 구매기업으로부터 매출채권 대금회수

【 매출채권팩토링 지원 절차 】

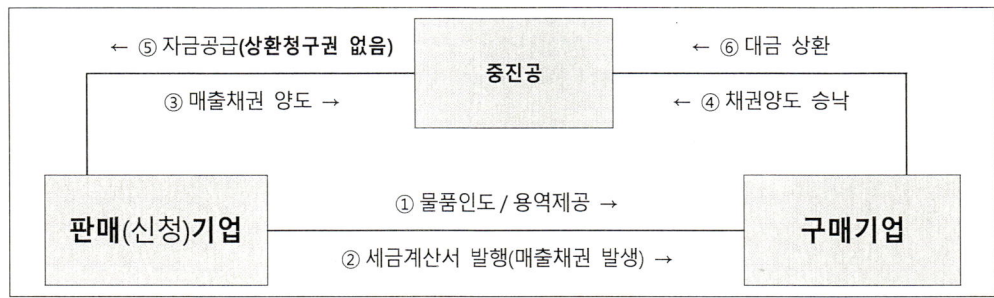

* 판매기업 : 구매기업에 물품 또는 용역을 제공하고 매출채권을 취득한 기업
** 구매기업 : 판매기업으로부터 물품 또는 용역을 제공받음으로써 매출채권에 대하여 상환의무를 부담하는 기업

※ 매출채권팩토링의 세부 지원대상, 조건, 방식, 절차 등은 1.9일 공고 예정

9. 정책자금 신청·접수 문의처

□ 중소기업 통합콜센터(전국 어디서나 국번없이 ☎ 1357) 또는 정책자금 안내 콜센터(☎ 1811-3655)

○ 중소벤처기업진흥공단 지역본·지부 소재지

지역본(지)부		주소	청년창업 자금문의	재도전종합 지원센터
수도권	서울지역본부	서울 중구 무교로 21 더익스체인지서울 빌딩 5층	○	○
	서울동부지부	서울 서초구 서초대로 45길 16 VR빌딩 1층	○	
	서울서부지부	서울 금천구 가산디지털1로 181 가산W센터 413호	○	
	서울남부지부	서울 서초구 서초대로 45길 16 VR빌딩 1층	○	○
	인천지역본부	인천 연수구 갯벌로 12 갯벌타워 14층	○	○
	인천서부지부	인천 서구 봉수대로 806, 인천아시아드주경기장 3층(서측)		
	경기지역본부	경기 수원시 영통구 광교로 107 경제과학진흥원 11층	○	○

	지역본(지)부	주소		
	경기동부지부	경기 성남시 분당구 양현로 322 코리아디자인센터 2층		
	경기서부지부	경기 안산시 단원구 광덕대로 243, 신용보증기금 빌딩 1층		
	경기남부지부	경기 화성시 봉담읍 동화길 51 원희캐슬봉담 4층 431-434호		
	경기북부지부	경기 고양시 일산동구 일산로 138 일산테크노타운 관리동 102호	○	○
강원	강원지역본부	강원 춘천시 중앙로 54 우리은행빌딩 5층	○	○
	강원영동지부	강원 강릉시 강릉대로 33 강릉시청 15층		
충청	대전지역본부	대전 서구 청사로 136 대전무역회관 15층	○	○
	세종지역본부	세종 한누리대로 320, 리치먼드시티 2층	○	○
	충남지역본부	충남 천안시 서북구 광장로 215 충남경제종합지원센터 4층	○	○
	충북지역본부	충북 청주시 흥덕구 풍산로 50 중소기업종합지원센터 4층	○	
	충북북부지부	충북 충주시 번영대로 200 2층		
전라	전북지역본부	전북 전주시 완산구 홍산로 276 전주상공회의소 4층	○	○
	전북서부지부	전북 군산시 대학로 331 한화생명 4층		
	광주지역본부	광주 서구 상무중앙로84(차평동) 상무트윈스빌딩 6층	○	○
	전남지역본부	전남 무안군 삼향읍 오룡3길 2 중소기업종합지원센터 4층	○	○
	전남동부지부	전남 순천시 장명로 18, 순천상공회의소 3층		
경상	대구지역본부	대구 북구 엑스코로 10 대구전시컨벤션센터 4층	○	○
	경북지역본부	경북 구미시 이계북로 7 경북경제진흥원 5층	○	○
	경북동부지부	경북 포항시 남구 지곡로 394 포항테크노파크 1층		
	경북남부지부	경북 경산시 삼풍로 27 경북테크노파크 본부동 501호		
	부산지역본부	부산 부산진구 중앙대로 639, 엠디엠타워 23층	○	○
	부산동부지부	부산 해운대구 센텀동로 99 벽산e-센텀클래스원 201~202호		
	울산지역본부	울산 남구 삼산로 274 W-Center 14층	○	○
	경남지역본부	경남 창원시 의창구 원이대로 362 창원컨벤션센터 3층	○	○
	경남동부지부	경남 김해시 주촌면 골든루트로 80-16 중소기업비즈니스센터 4층		
	경남서부지부	경남 진주시 영천강로 167 이노휴먼씨티 3층		
제주	제주지역본부	제주 제주시 연삼로 473 제주중소기업종합지원센터 3층	○	○

◦ 중소벤처기업진흥공단 지역본·지부 관할 구역

지역본(지)부		관 할 구 역
수도권	서울지역본부	중구, 강북구, 노원구, 도봉구, 동대문구, 마포구, 서대문구, 성동구, 성북구, 용산구, 은평구, 종로구, 중랑구
	서울동부지부	강동구, 광진구, 송파구
	서울서부지부	양천구, 금천구, 강서구, 관악구, 구로구, 동작구, 영등포구
	서울남부지부	서초구, 강남구
	인천지역본부	연수구, 계양구, 남동구, 부평구, **부천시**
	인천서부지부	서구, 동구, 미추홀구, 중구, 강화군, 옹진군, 김포시

	경기지역본부	수원시, 안성시, 용인시, 과천시, 안양시, 의왕시, 군포시
	경기동부지부	광주시, 구리시, 남양주시, 성남시, 이천시, 하남시, **가평군**, 양평군, 여주시
	경기서부지부	시흥시, 광명시, 안산시, **화성시(송산면, 서신면, 마도면, 남양읍, 비봉면)**
	경기남부지부	화성시, 평택시, 오산시
	경기북부지부	고양시, 동두천시, 양주시, 의정부시, 파주시, 포천시, 연천군, 김포시, 부천시
강원	강원지역본부	춘천시, 원주시, 양구군, 영월군, 인제군, 정선군, 철원군, **평창군**, 홍천군, 화천군, 횡성군, **가평군**
	강원영동지부	강릉시, 동해시, 삼척시, 속초시, 태백시, 고성군, 양양군, **평창군**, **정선군**
충청	대전지역본부	대전시, 계룡시, 논산시, 금산군, **옥천군**, **영동군**
	세종지역본부	세종시, 공주시, 청양군, 보령시, 부여군, 서천군
	충남지역본부	천안시, 서산시, 아산시, 당진시, 예산군, 태안군, 홍성군
	충북지역본부	청주시, 보은군, **영동군**, **옥천군**, 진천군, 증평군, **음성군**
	충북북부지부	충주시, 제천시, 괴산군, 단양군, **음성군**
전라	전북지역본부	전주시, 남원시, 무주군, 순창군, 완주군, 임실군, 장수군, 진안군, 정읍시, 익산시, 김제시
	전북서부지부	군산시, 고창군, 부안군, 서천군, 익산시
	광주지역본부	광주시, **나주시**, 담양군, **영광군**, 장성군, **함평군**, 화순군
	전남지역본부	무안군, 목포시, 강진군, 신안군, 영암군, 완도군, 진도군, 해남군, **영광군**, **함평군**, **나주시**, 장흥군
	전남동부지부	순천시, 광양시, 여수시, 고흥군, 곡성군, 구례군, 보성군, **장흥군**
경상	대구지역본부	대구시, **고령군**, 군위군
	경북지역본부	구미시, 김천시, 문경시, 상주시, 안동시, 영주시, **고령군**, **군위군**, 봉화군, 성주군, 예천군, 의성군, 칠곡군
	경북동부지부	포항시, 경주시, 영덕군, 영양군, 울릉군, 울진군, 청송군
	경북남부지부	경산시, 영천시, 청도군
	부산지역본부	사상구, 강서구, 동구, 부산진구, 북구, 사하구, 서구, 영도구, 중구
	부산동부지부	해운대구, 금정구, 남구, 동래구, 수영구, 연제구, 기장군
	울산지역본부	울산시, **경주시(외동읍, 내남면, 산내면)**, 양산시
	경남지역본부	창원시, 의령군, 함안군, 창녕군
	경남동부지부	김해시, 밀양시, **양산시**
	경남서부지부	진주시, 거제시, 사천시, 통영시, 거창군, 고성군, 남해군, 산청군, 하동군, 함양군, 합천군
제주	제주지역본부	제주시, 서귀포시

※ 굵은 글씨는 지역본·지부 복수 관할지역

② 기술보증기금

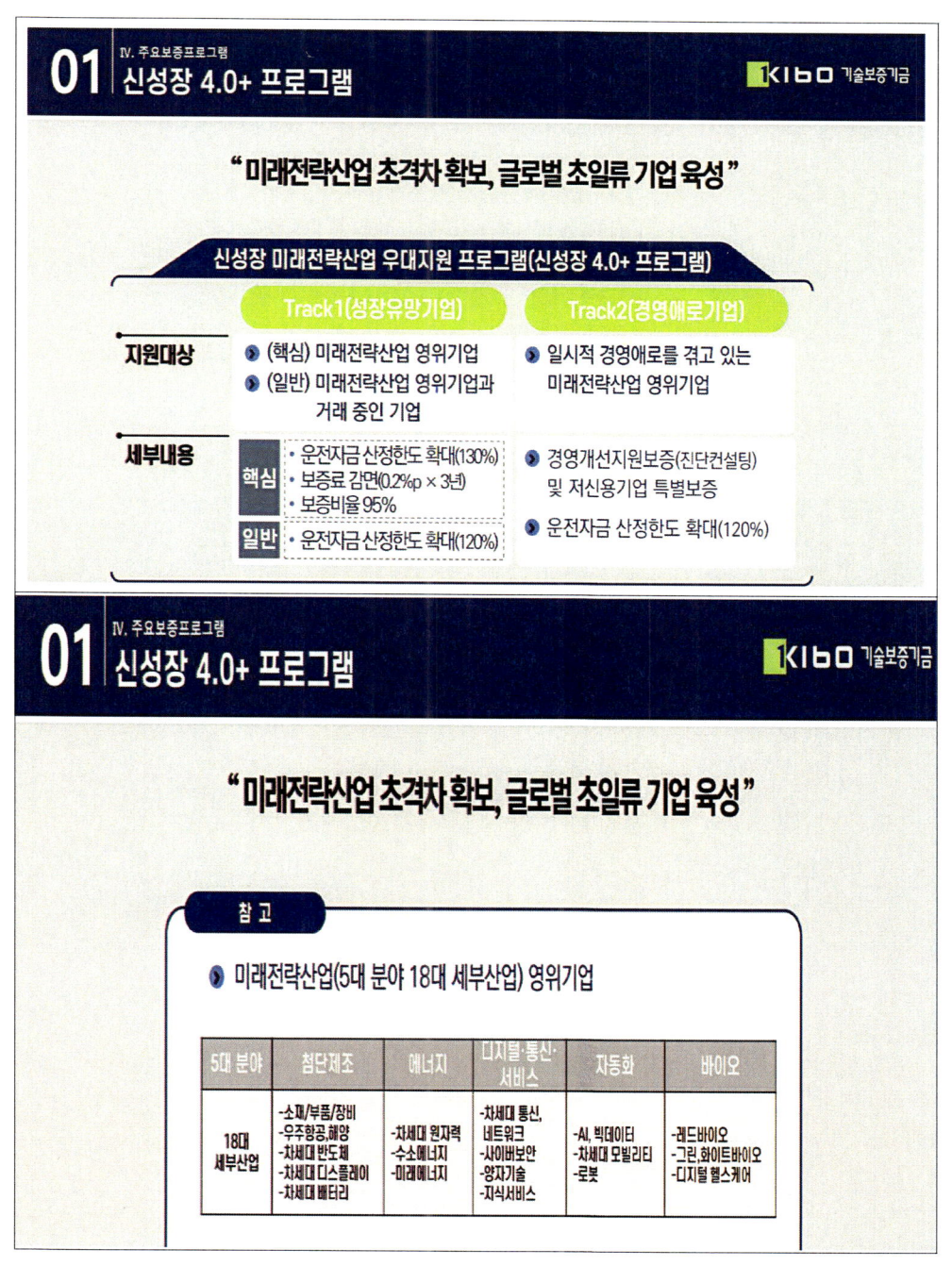

02 Ⅳ. 주요보증프로그램 — 스케일업 보증

" 高기술·高성장 혁신기업 선별 및 성장 견인, 스케일업 추진 "

- **지원대상**
  - ◆ 다음 요건을 모두 충족하는 신성장 미래전략산업 영위기업
    - 창업 후 3년 초과
    - 최근 3회계년도 중 2개년 평균 매출증가율이 20%이상
    - 기금 기술평가에 의한 기술사업평가등급 BB등급 이상, 기술사업성장성등급 G6 등급 이상

- **지원내용**
  - ◆ (보증비율) 최대 95% (보증료) 최대 0.5%p 감면
  - ◆ (우대금액) 기업당 최대 100억원(기술사업평가등급 등에 따라 차등)

03 Ⅳ. 주요보증프로그램 — 소부장 특례보증

**" 소부장 기업 육성, 소부장 강국 도약과 대외의존형 산업구조 탈피 및
글로벌 공급망 위기 극복을 위한 공급망 관련 산업 지원 체계 강화 "**

소·부·장 특례보증

	Track1(강소기업)	Track2(일반기업)	Track3(공급망)
지원대상	● 중기부 선정 강소기업 100+ ● 창진원 선정 스타트업 100 ● 산자부 선정 소부장 으뜸기업	● Tech-Bridge 활용 기업 ● 상생모델 선정기업 ● R&D 과제 선정(추진) 중인 기업	● 공급망안정화 선도사업자 ● 선도사업자 협력기업 ● 공급망안정화기금운용심의회 인정기업
세부내용	● (보증한도) 최대 30억원 이내 ● (보증비율) 95% ● (보증료) 0.4%p 감면	● (보증한도) 최대 15억원 이내 ● (보증비율) 90% ● (보증료) 0.3%p 감면	● (보증한도) 기금 내규에 따름 ● (보증비율) 85% ● (보증료) 최대 0.4%p 감면

04 Ⅳ. 주요보증프로그램
스마트제조서비스 우대보증

" 스마트공장 도입기업 등을 우대지원하여
기업현장의 스마트화 지원 "

지원대상
- ◆ 스마트공장 도입기업(예정포함)
  - 스마트공장 정부사업 참여기업
  - 스마트공장구축확인 기업
  - 기보 자체판별 기업
  - 첫공장 스마트화 추진 제조 스타트업
- ◆ 스마트공장 공급기업
- ◆ 스마트서비스 기업

지원내용
- ◆ (보증비율) 최대 100%
- ◆ (보증료) 보증료율 감면 최대 0.5%p, 구축단계에 따라 0.5% 고정요율 적용 가능

05 Ⅳ. 주요보증프로그램
수출기업 우대보증

" 수출잠재력 확충 및 글로벌 진출 도모,
수출실적 성장단계별 맞춤형 지원 "

지원대상
- ◆ 1. 수출예상기업(수출실적 비율 10% 미만 or 향후 수출 예상)
- ◆ 2. 수출실적기업(수출실적 비율 10% 이상)
- ◆ 3. 수출주력기업(수출실적 비율 30% 이상 or 수출실적이 1백만불 이상)
- ◆ 4. 수출우수기업(수출실적이 5백만불 이상)
- ◆ 수출선정기업
  - 정부 및 유관기관 선정기업(중벤공 '온라인 수출 패키지 사업' 참여기업, 브랜드K, 수출바우처 등)
  - 수출다변화 성공기업(전기 대비 당기 수출국가 확대 등)

지원내용
- ◆ (보증비율) 최대 95% (보증료) 최대 0.4%p 감면
- ◆ (정부사업 연계) 중기부 글로벌 강소기업 1,000+ 프로젝트 선정기업 추가 연계지원

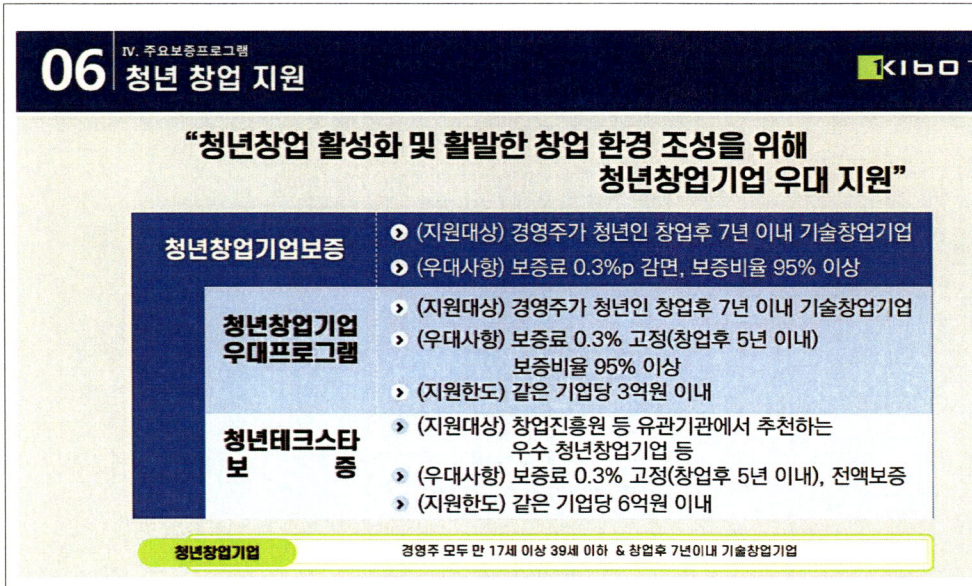

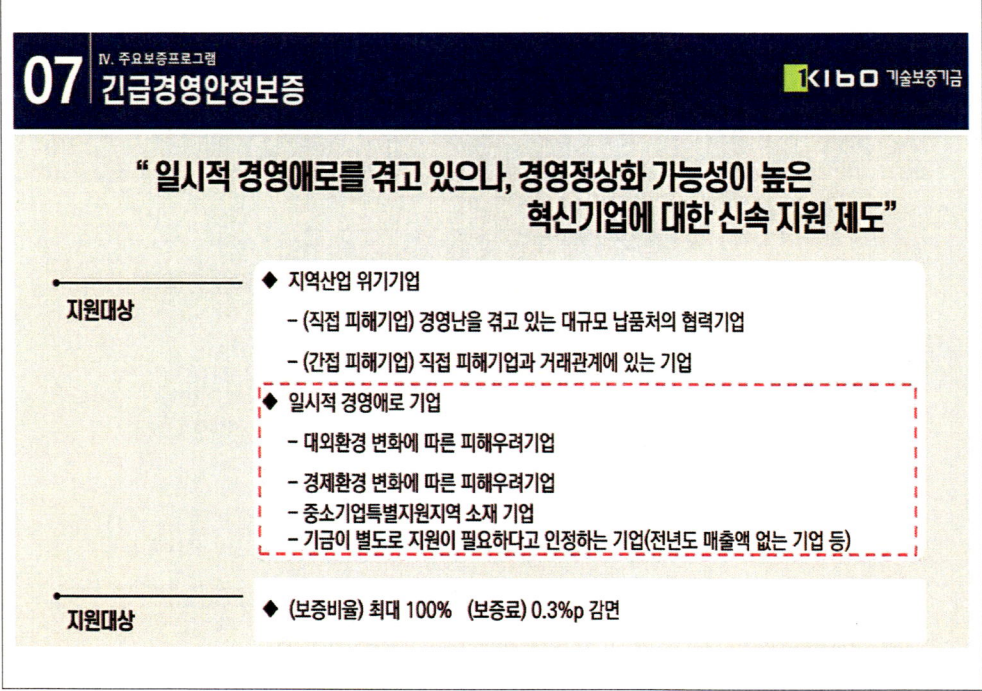

08 Ⅳ. 주요보증프로그램
공공구매 특례보증

**"기술력·사업성이 우수한 스타트업 제품에 대해
공공기관의 제품구매를 촉진하기 위한 제도"**

공공구매를 활용한 수요창출을 통해 기업의 판로지원

	Track1(사전보증)	Track2(납품보증)
지원대상	● 구매기관에 제품, 소프트웨어 등을 납품 예정인 창업기업	● 구매기관과 제품, 소프트웨어 등에 대해 납품계약을 체결한 창업기업

세부내용

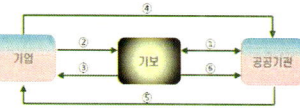

① (공공기관, 기보) 보증서 발급 대상 기관을 사전 확정
② (기업) 해당 공공기관에 제품을 납품하고자 하는 기업이 기보에 사전보증 신청
③ (기보) 기업에 "기술보증 예정확인서" 발급
④ (기업) 기업은 공공기관에 "기술보증 예정확인서" 제공
⑤ (공공기관) "기술보증 예정확인서"를 참고하여 수의계약 등 체결(레퍼런스 활용)
⑥ (기보) 공공기관에 대해 납품보증서 발급
- (대위변제) 사고사유(계약해제·환불사유)발생시 기보는 공공기관에 기업이 환불해야할 금액을 대위변제

09 Ⅳ. 주요보증프로그램
R&D보증

**" 아이디어 단계부터 사업화에 이르기까지
全 주기 R&D 금융 을 통한 맞춤형 금융지원 시스템"**

지원대상

◆ (개발단계) : R&D 체크리스트(개발단계)를 충족하는 기업

◆ (사업화단계)
- 개발기간 종료 후 3년 이내의 기업자체 R&D 과제
- 최근 3년 이내 개발성공 판정을 받은 정부출연 R&D 과제
- 최근 3년 이내 기술이전을 받은 공공연이전 R&D 과제

지원내용

◆ (보증비율)
- 개발단계 : 95%이내(창업 후 7년 이내 100%)
- 사업화단계 : 85%이내(정부출연 R&D과제에 대한 보증 95%)

◆ (보증료) 0.3%p 감면

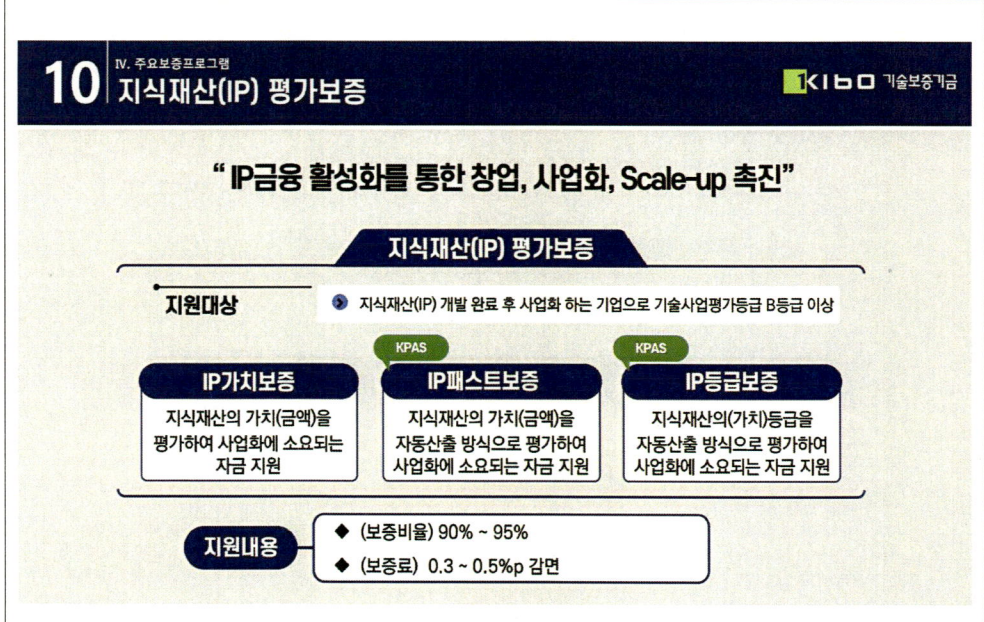

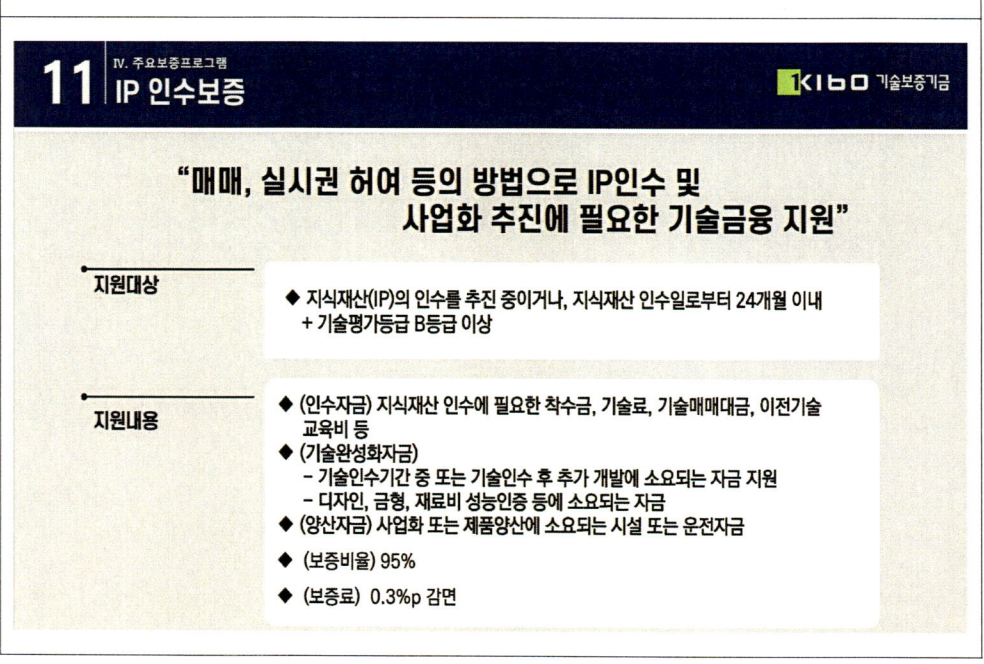

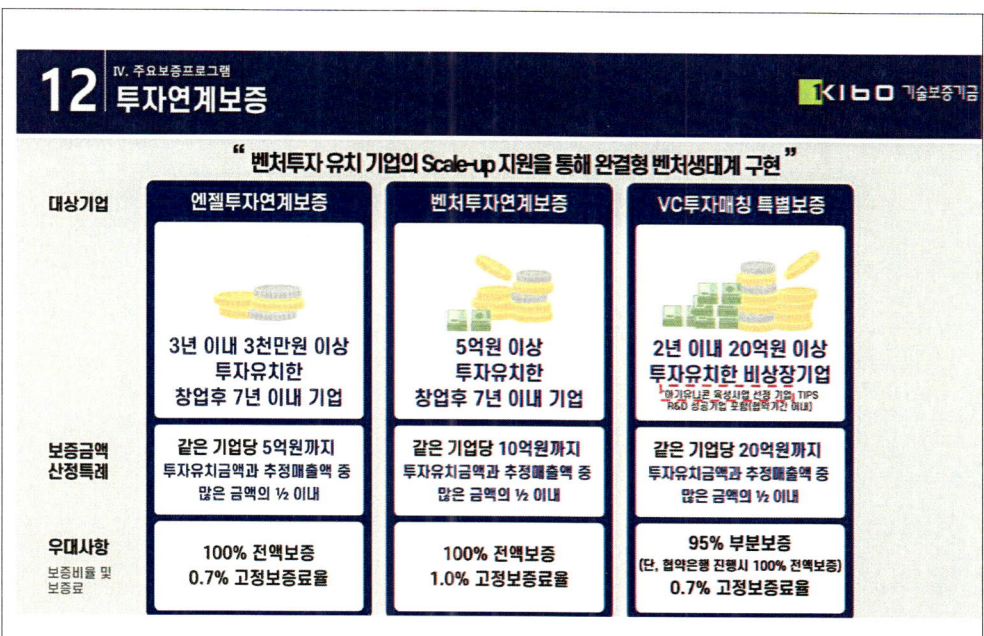

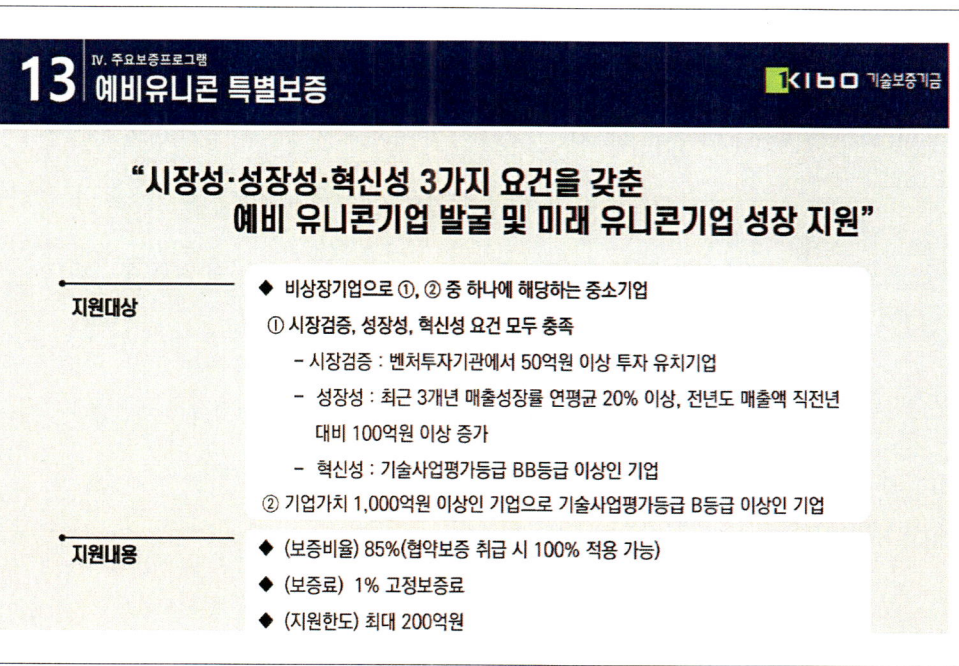

14. M&A 관련 보증 제도

"중소벤처기업에 대한 맞춤형 M&A 보증 지원"

M&A 관련 보증 제도

	기업인수보증	기술혁신형 M&A 특례보증	기업승계형 M&A 특례보증
지원대상	기업 인수·합병(구조조정)을 추진 중인 기업	기업 인수·합병을 추진 중인 기술혁신형(우수기술)기업	대표자가 고령(60세이상)인 기업을 인수하고자 하는 기업
세부내용	(대상자금) 기업인수자금, 기술개발자금, 설비도입자금, 사업화자금 등 (지원한도) 기금내규에 따름 (보증료) (일반 + 성과) 보증료	(대상자금) 기업인수자금 및 부대비용 (지원한도) 최대 200억원 이내 (보증료) 고정보증료(0.5%)	(대상자금) 기업인수자금 및 부대비용 (지원한도) 최대 100억원 이내 (보증료) 일반보증료

15. 탄소가치평가보증

"중소·벤처기업 저탄소 혁신성장 지원, 탄소중립 사회로의 이행"

지원대상

◆ 온실가스 감축 성과가 예상되는 ①외부감축기업, ②자체감축기업, ③신·재생에너지 분야 기업에 대한 우대지원

지원유형	❶ 외부감축기업	❷ 자체감축기업	❸ 신재생에너지기업
대상	우수기술 보유 기술혁신형기업 등	中·高탄소 업종 영위 기술혁신형기업 등	신재생에너지 발전·산업 영위기업
탄소감축 내용	탄소저감 기술 및 제품·부품·소재 사업화를 통해 탄소감축에 기여	기업 內 시설도입(교체), 연료전환 등을 통해 탄소감축 프로젝트를 추진	태양광, 바이오, 폐기물, 풍력, 연료전지, 수력 등

지원내용

◆ (보증료율 감면) 탄소감축 기여수준에 따라 보증료 감면 차등화(0.2% ~ 0.4%p 감면)

◆ (추가 한도지원) 기업의 온실가스 감축량을 화폐가치로 평가하여 기존 운전자금 한도금액에 가산하여 지원(시설자금은 해당 시설 소요자금 이내 지원)

③ 소상공인시장진흥공단(정책자금)

1. 융자대상

(1) 공동지원 자격

- [소상공인 보호 및 지원에 관한 법률]상 소상공인 : 상시근로자 5인 미만 업체(제조업, 건설업, 운수업, 광업 : 상시근로자 10인 미만 업체)
- 제외업종 : 유흥 향락 업종, 전문업종, 금융업, 보험업, 부동산업 등

(2) 세부 지원요건(2025년 정책자금)

구분	세부	신청요건 * 세부 신청요건은 반드시 공지사항을 참고하시기 바랍니다.
성장기반자금	소공인 특화자금	(대리대출)제조업을 영위하는 상시근로자수 10인 미만의 소상공인
	혁신성장촉진자금	(직접대출) ① (혁신형) 수출 소상공인, 2년 연속 매출 10% 이상 신장, 스마트 공장 도입 소상공인, 사회적경제기업, 강한 소상공인·로컬크리에이터 ② (일반형) 스마트기술·온라인활용, 백년소공인(백년가게) 등 혁신형 소상공인, 신사업창업사관학교 수료생
	민간투자연계형매칭융자	(직접대출) 소상공인시장진흥공단에 의해 지정된 전문 운영기관을 통해 투자금을 지원받고 소상공인 선투자 추천서를 발급받은 소상공인
일반경영안정자금	일반자금	(대리대출)업력무관 소상공인
특별경영안정자금	긴급경영안정자금 (재해피해)	(대리대출)재해 피해를 입고, 지자체에서 "재해 중소기업(소상공인) 확인증"을 발급받은 소상공인
	긴급경영안정자금(일시적 경영애로)	(대리대출)지역경제 위기가 우려되는 지역 또는 감염병 등으로 영업에 피해를 입은 소상공인
	장애인기업지원자금	대리대출)장애인복지카드(국가유공자 카드(또는 증서)) 또는 장애인기업확인서를 소지한 장애 소상공인(또는 기업)
	저신용소상공인 자금	(직접대출)소상공인 지식배움터(http://edu.sbiz.or.kr) 내 신용관리 교육을 사전에 이수한 저신용(NCB 744점 이하) 소상공인
	재도전특별	(직접대출)

	자금	① (재창업 준비단계) 최근 1년 이내 소상공인희망리턴패키지사업의 재창업교육을 수료한 소상공인 ② (재창업 초기단계) 재창업 업력 7년 미만으로 공단에서 요구하는 조건을 모두 충족하는 소상공인 ③ (재창업 초기단계) 3개월 이상 휴업 후 영업 재개, 업종전환 또는 매출감소로 인해 사업장을 이전한 소상공인 ④ (채무조정) '채무해소 재기지원종합패키지 참여기관'에서 인정한 성실상환 소상공인
	청년고용연계 자금	(대리대출) ① 업력 3년 미만의 청년 소상공인(만39세 이하) ② 상시근로자 중 과반수 이상 청년 근로자(만39세 이하)를 고용 중이거나 최근 1년 이내 청년 근로자 1인 이상 고용한 소상공인
	대환대출	(대리대출)중·저신용 소상공인이 보유한 은행권·비은행권 사업자 대출 중, 고금리 대출 또는 만기연장에 애로가 있는 대출

* 각 자금별 접수 순서대로 처리, 한도 소진 시 마감

2. 금리안내

(1) 2025년 자금별 대출금리(매분기별로 변동)

'25년 1/4분기 정책자금 금리('25. 1. 10.부터 적용)

구분	자금구분	기준금리	가산금리	금리
직접대출	혁신성장촉진자금	2.98%	+0.4%p	연3.38%
	민간투자연계형매칭융자	2.98%	+0.4%p	연3.38%
	신용취약소상공인자금	2.98%	+1.6%p	연4.58%
	긴급경영안정자금(일시적 경영애로)	2.98%	+0.0%p	2.98%
	재도전특별자금(일반형)	2.98%	+1.6%p	연4.58%
	재도전특별자금(희망형)	2.98%	+0.6%p	연3.58%
대리대출	소공인특화자금	2.98%	+0.6%p	연3.58%
	일반자금	2.98%	+0.6%p	연3.58%
	긴급경영안정자금(재해피해)	고정금리		연2.00%
	긴급경영안정자금(일시적 경영애로)	2.98%	+0.0%p	연2.98%
	장애인기업지원자금	고정금리		연2.00%
	청년고용연계자금	2.98%	+0.0%p	연2.98%
	대환대출	고정금리		연4.50%

3. 융자절차(온라인 이용 절차)

    (1) 직접대출(대출신청) 직접대출 이용안내 영상보기

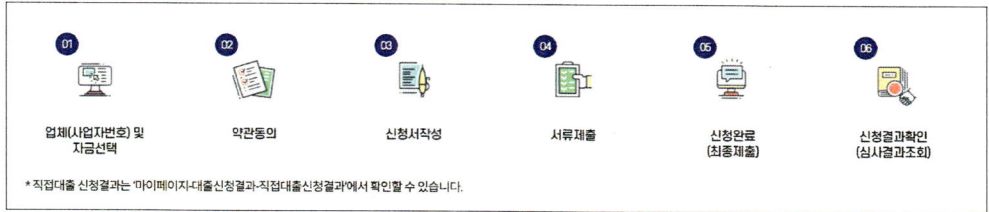

    (2) 대리대출(소상공인정책자금 지원대상 확인서 발급 신청) 대리대출 이용안내 영상보기

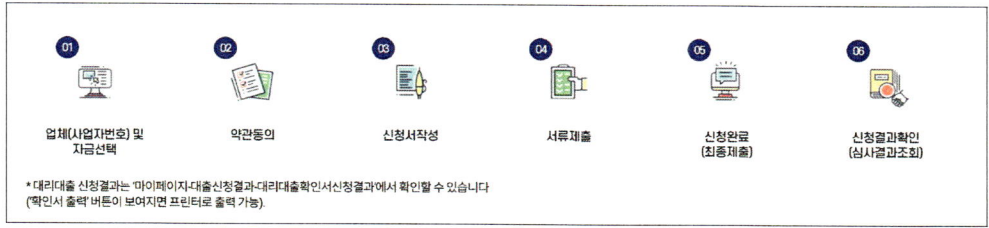

○ 접수시기
   * 직접대출: 매월 첫째주 접수개시
   - 신청결과는 공단에서 지원대상 여부확인 및 대출심사(신용사업성평가)한 이후 확인가능합니다.
   * 대리대출: 매분기 첫째주 접수개시
   - 확인서는 공단에서 지원대상 여부 확인 및 발급승인한 이후부터 유효기간(90일) 출력 가능합니다.
   - 확인서 유효기간이 만료된 경우(효력상실), 대리대출접수기간 내에 재신청할 수 있습니다.
   ☞ 정책변동 및 예산상황 등에 따라, 접수시기는 변동 가능

○ 유의사항
 • 공통사항
   - 서류제출 기한이 지나면 자동으로 신청취소 처리됩니다.
   - 신청완료 후 신청결과(반려, 승인, 불가)를 문자(또는 알림톡)으로 안내드리오니, 휴대전화번호를 정확히 입력하시기 바랍니다.
   - 접수량이 많은 경우 신청결과 확인까지 다소 기간이 소요됩니다.

4 경기신용보증재단

1. 신용보증이란?

소상공인 및 중소기업 등이 금융기관으로부터 사업자금을 대출받고자 할 때 사업성 및 수익성 등을 종합적으로 평가하여 신용상태가 양호하다고 판단될 경우 신용보증기관이 신용을 담보로 금융기관에 보증을 서주는 제도입니다.

금융기관으로부터 대출을 받을 때 담보문제를 해소할 수 있어 기업이 보다 원활하게 자금을 융통하실 수 있습니다

2. 지원규모 및 운용현황

* 현재 화면은 "연간" 배정규모와 한도여유액을 표시하므로, 한도여유액이 있음에도 불구하고 상반기 배정한도가 소진된 경우 상반기 자금신청이 불가할 수 있습니다.

* 현재 화면의 지원실적은 전일 24시 기준 지원현황입니다.

* "지원실적"은 지원승인현황으로 신청현황 포함 시 조기마감 될 수 있습니다.

지원자금	지원규모	지원실적	한도여유액
총계	2,000,000	819,938	1,226,062
운전자금	1,300,000	598,802	747,198
일반기업	630,000	250,595	370,289
신기술기업		1,055	
벤처창업기업		2,867	
여성창업기업		4,194	
소재·부품·장비국산화기업		1,000	
경기가족친화기업		0	
수출형기업	30,000	29,617	383
일자리창출기업	20,000	19,999	1
신성장혁신기업	30,000	17,300	12,700
지역균형발전기업	20,000	9,350	10,650
소상공인지원(창업)	100,000	42,570	67,430
소상공인지원(경영개선)	250,000	161,840	113,160
소상공인대환	100,000	29,517	80,483
희망특례특별	10,000	4,795	6,205
재해피해특별경영	50,000	24,103	25,897
특별경영예비자금	60,000	0	60,000
창업및경쟁력강화자금	700,000	221,136	478,864
일반기업	695,000	176,421	474,364
신기술기업		5,500	
벤처창업기업		17,133	
여성창업기업		5,387	
소재·부품·장비국산화기업		15,795	
지식산업센터 및 벤처집적시설 건립사업		0	
중소유통및상점가시설개선		400	
산업재해예방기업	5,000	500	4,500

제8장 중소기업 조세지원금

제1절 창업중소기업에 대한 조세지원

1. 지원대상
   (1) 창업 중소기업
   (2) 창업 후 3년 이내에 벤처기업으로 확인을 받은 중소기업
   (3) 창업보육센터사업자로 지정받은 자
   (4) 창업 후 4년 이내 에너지기술기업에 해당되는 중소기업

2. 대상업종

   광업, 제조업, 건설업, 음식점업, 출판업, 영상·오디오 기록물 제작 및 배급업, 방송업, 전기통신업, 컴퓨터 프로그래밍, 시스템통합 및 관리업, 정보서비스업, 연구개발업, 광고업, 그 밖의 과학기술서비스업, 전문디자인업, 전시 및 행사대행업, 창작 및 예술관련서비스업(자영예술가는 제외), 엔지니어링사업, 물류산업, 직업기술 분야를 교습하는 학원을 영위하는 사업·직업능력개발훈련시설을 운영하는 사업, 관광숙박업, 국제회의업, 유원시설업 및 관광객이용시 설업, 노인복지시설을 운영하는 사업, 전시사업, 인력공급 및 고용알선업, 건물 및 산업설비청소업, 경비 및 경호업, 시장조사 및 여론조사업, 사회복지서 비스업, 보안시스템서비스업, 통신판매업, 개인 및 소비용품수리업, 이용 및 미용업

3. 지원내용
   (1) 법인세 · 소득세 감면
      (가) 수도권과밀억제권역 외 지역에서 창업 또는 창업 후 3년 이내 벤처기업 확인 후 최초로 소득이 발생한 연도부터 3년간 75%, 2년간 50%(창업보육센터사 업자, 에너지신기술 중소기업(신성장서비스업은 제외)은 50%)
      (나) 청년(15~34세) 및 생계형(연매출 4,800만원 이하) 창업기업은 수도권과밀억 제권역 내의 경우 100%, 수도권과밀억제권역 내의 경우 50%
   (2) 창업중소기업, 창업벤처중소기업에 대한 지방세 감면

(가) 취득세 : 창업일로부터 4년간 75% 감면

(나) 재산세 : 창업일로부터 3년간 100%, 2년간 50% 감면

(다) 등록면허세 : 창업중소기업의 법인설립(4년내 자본 증자 포함)등기 및 창업중벤처기업 확인받은 중소기업의(확인일로부터 1년내) 법인 설립 등기시 면제

4. 창업·벤처기업 지원세제

(1) 창업투자회사 등의 주식양도차익 등에 대한 비과제
- 중소기업창업투자회사 등이 창업자, 벤처기업, 코넥스 상장기업 등에 출자한 주식의 양도차익과 배당소득에 대하여 법인세 면제

(2) 엔젤투자 세제지원
- 거주자가 벤처기업 등에 투자한 금액 중 3천만원 이하분 100%, 3천만원 초과 ~5천만원 이하분 70%, 5천만원 초과분 30% 소득공제

(3) 주식 매수 선택권 행사 이익에 대한 비과제 및 과세특례
- 벤처기업의 임원 또는 종업원이 벤처기업으로부터 부여받은 주식매수 선택권 행사함으로써 얻은 이익에 대해 비과세(연간 2천만원 한도)
- 벤처기업 임직원이 벤처기업으로부터 주식매수선택권을 부여받아 행사함으로써 얻은 이익에 대해 양도소득세 과세 가능

(4) 벤처기업, 창업보육센터에 대한 지방세 과세특례
- 벤처기업이 벤처기업육성촉진지구에서 고유업무에 직접 사용하기 위해 취득하는 부동산에 대해 취득세 및 재산세 감면(37.5%), 벤처기업직접시설, 창업보육센터 등에 입주하는 자에 대해서는 취득세, 재산세 등 중과세율 적용 배제

5. 중소기업 특별 세액감면

(1) 대상업종

작물재배업, 축산업, 어업, 광업, 제조업, 하수·폐기물 처리, 원료재생 및 환경복원업, 건설업, 도매 및 소매업, 운수업 중 여객운송업, 출판업, 영상·오디오 기록물 제작 및 배급업, 방송업, 전기통신업, 컴퓨터 프로그래밍, 시스템 통합 및 관리업, 정보서비스업, 연구개발업, 광고업, 과학기술서비스업, 포장 및 충전업, 전문디자인업, 창작 및 예술관련서비스업, 수탁생산업, 엔지니어링사업, 물류사업, 직업기술 분야 교습학원 운영하는 사업, 직업능력개발훈련 시설운영사업, 자동차정비공장 운영하는 사업, 선박관리업, 의료기관을 운영하는 사업, 관광사업, 노인복지시설 운영하는 사업, 전시사업, 인력공급 및 고용알선업, 콜센터 및 텔레마케팅 서비스업, 에너지절약전문기업이 하는 사업, 재가장기요양기관 운영업, 건물 및 산업설비 청소업, 경비 및 경호 서비스업, 시장조사 및 여론조사업, 사회복지서비스업, 무형재산임대업, 연구개발지원업, 개인간병인 및 유사 서비스업, 사회교육시설, 직원훈련기관, 기타 기술 및 직업훈련 학원, 도서관·사적지 및 유사 여가 관련 서비스업, 주택임대관리업, 신·재생에너지발전사업, 보안시스템서비스업, 임업

(2) 지원내용

- 지역, 업종, 기업 규모에 따라 법인세·소득세의 5~30% 감면

구 분	수 도 권	수 도 권 외
소기업	- 도·소매업, 의료업 10% - 상기 업종 외 20%	- 도·소매업, 의료업 10% - 상기 업종 외 30%
중기업	- 지식기반산업 10%(엔지니어링사업, 전기통신업, 연구개발업, 컴퓨터 프로그래밍, 시스템 통합 및 관리업, 영화·비디오물 및 방송프로그램 제작업, 전문디자인업, 오디오 출판 및 원판 녹음업, 광고업 중광고물 작성업, 소프트웨어 개발 및 공급업, 방송업, 정보서비스업, 서적·잡지 및 기타인쇄물출판업, 창작 및예술관련 서비스업)	- 도·소매업, 의료업 5% - 상기 업종 외 15%

☞ 장수 성실중소기업(10년이상 경영기업, 종합소득 1억원 이하, 소득세법상 성실사업자)의 경우10% 추가 감면

6. 투자촉진을 위한 세액공제

(1) 중소기업투자 세액공제

　중소기업이 사업용자산 등에 투자하는 경우 투자금액의 3% 세액공제

(2) 생산성 향상 시설투자 등에 대한 세액공제

　공정 개선 및 자동화시설 등에 투자한 금액의 7% 세액공제

(3) 기타 투자 세액공제

세액공제제도	수 도 권	수 도 권 외
R&D설비투자에 대한 세액공제	연구실험용시설, 직업 훈련용시설, 신기술 기업화를 위한 사업용자산 투자	7%
안전설비투자등에 대한세액공제	유통산업 합리와 촉진시설, 위탁기업체가수탁 기업체에 설치하는 검사대, 기술유출방지설비등 투자	10%
에너지절약시설투자에 대한세액공제	에너지절약형시설 등 투자	7%
환경보전설비투자에 대한세액공제	대기오염방지시설 등 투자	10%

7. 연구·인력개발비에 대한 세액공제

(1) 신성장동력·원천기술 연구개발비 : R&D비용의 30%를 세액공제

(2) 일반연구인력개발비 : 직전 과세연도의 R&D비용을 초과하는 금액의 50% 또는 당해연도 R&D비용의 25% 중에서 선택한 금액을 법인세·소득세에서 공제

(3) 당해 과세연도 이전 4년간 R&D비용이 발생하지 않거나 직전 과세연도 R&D비용이 소급 4년간 발생한 평균 R&D비용 보다 적을 때는 당해연도 발생비용의 25% 공제

8. 고용창출 및 유인을 위한 세액공제

세액공제제도	공제 대상	세액 공제율
고용증대세제	청년 등 상시근로자 수가 직전 과세연도보다 증가한 경우 증가인원단일정액 세액 공제	700~1,100만원 (청년은100만원 추가)
중소기업고용증가 인원에 대한사회보험료세액공제	전년대비 고용인원 증가하는 경우사회보험료 공제(국민연금, 고용보험,산업재해보상보험, 국민건강보험,장기요양보험)	청년: 100%청년 외 : 50%
중소기업비정규직의정규직 전환시세액공제	정규직으로 전환한 근로자 수	1인당 7백만원
청년 정규직근로자 증가시 세액 공제	청년 정규직 근로자 증가인원	1인당 1천만원

9. 가업상속 공제

- 10년 이상 사업을 영위한 사업자가 후계자에게 가업을 상속하는 경우 피상속인의 가업운영기간에 따라 가업상속재산의 100%(500억* 한도)를 과세가액에서 공제
- ☞ 10년 미만 : 200억원, 20년이상 : 300억원, 30년이상 : 500억원

10. 가업승계에 대한 증여세 과세특례

- 10년 이상 사업을 영위한 60세 이상 경영자가 18세 이상 자녀에게 주식 등을 증여(100억원 한도)하는 경우 증여세과세가액에서 5억원 공제 후 10%(30억원 초과 20%)저율로 과세

11. 제조시설이 없는 경우에도 제조업으로 인정받을 수 있는지 문의

- 한국표준산업분류에서 제조업의 정의는 "자기가 특정 제품을 직접 제조하지 않고, 다른 제조 업체에 의뢰하여 그 제품을 제조케 하여, 이를 인수하여 판매하는 경우"라도 다음의 4가지 조건이 모두 충족된다면 제조업으로 분류하고 있습니다.
- 즉, 이와 같이 외주가공 위탁 생산의 경우 통계청 해석이나 조세특례제한법 기본 통칙 4-2.4 (제조업의 범위) 에 따르면 위탁생산 제조업체가 국내기업

에 한하는 경우에만 인정하고 있음을 참고하시기 바랍니다.
(1) 생산할 제품을 직접 기획 (고안 및 디자인, 견본제작 등) 하고
(2) 자기 계정으로 구입한 원재료를 계약 사업체에 제공하여
(3) 그 제품을 자기 명의로 제조케 하고
(4) 이를 인수하여 자기 책임하에 직접 시장에 판매하는 경우

12. 기타

(1) 소기업·소상공인 공제 부담에 대한 소득공제
- 소기업·소상공인공제(노란우산공제)에 가입하여 납부한 공제부금의 일정액을 사업(근로)소득금액에서 공제
- ☞ 사업(근로)소득금액 4천만원 이하 5백만원, 4천만원~1억원 3백만원, 1억원 초과 2백만원

(2) 성실사업자 등에 대한 의료비, 교육비 등 세액공제
- 일정요건을 갖춘 성실 자영업자와 성실신고확인서를 제출한 성실신고 확인대상사업자에 대해 의료비, 교육비, 월세 세액공제

(3) 신용카드 매출 세액공제
- 사업자(직전연도 공급가액 10억원 이하)가 신용카드 등으로 결제 받는 경우 부가가치세액의 일정액을 공제(연간 1천만원 한도, 음식·숙박업 간이과세자 2.6%, 기타 사업자 1.3%)

(4) 면세농산물 등 의제매입 세액공제
- 면세농산물 등을 원재료로 하여 가공·창출한 재화·용역을 공급하는 사업자를 대상으로 매입

제9장 2025년 중소기업벤처기업부

제1절 중소기업 R&D 지원

1. 2025년 중소기업 R&D 지원개요

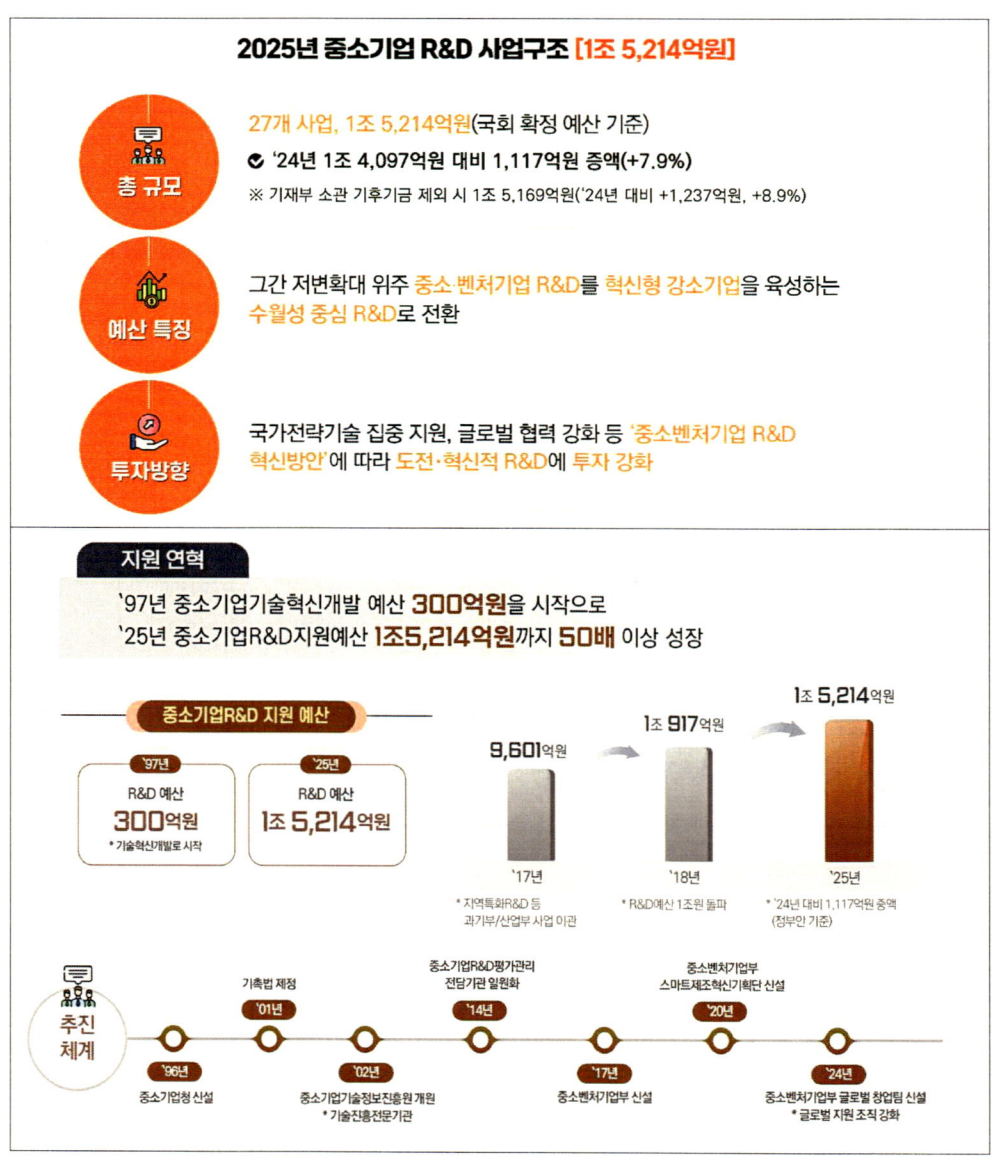

2. 중소기업 R&D 지원성과

02 중소기업 R&D 지원 성과

2025년 중소기업 R&D 지원사업 안내

중소기업 R&D지원사업 이란?

중소기업의 신기술 신제품 개발 소요 비용을 지원하여 기업의 기술경쟁력 향상을 도모하는 지원사업

1 최근 5년간 지원 성과

구 분	성 과	투입대비 성과	일반 중소기업 등과의 비교	
고 용	146,063명	4.4명 (1억원당)	▪고용유발계수 대비(10억원당 7.2명) 6.1배의 일자리 창출효과 실현 ※ R&D 인력 74,614명(중복 인원 포함)	**신규고용 총 14만 6,063명** R&D인력 **74,614명**
매 출	19조원	5.81억원 (정부지원 1억원당)	▪단년도 100억 이상 매출 중소기업 91개 사 (총 매출액 1.9조)	**총 매출 성과 19조원** 19조 원 / 91개사 매출 100억 이상 중소기업 총 1조 9천억 원
수 출	31.2억달러 (3.74조원)	7.00억원 (정부지원 1억원당)	▪지원기업의 매출액 대비 수출액 비중(19.3%)이 중소제조업 평균(7.5%)의 2.6배	**세계 시장 진출** 최초 수출기업 **743개 사**
특 허	29,454건 출원 18,663건 등록 10,791건	2.1건 (과제당)	▪국가 R&D 등록특허 중 중기부 R&D를 통한 실적 비중이 증가 추세	**특허 29,454건** 국가 R&D 등록특허 중 중기부 R&D를 통한 실적 비중이 증가 7.3% 8.2% 7.9% 8.0% 8.4% 2018 2019 2020 2021 2022

'18년~ '22년까지 주요 5개 사업 분석(2023년 중소기업 R&D 성과조사결과)

---

02 중소기업 R&D 지원 성과

2025년 중소기업 R&D 지원사업 안내

국민경제 기여도

국내총생산(GDP)에서 차지하는 지원기업의 매출액 비중은 '20년 이후 지속 상승 추세

* 국내총생산 대비 지원기업 매출액 비중(%) : ('21) 4.35 → ('22) 4.48 → ('23) 4.82

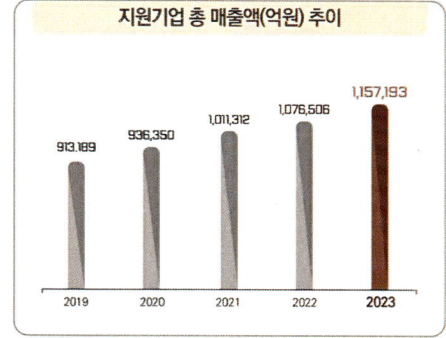

지원기업 총 매출액(억원) 추이
- 2019: 913,189
- 2020: 936,350
- 2021: 1,011,312
- 2022: 1,076,506
- 2023: 1,157,193

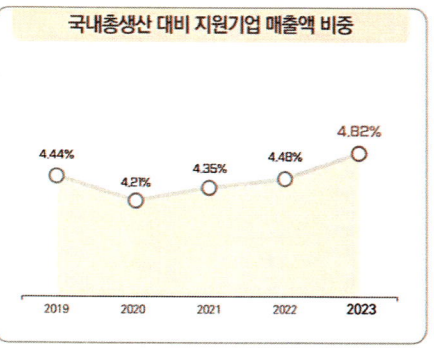

국내총생산 대비 지원기업 매출액 비중
- 2019: 4.44%
- 2020: 4.21%
- 2021: 4.35%
- 2022: 4.48%
- 2023: 4.82%

3. 2025년 R&D 중점 추진방향

03 2025년 R&D 중점 추진방향

1 시장에 도전하는 혁신적 R&D

01 신규과제 전략성 강화(1,172억원)

- **기술혁신**: 기술패권 경쟁 우위 확보를 위한 국가전략기술 및 탄소중립 분야 대상 지원 비중 확대
- **창업성장**: 팁스 신규과제 중 전략기술 분야의 비중을 확대하는 한편, 과기부 창업기업 지원사업과의 연계를 통해 전략성 강화

02 목표달성형 R&D로 전환(51억원)

- 과제 신청시 기술적·사업적으로 타당한 R&D 목표를 설정토록 하고, 이를 검토하여 실효성 없는 R&D를 방지
- 시장 수요 맞춤형 R&D 지원 및 사업화 실효성 제고를 위해 주관적인 목표가 아닌 객관적인 인증·실증 기반 R&D 추진

03 중소기업 R&D 기준단가 설정

「중소벤처기업 R&D 혁신방안('24.6월)」을 통해 향후 중소기업 R&D 지원사업은 원칙적으로 최대 기간 2년 이상·최대 금액 5억원 이상 기준을 적용하기로 결정

- **기술혁신**: 2년 이상 연구기간, 5억원 이상
- **창업성장**: 최대 1.5년, 2억원
- **산학연 Collabo**: 최대 2년, 10.4억원

03 2025년 R&D 중점 추진방향

2 R&D 생태계를 혁신하는 네트워크 R&D

01 중소벤처기업 R&D 글로벌화 추진(302억원)

- **글로벌 협력**: 글로벌 선도 연구기관과 공동연구를 통해 과제를 기획하고, 실제 R&D로 이어지는 글로벌 협력형 프로그램 신설
- **글로벌 트랙**: 팁스, 스케일업 팁스 등 민간투자 연계형 프로그램에 글로벌 트랙을 신설, 해외진출이 필요한 기업의 혁신역량 제고 지원

02 파급력 있는 협력을 지원하는 R&D 신설(84억원)

- **효과확산형 공동 R&D**: 산업현장에 적용가능한 공급기술을 개발하고 다수의 수요 기업에 실증·보급까지 원스톱으로 지원
- **기술이전·사업화 R&D**: Tech-bridge플랫폼을 통해 국가전략기술분야 기술이전을 받은 기업에 후속 상용화 기술개발자금 지원

03. 2025년 R&D 중점 추진방향

3. 재정투입을 효율화하는 R&D

01 중소기업 R&D 기획역량 보완 (451억원)

- **산학연 Collabo**: 중소기업이 다양한 대학·연구기관과 협업하여 R&D 역량을 제고할 수 있는 컨소시엄형 과제 트랙 신설
- **역량강화 교육**: 중소기업의 R&D 기획 역량을 제고할 수 있도록 지역별 R&D 기획 워크숍과 R&D 역량강화 교육 콘텐츠 제작 추진
- **컨설팅**: 신규 과제 신청기업이 민간 컨설팅 업체를 이용하는 실태를 주기적으로 파악하여 효과적인 R&D 기획 역량 제고 방안 마련
- **투자연계**: 민간 VC의 투자와 연계한 팁스 프로그램 내 창업기업의 글로벌화 및 전략분야 기술개발 지원 비중을 단계적으로 확대

4. 사업별 지원계획

04 사업별 지원계획

지원계획 01 중소기업 기술혁신개발

- **사업개요**: 중소기업이 기술개발을 통해 Scale-Up 할 수 있도록 혁신역량 단계별 R&D 지원으로 중소기업의 혁신성장 지원
- **지원규모**: 5,680억 원(신규 1,179억 원, 계속 4,501억 원)
- **지원대상**: 최근연도 매출액 20억 원 이상 중소기업 *과제별 지원대상은 세부사업 시행계획 공고 참조

지원내용		지원조건			
		내역사업	개발기간 및 지원한도	정부지원 연구개발비 지원한도	지원방식
수출지향형 176억	수출유망 중소기업의 글로벌 시장 경쟁우위 확보 및 해외시장을 개척하여 지속 성장할 수 있도록 기술개발 지원	수출지향형	최대 4년, 20억 원	65% 이내	자유공모 (품목지정), 지정공모
시장확대형 732억	중소기업 기술개발 효과·효율성 제고 및 성과 창출 강화를 위해 민간투자연계형, 협력(협업)형, 성과형 등 다양한 방식의 기술개발 지원	시장확대형	최대 3년, 36억 원	75% 이내	
시장대응형 271억	유망 기술분야의 성장 가능성이 우수한 중소기업의 혁신역량 강화 및 수요대응을 위해 기술개발 지원	시장대응형	최대 2년, 5억 원		

04 사업별 지원계획

2025년 중소기업 R&D 지원사업 안내

지원계획 02 창업성장기술개발

- **사업개요**: 창업기업에 대한 전략적 R&D지원을 통해 기술기반 창업기업의 혁신성장을 촉진 및 창업 강국으로의 도약을 위한 기술개발 지원
- **지원규모**: 5,960.1억 원(신규 1,149.8억 원, 계속 4,810.3억 원)
- **지원대상**: (공통사항) 창업 후 7년 이내, 매출 20억 원 미만의 중소기업 *지원대상 세부 자격조건은 차수별 사업 시행 공고에서 확인

지원내용

- **디딤돌 231억원**: 잠재 가능성을 보유한 혁신 아이디어, 글로벌 기술 등 스타트업의 도전과 기술개발 성과 창출을 견인할 기술을 선별·집중 지원
- **TIPS 918억원**: 액셀러레이터 등 TIPS 운영사(기관)가 발굴·투자한 기술창업팀에게 보육, 멘토링과 함께 기술개발 지원

지원조건

내역사업		개발기간 및 지원한도	정부지원 연구개발비 지원한도	지원방식
디딤돌		최대 1.5년, 2억 원	75% 이내	자유공모 또는 품목지정
TIPS	일반형	최대 2년, 5억 원		
	딥테크	최대 3년, 15억 원		
	글로벌	최대 3년, 12억 원		

---

04 사업별 지원계획

2025년 중소기업 R&D 지원사업 안내

지원계획 03 디지털기반 중소제조 산재예방 기술개발

- **사업개요**: 50인 미만 제조업 영위 중소기업에 대한 디지털기반 산재예방 R&D 지원을 통해 산업재해 감소 및 예방체계 확립
- **지원규모**: 16.5억 원(신규 16.5억 원)
- **지원대상**: 주관연구개발기관(공급기업)·공동연구개발기관Ⅱ(도입기업)·대학·연구기관 등이 참여한 컨소시엄
  - (주관연구개발기관, 필수) 공급기업 개발기술 및 역량을 보유한 중소기업
  - (공동연구개발기관Ⅰ, 선택) 개발기술 및 역량을 보유한 대학, 연구소 등
  - (공동연구개발기관Ⅱ, 필수) 도입기업 제조현장 안전 관련 진단·점검·예방·대응 기술 및 시스템을 실증할 Test-bed를 제공하고 개발된 시스템을 적용할 수 있는 50인 미만 제조 중소기업(2개사 이상)

지원내용

- **R&D**: 도입기업(50인이하 제조업)의 제조현장 및 근로자 안전 확보를 위한 산업재해 예방·진단·점검·대응을 위한 기술개발 지원
- **실증**: 연구기관의 전문기술분야에 기반하여 중소기업의 혁신과 성장에 필요한 사업화 중심의 협력 R&D 지원

지원조건

내역사업	개발기간 및 지원한도	정부지원 연구개발비 지원한도	지원방식
디지털기반중소제조 산재예방기술개발	최대 2년, 6.6억 원	75% 이내	품목지정

지원품목
① 작업자 행동기반 장비 및 솔루션, ② 위험기계·기구 관리를 위한 장비 및 솔루션,
③ 화재·폭발·누출·질식 해결을 위한 장비 및 솔루션, ④ AI기반 통합 점검·진단 솔루션

04 사업별 지원계획

지원계획 05 - 지역혁신 선도기업육성(R&D)

- **사업개요**: ✓ 지역 주력산업 분야 지역 중소기업 혁신성장을 지원하여 지역 주력산업 육성 및 지역 균형발전 도모
- **지원규모**: ✓ 215.6억 원
- **지원대상**: ✓ 비수도권 14개 시·도 소재 주력산업을 영위하는 중소기업
  - (주력산업생태계구축) 지역별 주력산업 분야 2개 이상 중소기업 및 대학·대·중견기업 컨소시엄
  - (지역기업역량강화) 지역별 주력산업 분야 잠재기업

지원내용

주력산업 생태계구축 137.2억원
- 혁신성·성장성을 갖춘 (예비)선도기업을 중심으로 공급망 내 중소기업 협업과 산학협력 중심 기술혁신 지원

지역기업 역량강화 78.4억원
- 지역주력산업 분야 성장잠재력을 보유한 기업의 혁신역량을 강화하여 지속가능한 성장동력 확보를 위한 R&D지원

지원조건

내역사업	개발기간 및 지원한도	정부지원 연구개발비 지원한도	지원방식
주력산업 생태계구축	최대 2년, 연 7억 원	75% 이내	품목지정
지역기업 역량강화	최대 2년, 연 2억 원	75% 이내	품목지정

---

04 사업별 지원계획

지원계획 06 - 중소기업 연구인력지원

- **사업개요**: ✓ 이공계 연구인력을 양성 및 공급하여 중소기업의 연구인력 확보 애로 완화 및 기술경쟁력 강화
- **지원규모**: ✓ 341억 원(신규 162억 원, 계속 179억 원)

지원내용

신진 연구인력 채용지원 52억원
- 중소기업이 신진 연구인력*을 채용 시 기준연봉의 50% 지원
  * 이공계 학·석·박사 학위취득 후 5년 이내인 자만 39세 이하

고경력 연구인력 채용지원 42억원
- 중소기업이 고경력 연구인력*을 채용 시 연봉의 50% 지원
  * 이공계 학위취득 후 학사 14년, 석사 10년, 박사 5년 이상 연구경력자

공공연 연구인력 파견지원 20억원
- 중소기업으로 연구인력* 파견 시 파견 공공연구기관 연봉의 50% 지원
  * 석·박사 학위 또는 동등 자격을 보유한 공공연구기관 소속 연구원

중소기업 연구인력 현장맞춤형 양성지원 48억원
- 중소기업 연구인력 양성 및 공급을 위해 '24년에 선정된 권역별 4개 연구인력혁신센터의 프로그램* 운영비 48억원 지원(센터당 12억원 지원)

지원조건

구 분	정부지원 연구개발비 지원한도	정부출연금 비율	지원방식
신진 연구인력 채용지원	최대 3년, 기준연봉의 50%	50% 이내	자유공모
고경력 연구인력 채용지원	최대 3년, 연봉의 50% (최대 5,000만원/년)	50% 이내	자유공모
공공연 연구인력 파견지원	최대 3년, 파견공공연구기관 연봉의 50%	50% 이내	자유공모
중소기업연구인력 현장맞춤형 양성지원	기업당 최대 1,400만 원/년	100% 이내	자유공모

제10장 2025년 연구개발계획서 작성 및 온라인 신청 안내

제1절 일반사항

1. 추진체계

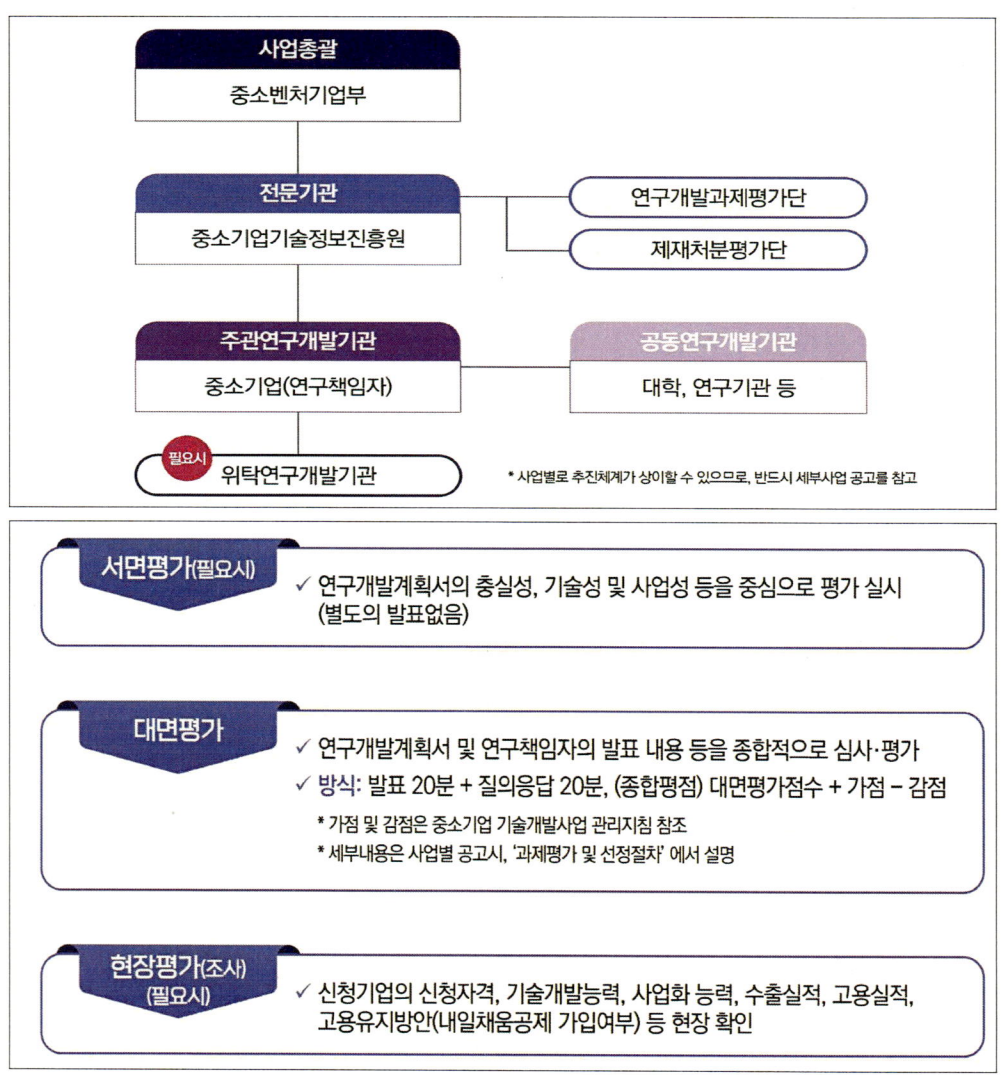

2. 과제선정절차

2.1 과제선정절차

01 협약체결 및 사업비 집행
- ✓ **협약**: 총 개발기간 일괄협약, 전자협약
- ✓ **사업비**: 연차별 지급, RCMS를 통한 사업비 집행, 지정회계기관 운영

02 단계평가 및 사업비 모니터링
- ✓ **단계평가**: 기술개발진척도, 사업비 사용현황 등에 대한 중간평가개념 다음단계 계속 수행여부, 중단 등 판정
  - * 단계평가 실시사업은 사업별 공고 및 관리지침 확인
- ✓ **사업비 모니터링**: 사업비 사용실태 검토, 연구비 부정행위 지속관리

03 최종평가 및 사후관리
- ✓ 최종보고서를 바탕으로 연구결과물의 신뢰성, 객관성 여부 검토
- ✓ 연구개발계획서 대비 최종보고서의 연구달성도, 종료 후 사업화 가능성 등 검토
  - * 과제 성공판정 시 기술료 납부
  - * 연구개발 결과가 극히 불량한 경우 국가연구개발사업 참여제한 등 제재처분 가능

3. 연구개발계획서 작성방법

3.1 연구개발계획서의 구성

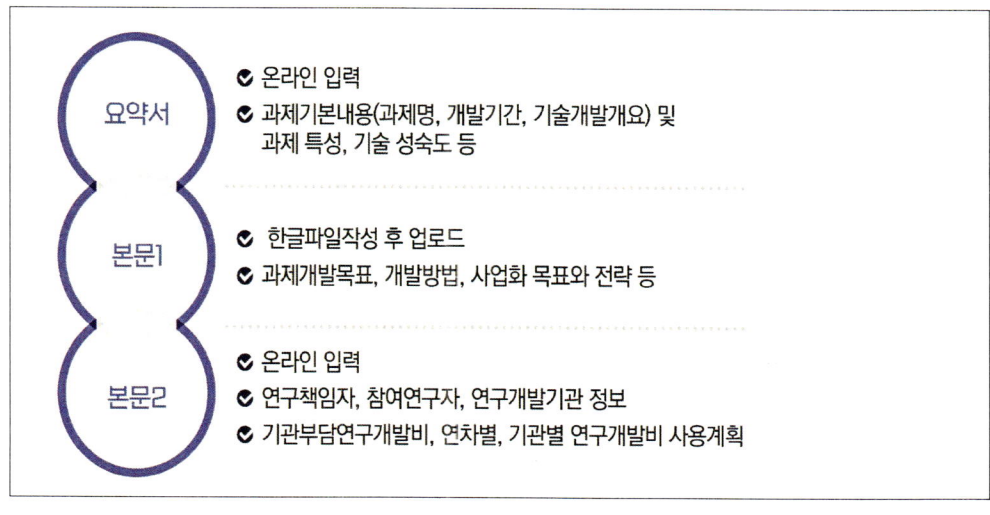

3.2 연구개발 계획서 【본문】

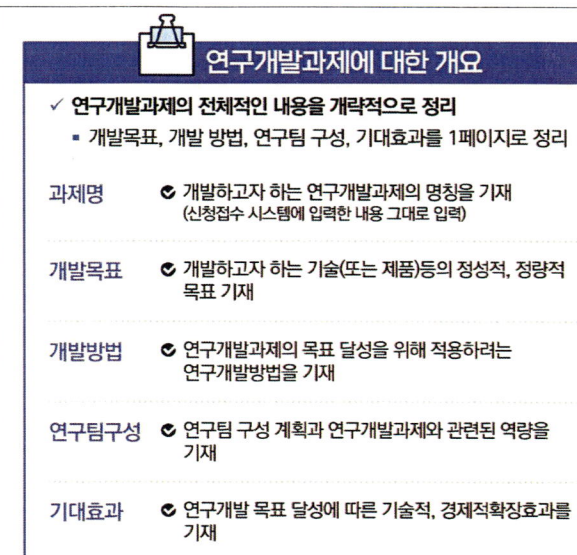

3.3 연구개발 계획서 【본문】

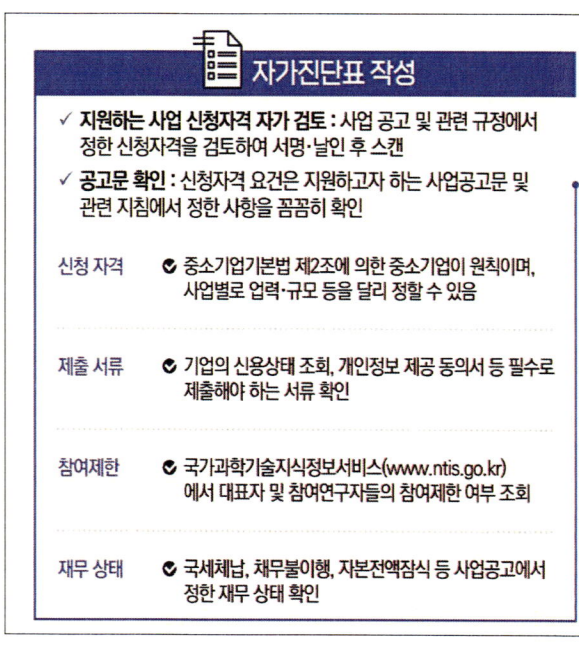

3.4 연구개발 계획서 【본문】

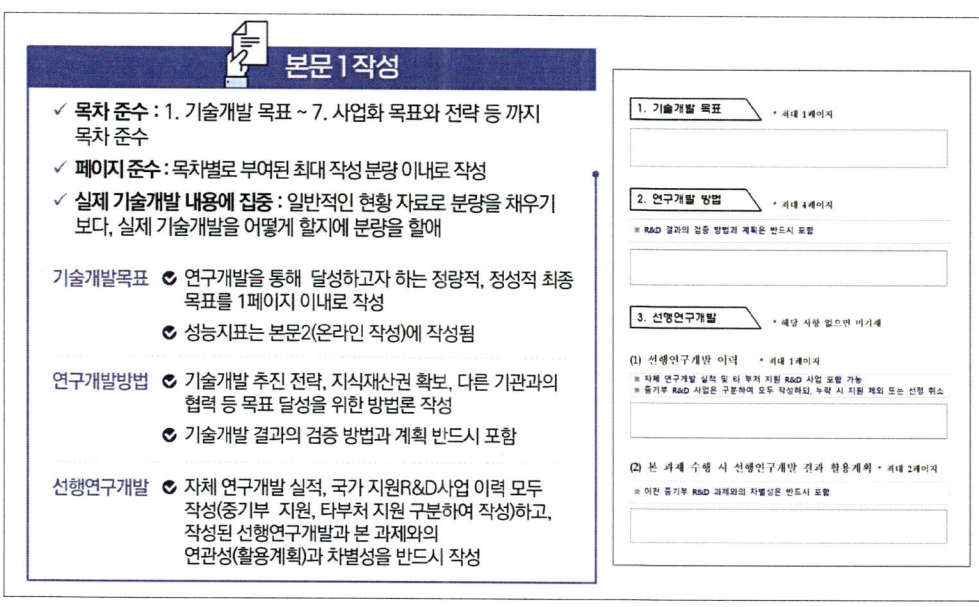

3.5 연구개발 계획서 【본문】

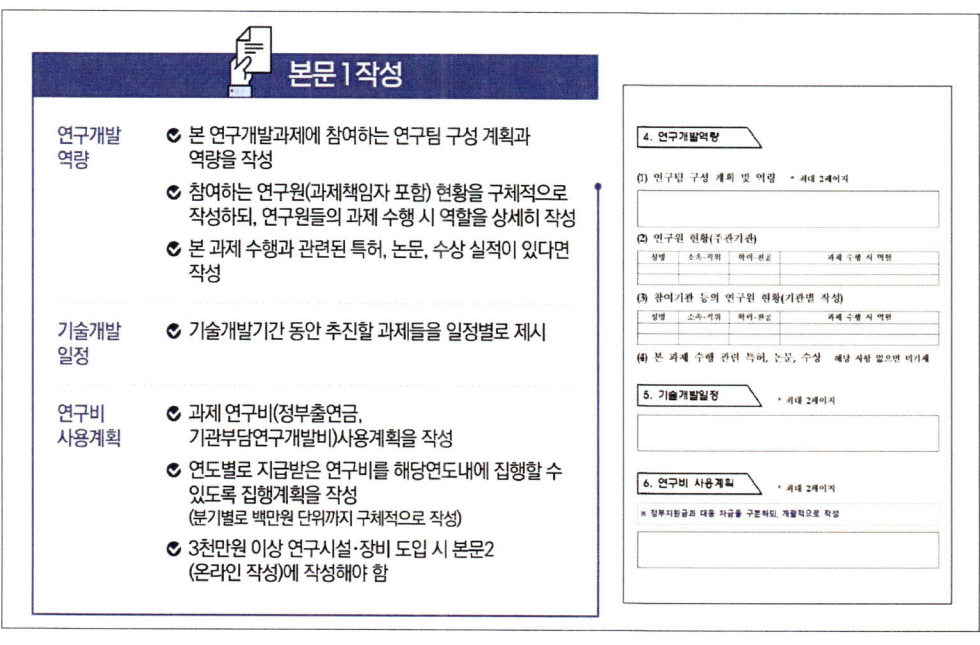

3.6 연구개발 계획서 【본문】

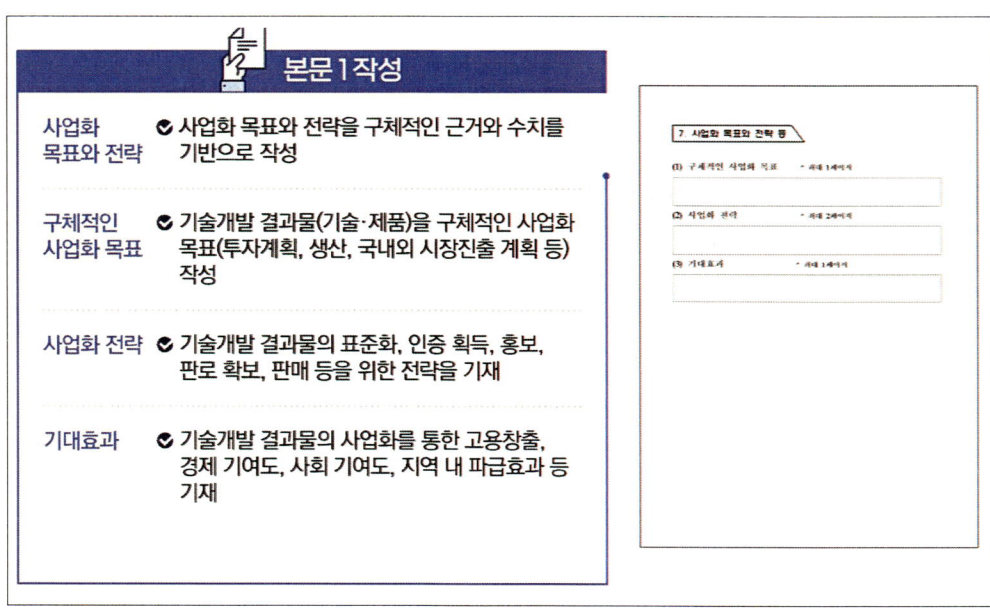

4. 연구개발 계획서 작성 체크리스트

5. 사업비조성(기관부담 연구개발비 산정)

01 총 사업비 = 정부출연금(75% 내외) + 연구개발기관 부담금(25% 이상)

- 연구개발기관 부담금은 기관현금 + 기관현물, 세부 사업별로 연구개발기관 부담비율 등이 상이할 수 있음
  - 현물: 수행기관이 보유한 인력, 장비 등에 대해 인건비, 연구시설·장비 및 재료비 등을 현금가치로 환산한 금액

예시

- 정부출연금 75% 이하 + 연구개발기관 부담금(기관현금 + 기관현물) 25% 이상 = 100%
  - **기관현금**: 기관부담금 전체의 10% 이상 부담
- 예시) 총 사업비 2억원 규모의 기술개발일 경우
  - 정부출연금 1.5억원(총 사업비의 75%) + 연구개발기관 부담금(현금(5백만원 이상) + 현물(45백만원 이하))

02 사업비를 구성하는 세목

- **직접비**: 인건비, 연구시설·장비비, 연구재료비, 연구활동비, 연구수당, 위탁연구개발비
- **간접비**: 인력지원비, 연구지원비, 성과활용지원비

6. 사전준비 사항

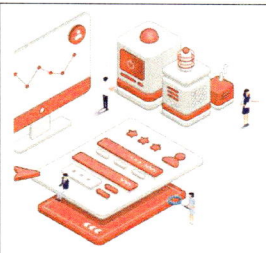

- **범부처통합연구지원시스템(IRIS) 접속 및 회원가입**
  * www.iris.go.kr 접속
- **국가연구자정보시스템(NRI)에서 국가연구자번호 발급**
  * IRIS로그인 → 국가연구자정보시스템 → 연구자 전환 동의
- **기관 정보 등록**
  - 기관 총괄담당자(기관 대표자 등록, 기관정보 관리 등 수행)신청
  * IRIS로그인 → R&D업무포털 → R&D고객센터 → 기관총괄담당자 신청(법인인증서 필요)

참고해주세요!!

※ 국가연구개발혁신법에 따라 일부 사업(지역산업육성, 후불형 과제, 구매조건부신제품개발)을 제외하고 IRIS 적용(세부 공고 확인)

※ 연구자, 기관총괄담당자, 기관담당자, 기관대표자, 지원기관실무자 등은 IRIS 회원가입 및 국가연구자번호 발급 완료 후 소속기관을 해당 기관으로 설정해야 합니다.

※ 과제 접수 전, 모든 참여 연구개발기관의 연구책임자 학력 및 경력 정보는 국가연구자정보시스템(NRI)에 반드시 입력되어 있어야 합니다.

- 시스템 및 서비스 관련 세부내용은 IRIS 홈페이지(www.iris.go.kr) → 알림·고객 → 시스템·서비스 사용 문의 → FAQ 또는, IRIS 콜센터(1877-2041)에 문의바랍니다.

제11장 R&D 평가

제1절 평가 의견 작성요령

1. 우수한 점과 미흡한 점, 보완할 점

아래 예시를 참고하여 〈우수한 점〉과 〈미흡한 점〉은 각각 2개 이상 〈보완할 점〉 최소 3개 이상 평가의견 제시〈필수〉

〈우수한 점〉
  (1) XXXX 관련 연구개발 목표 대비 추진실적이 우수함(양호함)
  (2) 추진체계 구성 및 역할 분담이 양호함
  (3) XXXX 관련 주관/참여기관의 보유기술수준이 우수함
  (4) XXXX 관련 사업화 추진계획의 타당성이 양호함
  (5) XXXX 목표달성도 평가지표의 적정성 및 객관적 측정방법이 우수함
  (6) (논문, 특허, 표준화, 기술이전, 상용화, 기술료, 성과홍보, 시제품, SW등록, 기술문서 등) 정량적 성과 목표달성 수준이 우수함

〈미흡한 점〉
  (1) 사업계획서 내 제시된 최종결과물인 XXXX 제작과 검증이 이루어지지 않았고, 제시된 개발결과물의 시제품과 관련 기술문서 등을 확인한 결과 불성실하게 수행한 것이 인정됨
  (2) XXXX 관련 주관/참여기관의 보유기술수준이 미흡함
  (3) XXXX 관련 비즈니스 모델이 불명확하며, 사업화 추진계획이 미흡함

〈보완할 점〉
○ 연구개발 목표, 내용 및 추진체계
  (1) 연구목표(or 내용) XXXX를 XXXX로 보완(or 구체적으로 작성)이 필요함
  (2) 결과물의 성능을 최적화하기 위한 (XXXX 등) 방안이 필요
  (3) XXXX의 역할 확대가 필요 or XXXX의 역할과 필요성에 대해 재검토 필요하며, 필요시 XXXX분야의 전문적 연구 기관의 추가 검토가 필요
  (4) XXXX 과제 참여 제외에 따른 대안이 필요

(5) (위탁과제, 용역과제 등)은 전년도 대비 차별성을 명확히 하고, 필요성 및 적정성을 재검토하여 보완이 필요

○ 기술개발의 평가항목 및 평가방법
   (1) 기술개발 평가항목 XXXX를 XXXX로 보완(or 구체적으로 작성)이 필요함
   (2) 기술개발 평가항목 XXXX의 추가가 필요함
   (3) XXXX 평가항목에 대한 평가방법을 구체적이고 객관적인 방안(공인기관의 시험성적서 또는 성능평가서 등)으로 제시하는 것이 필요

○ 정량석 성과목표
   (1) (논문, 특허, 표준화, 기술이전, 상용화, 기술료, 성과홍보, 시제품, SW등록, 기술문서 등) 당해연도 미완료된 XXXX을 차년도 목표에 반영하는 것이 필요
   (2) (논물, 특허, 표준화, 기술이전, 상용화, 기술료, 성과홍보, 시제품, SW등록, 기술문서 등) 목표가 사업내용 대비 과다하게 계획되어 있어 조정이 필요
   (3) 특허 목표치를 각 수행기관별 간전비 세부항목의 지식재산권 출원 건수와 일치시키는 것이 필요

○ 사업화
   (1) XXXX 관련 비즈니스 모델의 명확화가 필요
   (2) 개발결과물의 사업화를 위해 XXXX 등의 사업화 전략 보완이 필요
   (3) 상용화를 위해 XXXX과의 협력방안 수립이 필요
   (4) 사업화를 위한 수요처별 특성분석 및 고객 요구사항에 대한 분석이 필요
   (5) XXXX 상용화 솔루션과 비교검토를 통해 차별화 방안 수립이 필요

○ 사업비 관련
   (1) (연구장비재료비, 연구활동비, 연구과제추진비 등)의 사용사유를 명확하게 하고 상세내역을 보와하는 것이 필요
   (2) XXXX 연구내용은 연구목표를 달성하는데 있어 필요성이 다소 높지 않으므로 제외가 피요하며 이에 따른 정부출연금 조정이 필요
   (3) XXXX의 역할 대비 사업비가 과다 책정되어 있어 정부철연금 하향 조정이 필요
   (4) 기술개발이 거의 완료되고 상용화 단계에 이르렀기에 참여기관별 재료비 및 시제품제작에 대한 예산 조정이 필요

(5) 연구기자재 XXXX 구매에 대한 타당성이 없으므로 삭감이 필요함
(6) (위탁과제, 용역과제, 장비구입비, 재료비 등) 은 (전년도 대비 차별성, 수행타당성, 구매 적정성 등) 이 없으므로 연구비 조정이 피요함
(7) XXXX의 인건비, 국외여비, 위탁연구개발비, 연구장비 재료비가 과다계상되어 삭감이 필요함

2. '계속' 과제인 경우

(1) 동 과제는 XXXX을 개발하는 과제로서 당해연도 연구결과물의 적정성, 차년도 사업계획서의 타당성이 인정되므로 "계속" 지원하는 것으로 판정함
(2) 협약 시 다음 사항을 보완하여 수정사업계획서 제출 요망
  ☞ 개별평가표 평가의견 작성요령에서 〈보완할 점〉 열거`
○ 다음과 같은 사유로 사업비를 조정함(해당시 작성)
  ☞ 개별평가표 평가의견 작성요령에서 〈보완할 점〉의 "o 사업비 관련" 의견 열거
○ 동과제는 ICT연구개발 기술분류체계*에 따른 기술분류(소분류)로 "XXXX"이 적정함
  ☞ 정보통신·방송 연구개발 관리규정 제15조 제1항 별표2
○ 동 과제의 연차별 사업비는 X차년도 예산만 확정된 것이며, 매년 연차평가를 통하여 조정될 수 있음(해당시 작성)

- 한정된 국가 R&D 예산을 고려하여 X차년도(20XX년) 정부출연금을 XX억원으로 조정함
- 정보통신방송 연구개발사업 관련 법령 및 규정에 의거하여 수행기관은 민간부담금을 부담하여야함

○ 동 과제의 기술분류가 인건비 현금 인정 분야에 해당되어 중소기업의 인건비 현금 계상이 가능함 or 인건비 현금 인정 분야에 해당되지만, SW 또는 설계기술 개발 내용이 연구에서 차지하는 비중이 미흡하기 때문에 중소기업의 인건비 현금 계상이 불가함 or 인건비 현금 인정 분야에 해당되지 않으므로 중소기업의 인건비 현금계상이 불가함(해당시 작성)
○ 동 과제의 X차년도 협약기간은 20XX.XX.XX. ~ 20XX.XX.XX(XX개월)이며, 국내외 시장의 조기 선점을 위하여 총 수행기간을 X년에서 X년으로 조정함(해당시 작성)

○ 3천만원 이상 1억원 미만 장비 구입 타당성(해당시 작성)
  (1) 시설장비 전문성을 갖춘 평가위원 : ㅇㅇㅇ
  (2) XXXX장비구입 계획이 타당함 or XXXX 장비 구입 계획은 XXXX로 불필요함
○ 1억원이상의 고가기재인 XXXX 구매에 대해서는 장비도입심의위원회를 통해 승인 여부를 재검토함(해당시 작성)
○ XXXX에서 XXXX으로 (총괄책임자, 참여기관, 연구목표)의 변경은 타당함(해당시 작성)

3. 중단(성실/불성실) 과제 〈성실중단 - 상대평가에 따라 하위과제로 분류된 경우〉
   ○ 동 과제는 XXXX를 개발하는 과제로서 계획 대비 목표는 달성하였으나,
     (1) 20XX년 연차(상대)평가결과 하위 20%에 해당되어 or 하위과제로 분류되어 '중단(성실)'으로 판정함
     (2) 비교대상 과제 대비 상대적으로 미흡하여 중단되었으므로 국가 R&D사업의 참여제한, 출연금 환수, 기술료 징수를 면제함
     ☞ 개별평가표 평가의견 작성요령에서 〈미흡한 점〉 열거

4. 〈성실중단 - 절대평가 시 계속수행의 필요성이 적은 것으로 판정된 경우〉
   ○ 동 과제는 XXXX를 개발하는 과제로서 계획 대비 목표는 달성하였으나, 계속수행의 필요성이 적어 '중단(성실)'으로 판정함.
   관리규정 제 48조(문제과제에 대한 참여제한 등)⑩항에 의거, 평가결과를 통보받은날로부터 2개월 이내 중단 원인 보고서를 작성하여 전담기관의 장에게 제출하여야 함
     ☞ 미제출시, 불성실중단으로 간주하여 참여제한 등의 조치를 취할 수 있음
     〈불성실중단 여구목표 달성 정도가 부실한 경우〉
   ○ 동 과제는 XXXX를 개발하는 과제로서 계획 대비 목표는 미달성하여 '중단(불성실)'으로 판정함
     (1) 사업계획서 내 제시된 최종결과물이 XXXX 제작과 검증이 이루어지지 않았고, 제시된 개발결과물의 시제품과 관련 기술문서 등을 확인한 결과 불성

실하게 수행한 것이 인정됨

  (2) 「정보통신·방송 연구개발 관리규정」 별표3 문제과제에 대한 제재 및 환수 기준에 의거, 총괄책임자인 홍길동은 미래창조과학부 평가결과 확정통보일로 부터 ㅇ년간 국가R&D사업 참여를 제한하며, 당해연도 정부출연금 ㅇㅇㅇ억원 전액을 환수함

  ☞ (상기 참여제한과 환수는 평가위원회에서 별표3에 의거, 확정하여야 함)

5. 〈불성실중단 – 사업비의 관리 및 집행도가 불성실한 경우〉
   ○ 동 과제는 주관기관이 당해년도 사업비를 사용 목적 외 집행하여 중단(불성실)으로 판정함
     (1) 주관기관은 정부출연금이 입금된 직후 ㅇㅇㅇ원을 연출하여 부채 상환 등 사업비 사용 목적 외 집행함
   ○ 중단의 원인이 사업비를 유용한 경우에 해당하므로 다음과 같은 조치가 타당함
     (1) 주관기관 유용 금액(ㅇㅇㅇ천원) 및 정산금 환수
     (2) 주관기관(ㅇㅇㅇ), 그 대표자(ㅇㅇㅇ)의 참여제함 X년(참여제한은 평가결과 지식경제부 확정일부터 시작)
     (3) 참여기관(ㅇㅇㅇ)은 중단의 귀책사항이 없으므로 정부출연금 환수 면제, 참여제한 면제
   ○ 정산금은 추후 별도 통보 예정임

제2절 재평가 의견 작성방법

□ 좀 판정 과제에 대해서는 기존의 평가의견과 대비하여 소명이 된 부분, 소명이 미흡한 부분, 기존의 평가 결과 합당한 사유 등을 구체적으로 제시

〈작성예시〉
○ OOO 개발에 대한 이의신청 내용을 검토한 결과 다음과 같은 사유로 이의신청을 기각함.
- 개발장비에 대한 성능평가를 의한 정량적 목표에 제시 미흡에 대한 지적에 대해서 소명 발표를 통해 일부 공인시험기관 평가한 진행하는 것으로 소명하였으나 가장 중요한 지표인 근거 등을 명확하게 제시하지 못하여 기존 청가의견을 번복할 만한 근거가 미흡 함.
- 연구장비 구입비 삭감에 대해서 해당 장비의 필요성을 소명하였으나 개발 내용 상 장비의 활용도가 높지 않을 것으로 판단되고 실제로 전체 개발기간 중 2개발 내외의 사용하는 장비로서 신규구입 타당성이 낮음.

○ 可 판정 과제에 대해서 기존의 평가의견과 대비하여 소명이 어떻게 되었으며 인정할 만한 근거가 구체적으로 제시
- 可 판정 후 과제를 재평가하는 경우 과제별 사업비 조정, 연구시설비 도입심사 진행(별도의 양식으로 작성)
- 평가의견은 대폰평가표에 의거하여(기술성 및 기술개발 역량), (사업성), (정책부합성), (기타)로 구분하여 구체적으로 작성

〈작성예시〉
○ OOO 개발에 대한 이의신청 내용을 검토한 결과 다음과 같은 사유로 이의신청을 받아들어 재평가함
- 대면평가에서 누락 발표된 부분의 있었고, 금번 발표평가에서 제시한 소명자료 및 소명내용에 근거가 있다고 판단되어 재검토가 필요하다고 사료됨.

- 재료 구입비 삭감에 대해서 해당 재료는 제작에 필수적으로 필요한 항목이며 실제로 해당 재료를 포함하여 일체형으로 시작품이 제작되어 인증 받는 형태이므로 그 필요성이 인정됨.
- 연구장비 삭감에 대해서 해당 장비는 개발품의 성능 측정을 위해 필수적인 장비라는 점이 인정되나 소명 발표 시 제시한 견적서를 고려하여 기존 금액에서 20% 정도 삭감한 금으로 조정하는 것이 타당함.

□ 대면평가(재평가 시) 의견 작성방법

1. 기술성 및 기술개발역량

O 기술개발 목표의 적정성에 대한 평가의견
- 목표치가 정량적인지, 합리적 목표수준인지
- 목표달성 확인방법이 공인시험인증 등 객관적인지
 (특히, 목표달성이 자체평가로 되어 있는 경우 수정 요구 필요)
O 개발방법의 구체체성, 체계성, 실현가능성에 대한 평가의견
- 우수한점, 미흡한점은 무엇이고 무엇을 보완해야 하는지 구체؛적으로 적시 필요

〈평가의견 잘못된 예시〉
- 기술개발목표가 미흡하고, 사업성이 미흡한 것으로 판단됨.
- 과제 독립성이 부족하고, 기술개발 내용이 구체적이지 않음.

2. 사업성

O 사전 시장조사의 적절성, 시장규모의 성장성 등에 대한 평가의견
O 시장(판매처)확보방안, 사업화 계획의 적정성 등에 대한 평가의견
O 사업화 실현가능성, 상품 경쟁력 등 사업화 타당성 여부
- 우수한점, 미흡한점은 무엇이고 무엇을 보완해야 하는지 구체적으로 적시 필요

3. 정책 부합성

O 신성장동력분야 해당여부

4. 기타

O 인력구성의 적절성, 개발장비 구성(기보유 또는 확보방안 등)의 적정성

O 기관별(주관기관, 공동개발기관, 위탁기관) 역할의 적정성

O 사업비 구성의 적절성 등(인건비 비율, 장비구입비, 재료비 등)

- 우수한점, 미흡한점은 무엇이고 무엇을 보완해야 하는지 구체적으로 적시 필요

제3절 평가 의견 작성방법

□ 평가의견 작성방법[예시]

O "성공"판정 예시

종합의견
1. 기술개발과정 적정성
⇢ 열회수율 향상 및 조합형 저온 탈질시스템 개발 설계, 노하무적용, 성능시험과정 등의 일회수장치를 통한 에너지 절감 기술로 기술개발과정이 사업계획서에 맞게 적정하게 진행된 것으로 판단됨
2. 기술개발 결과물의 성능시험평가 적정성 및 객관성
⇢ 실험 데이터 및 자료가 정리되어 성능지표 5항목에 대하여 공인기관(한국기계연구원) 공인시험과 대행기관에서 수행하여 특허를 출원하는 등 객관적이고 체계적인 것으로 판단됨.
3. 기술개발 결과물의 최종목표 달성도
⇢ 이중화 폐열보일러 시제품제작, 설계, 설치시험 저온 탈질시스템 등 정량적 목표치를 달성하고 시 제품을 제작하여 시연하는 등 최종목표를 달성하였음.
4. 기술개발 결과물의 사업화 가능성
⇢ 대기오염방지시설사업, 폐열에너지 회수사업 등과 관련있으므로, 신규사업창출이 가능함
⇢ 조합형 보일러 활용기술은 향후 사업성이 클 것으로 판단됨
5. 기술개발 결과물의 리스크관리
⇢ 특허 등록 0건, 출원 0건 등 지식재산권 모호 등을 위한 방안이 적절하게 이루어지고 있음

○ "보류"판정 예시

종합의견
1. 기술개발과정 적정성 ❖ 시험데이터 관련 기술자료가 미흡하게 제시되어 구체적인 확인이 필요한 ❖ 이명 및 난청진단 및 치료, 원격진료기능에 대한 사업계획변경이 미흡하게 진행된 상태로 확인이 필요함 2 기술개발 결과물의 성능시험평가 적정성 및 객관성 ❖ 사업계획서 상의 주요 성능지표에 대한 시험방법 및 시험 데이터, 길과등이 미흡하게 제시된 상태로 확인이 필요함 ❖ 주요 성능지표에 대한 달성 결과만 존재하고, 시험데이터 등에 대한 보고서가 부재하여 결과물에 대한 성능평가의 적정성과 객관성을 확보하였다고 판단할 수 없음. 3. 기술개발결과물의 최종목표 달성도 ❖ 사업계획서 상의 연구개발 계획 변경에 대한 구체적 진행사항등 확인이 필요함 ❖ 보고서 상에 제시한 주요 평가지표 달성 근거에 대한 시험 데이터 등 구체적인 내용을 확인할 필요가 있음 4. 기술개발결과물의 사업화 가능성 ❖ 사업화 전략 제시되었으나, 기존 법률 체계를 고려한 사업화 전략 수준으로는 보기 어려운 상태로 사업화 가능성은 높지 않다고 판단함 ❖ 현재 매출 실적 미제시되었으며, 향후 의료기기 승인 문제로 매출 발생 가능성이 낮아 보임 5. 기술개발 결과물의 리스크관리 ❖ 지식재산권 보호 등을 위한 실정내용 확인이 필요함

○ "실패"판정 예시

종합의견
1. 기술개발 과정 적정성
⇢ - 사업계획서에서 제시한 정량적 목표에서 온도검출 정확도, PD검출 정확도, 절연저항 등의 다수의 항목에 대해서 객관적으로 검토할 수 있는 시험성적서 근거 자료가 미흡함.
2 기술개발결과물의 성능 시험평가 적정성 및 객관성
⇢ KTC(한국기계전기전자시험연구원)에 의뢰하여 제출된 시험성적서는 통합진단 장치에 대한 전자파 내성에 관련된 내용임, 한국광기술원 시험성적서 미제출됨. 총 4가지 센서모듈중 2가지가 정확도 함량 미달함
3. 기술개발 결과물의 최종목표 달성도
⇢ 당초 계획한 시제품의 정량적 성능의 각 평가항목의 최종목표치를 달성하지 못함
4. 기술개발 결과물의 사업화 가능성
⇢ 스마트 그리드 전력계통 활성화로 전략기기 진단에 대한 시장성이 증대될 것으로 기대되지만 기 술개발 완성도가 높지 않아 사업화에는 무리가 있음.
5. 기술개발 결과물의 리스크관리
⇢ 지식재산권 보호 등을 위한 리스크관리가 이루어지지 않고 있음.
※귀책대상: 주관기관, 주관기관 대표자 및 과제책임자

제12장 경영시스템 심사 및 대응요령
제1절 경영시스템 심사 흐름도

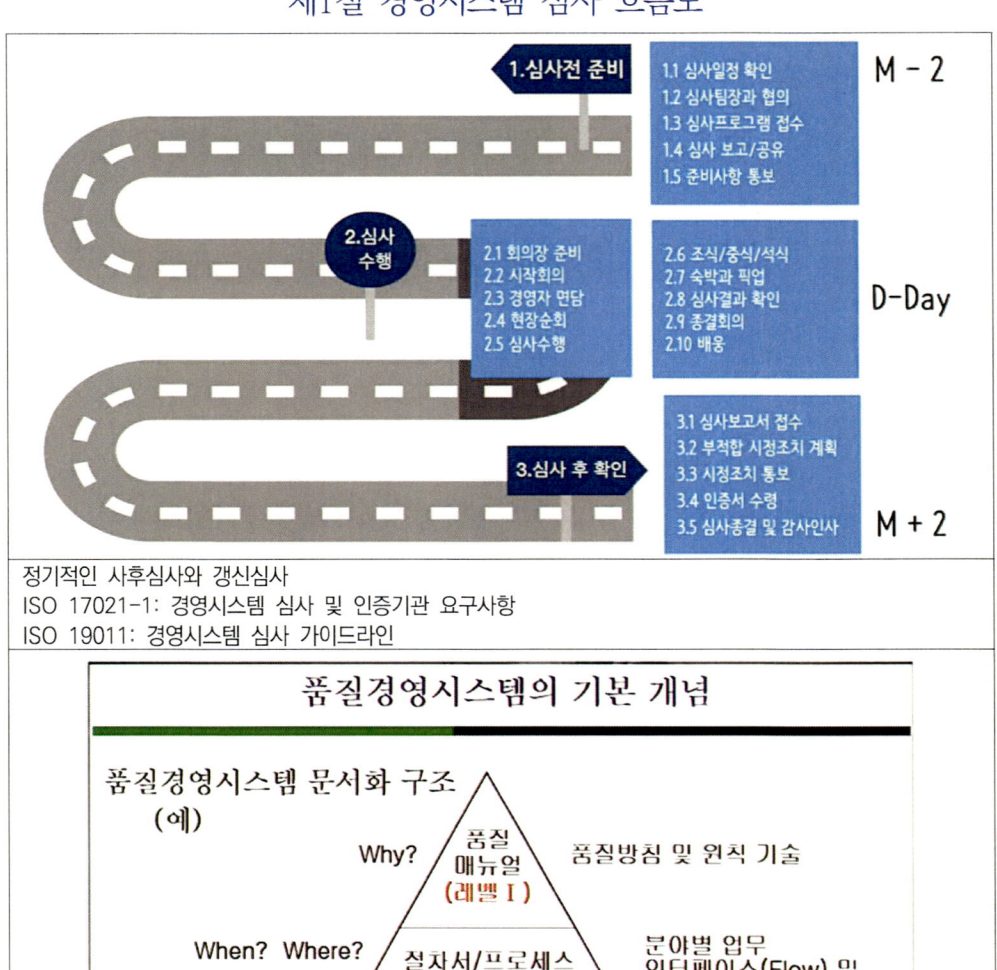

정기적인 사후심사와 갱신심사
ISO 17021-1: 경영시스템 심사 및 인증기관 요구사항
ISO 19011: 경영시스템 심사 가이드라인

B 단계별 준비사항		
1. 심사전 준비	2. 심사 수행	3. 심사 후 확인
1.1 심사일정 확인 1.2 심사팀장과 협의 1.3 심사프로그램 접수 1.4 심사프로그램 보고/공유 1.5 준비사항 통보	2.1 회의장 준비 2.2 시작회의 2.3 경영자 면담 2.4 현장순회 2.5 심사수행 2.6 조식/중식/석식 2.7 숙박과 픽업 2.8 심사결과 확인 2.9 종결회의 2.10 배웅	3.1 심사보고서 접수 3.2 부적합 시정조치 계획 3.3 시정조치 통보 3.4 인증서 수령 3.5 심사종료/감사인사

1. 심사전 준비

1.1 심사일정 확인

3년간 심사프로그램 확인								
회사명 심사규격		방문차수	1		2		3		갱신
^^		심사일자						
부서/프로세스/ 활동	측면, 리스크, 목표 등	요구하상 \ 심사원						

국제인증원

1.2 심사팀장과 협의(제품, 인원변경은 인증서 재발행 또는 MD에 영향)

1.2.1 사전 파악해야 할 사항

 ① 변경사항 확인(조직, 프로세스, 제품, 인원 등 인증범위 변경 여부)

 ② 기타 심사 시 요청사항 등

1.2.2 심사팀장과 협의 할 사항

 ① 주요 변경사항 전달 인증서 재 발행여부

 ② 근무형태(교대근무 등)

③ 심사팀 현황
④ 이동방법(비행기/KTX/개인차량 등)
⑤ 심사원 개인정보(노트북 Serial, 생년월일, 차량정보 등)
⑥ 해당시(신발 사이즈, 유니폼 사이즈: XL, XX 등)
⑦ 기타 심사 시 요청사항 등

1.3 심사프로그램 접수

1.3.1 심사 프로그램 확인사항
   ① 심사일정과 계획된 MD
   ② 심사부서/프로세스
   ③ 근무시간/중식시간
   ④ 기타 요청사항 반영여부 등

1.3.2 심사 프로그램 추가사항
   ① 시작회의 장소와 참석자
   ② 현장순회 동선과 안내자 결정
   ③ 심사팀 회의실, 심사장소
   ④ 심사 대응자(팀장, 프로세스 담당 등)
   ⑤ 기타 조직내 검토사항 등

1.4 심사프로그램 보고/공유

1.4.1 심사 프로그램 보고
   ① 경영자 면담 시간
     ② 예상되는 면담 내용 등
1.4.2 심사 프로그램 관련부서 공유

1.5 준비사항 통보(노트북과 빔프로젝트를 사전에 준비할 경우 효과적)

1.5.1 심사 준비를 위한 통보 내용
   ① 시스템문서 또는 문서목록
   ② 업무분장표/직무기술서

③ 이전심사 부적합 조치현황 (해당시)

④ 조직상황과 관련된 내외부 이슈, 이해관계자 니즈/기대

⑤ 리스크, 기회 및 조치사항

⑥ 환경영향평가, 위험성평가, 관리계획서, FMEA …

⑦ 전년도 실적, 당해년도 목표, 추진계획, 성과지표(KPI)

⑧ 역량/적격성에 관련된 문서화된 정보

⑨ 모니터링 및 측정결과 자료 (각종 대장, 일지, 보고서 등)

⑩ 기타 직무와 관련된 운영 활동 결과 등

2. 심사 수행

2.1 회의장 준비(시작회의 자료를 심사팀장으로부터 입수)

   2.1.1 회의장 준비

      ① 입구에 회의실 사용시간

      ② 시작회의 자료(심사팀장에게 사전 입수)

      ③ 좌석 배치(사례)

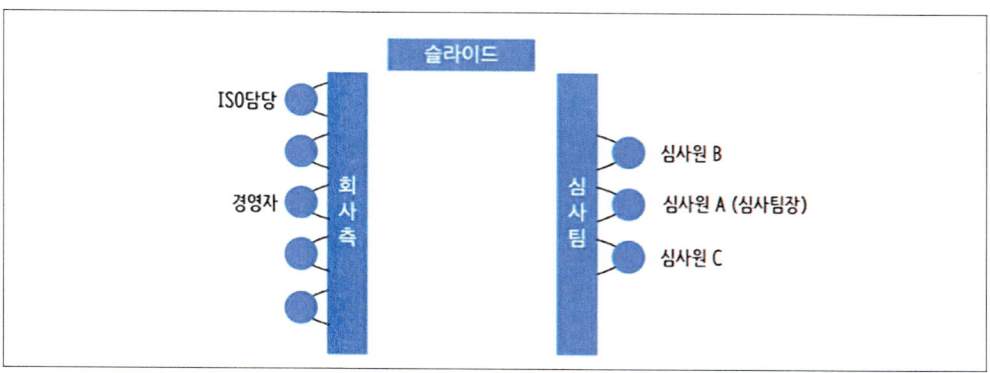

2.2 시작회의(시작회의 모든 진행은 심사팀장이 진행)

2.2.1 시작회의(경영자 반드시 참석)

      ① 시작회의 자료(심사팀장에게 사전 입수)

      ② 진행: 심사팀장

      ③ 참석자 명함 준비

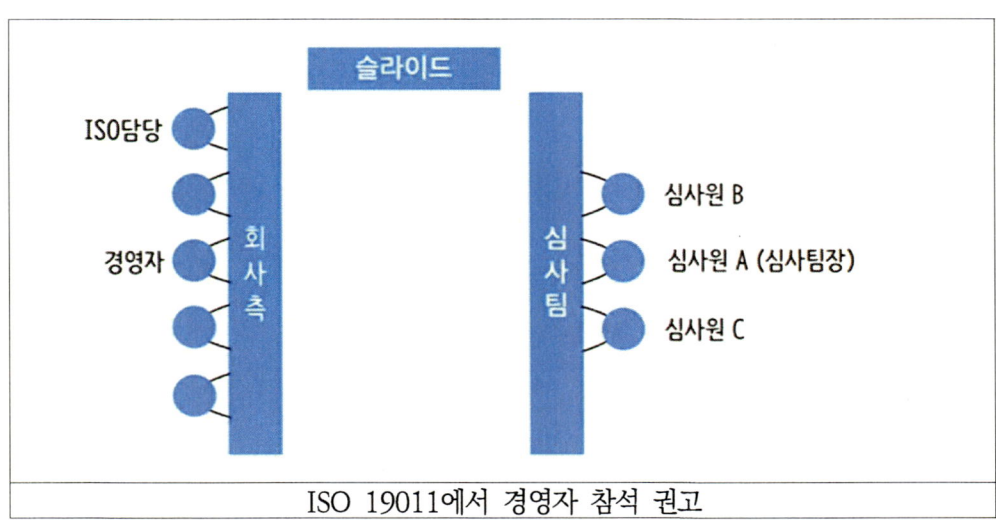

ISO 19011에서 경영자 참석 권고

2.3 경영자 면담

2.3.1 경영자 면담
    ① 목적: 고경영자의 실행의지와 조직의 전반적 목표 및 경영시스템과의 연관성 확인
    ② 내용: 방침, 목표, 경영검토, 주요이슈 등
    ③ 시간: 시작회의 후 약 30분

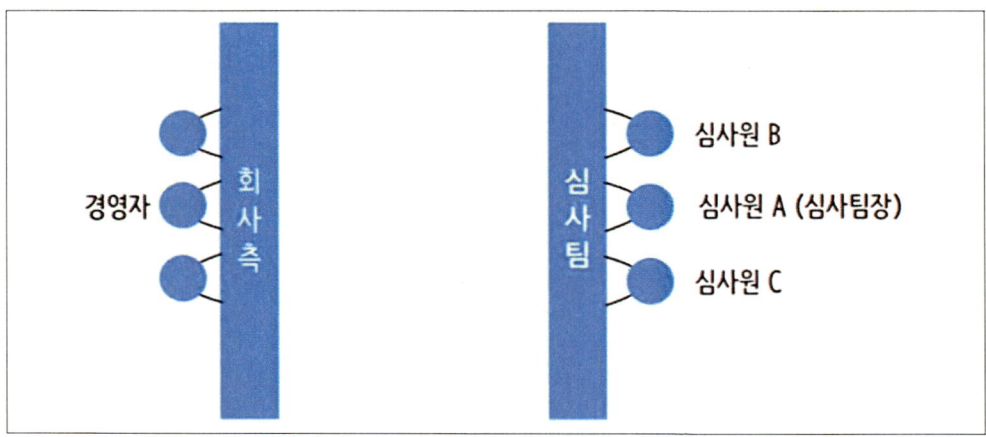

2.4 현장순회

2.4.1 주요 공정 중심으로 진행

① 품질 : 원부자재 입고, 보관, 생산, QA, 출하, 실험실 등
② 환경 : 생산현장, 폐기물 집하장, 폐수처리장, 대기방지시설 등
③ 안전 : 생산현장, 위험기계기구, 위험물 보관장, 의무실 등
④ 시간 : 1시간 이내

2.5 심사수행

2.5.1 심사팀 별 지정된 장소에서 심사수행

① 안내자 배치
② 심사장소 : 해당부서 회의실 (간단한 음료) 등
③ 심사대응 : 프로세스 책임자(팀장), 업무담당자
④ 심사시간 : 09:00 ~ 17:00
⑤ 심사내용 : 1.6항 참조

- 프로세스 심사 (입/출력, 자원, 적격성, 성과모니링 등)
- 샘플링 심사
- 문서 보다는 결과물 중심
- Open Mind 필요

☞ 내부심사, 경영검토, 시정조치 등 (주관부서)

2.6 조식/중식/석식

2.6.1 조식/중식/석식

① 중식 : 가능한 회사 식당에서 함께 식사
② 석식 : 주관부서 또는 당일 심사 대응팀과 함께 간단한 저녁
③ 조식 : 심사팀장에게 위임

④ 주의 : 2차로 이어지지 않도록.

2.7 숙박과 픽업
2.7.1 숙박과 픽업
   ① 장소 : 깨끗하고 조용한 장소로 추천
   ② 예약 : 중급호텔 수준으로 회사에서 예약
   ③ 픽업 : 차량이 없을 경우 심사팀장과 협의

2.8 심사결과 확인
2.8.1 심사결과 확인
   ① 종료회의 전 심사팀장과 함께 지적사항 협의
   ② 가능한 심사팀 지적사항 수용
   ③ 시간 : 약 10분 정도

2.9 종결회의
2.9.1 발견사항과 결론 소개
   ① 대상 : 경영자, 심사에 참여했던 부서장과 담당 등
   ② 진행 : 심사팀장
   ③ 질문 : 지적사항에 대한 구체적 내용 등
   ④ 경영자 말씀 : 최종적으로 경영자가 심사팀과 구성원에 대한 말씀
   ⑤ 시간 : 1시간 전/후

2.10. 배웅
2.10.1 대중교통 이용장소까지

① 심사시간은 09:00 ~ 17:00 원칙

3. 심사 후 확인
3.1 최종 보고서 접수
① 심사 후 1주일 이내
② 심사비 정산
③ 최종결과 보고
④ 심사보고서는 3~7일 내 입수 가능

3.2 부적합 시정조치 계획
3.2.1 부적 시정조치 계획수립
① 시정조치
- 근본원인: 부적합 발생에 대한 근본원인 파악
- 재발방지: 시정을 포함한 근본원인 제거

② 기타
- 권고사항, 관찰사항에 대하여 자체 시정조치 필요성 검토

3.3 시정조치 통보
3.3.1 시정조치 종결: 90일 이내
① 시정조치 계획에 대하여 내부 보고 후 심사팀장에 전달
② 경부적합: 심사팀장 접수 후 결과는 차기 심사시 확인
③ 중부적합: 재심사 필요함.

3.4 인증서 수령
3.4.1 인증서 재 발생사유
① 갱신심사 종료후 3년간 인증서 재 발생
② 인증범위 변경 등
③ 인증서 유효기간은 3년입니다.

3.5 심사종료/감사인사

3.5.1 심사종료

　① 심사팀장에게 감사인사

　② 차기 심사일정

　③ 시스템은 종결이 아니라 계속 돌아가는 것

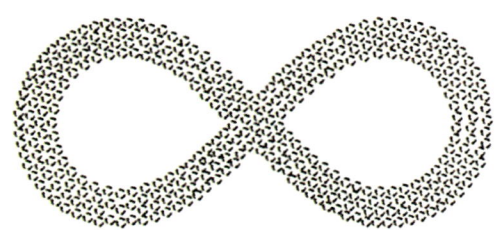

제13장 미래 직업세계 변화와 신직업 탐색

제1절 진로·직업 설정의 방향성 정립하기

1 미래 직업세계의 변화

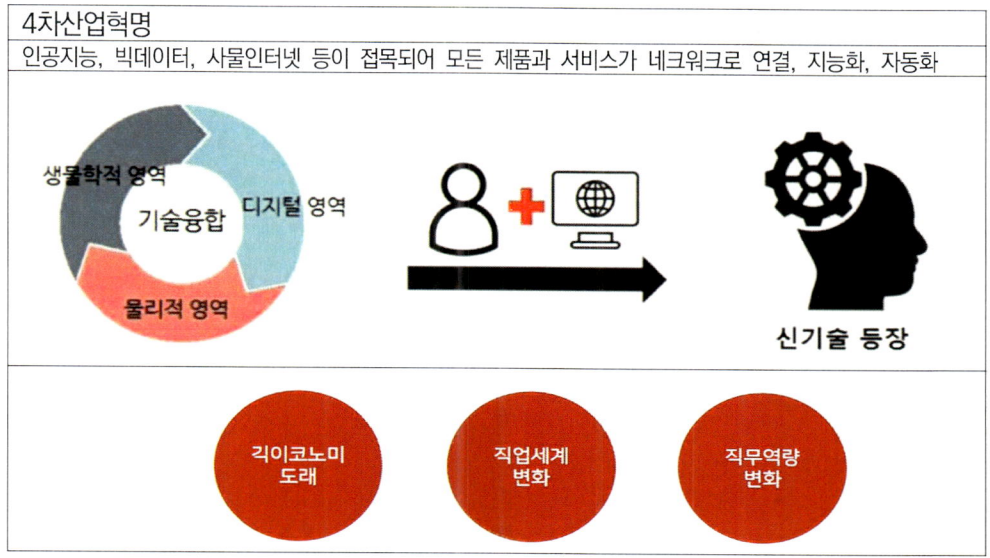

1. 미래사회 신직업 탐색

신직업	기술 발전, 사회 변화 등으로 새롭게 등장하거나 기존 직업이 변화하여 새롭게 정의되는 직업			
신기술에 따른 신직업	기존 직업의 역할 강화	직무의 전문화/세분화	기존 직업들의 융합	
• 사물인터넷 전문가 • 인공지능 전문가 • AR/VR전문가 • IT보안 전문가 • 로봇 개발자 • 생명공학자 • 드론조종사/드론관제사 • 자율주행 개발자 • 3D프린팅 전문가 • 클라우드 엔지니어	• IT보안 전문가 • 로봇 개발자 • 생명공학자 • 생산공정/생산/품질기술자 • 3D모델러	• 데이터분석가 (데이터엔지니어, 데이터사이언티스트, 데이터애널리스트, 데이터리서처) • SW개발자 (블록체인 개발자, 인공지능 전문가, 스마트팩토리 전문가)	• 핀테크 전문가 (금융+IT) • 유전자분석가 (의료+빅데이터+IT) • IT서비스기획자 (경영기획/마케티+IT)	

2. 미래사회 트렌드

2.1 초고령사회 · 인구감소

돌봄	헬스케어	자기계발	액티브라이프
• 사회복지사 • 심리치료사 • 요양시설 • 데이케어센터 • 생활보조로봇 • ICT디바이스	• 스마트헬스케어 • 건강식/연화식 • 건강기능식품 • 의료기기 • 외골격로봇	• 노인대학 • 디지털학습 • 노인유학 • 생활컨설팅 • 자산관리 • 재취업 • 긱워커플랫폼	• 노인운동 • 노인게임 • 노인여행 • 노인봉사 • 노인뷰티 • 노인연애

2.2 1인가구 · 가족다양성

엔터테인먼트	1인 가구	관계/가족다양성	반려동물
• 연예기획사 • 크리에이터 • 게임 개발 • 게임 플레이어 • 스포츠심리상담 • 소셜서비스개발	• 1인식당 • 간편식 · 밀키트 • 배달서비스 • 고령자 · 여성 안전 IoT	• 크루문화 기획 • 커뮤니티 운영 • 역할 판매 • 가족상담사 • 가족법률서비스 • 윤리기술변호사	• 수의사 • 도그워커 • 반려동물 유치원 • 장묘시설 • 반려동물 상담사 • 행동연구원 • 펫 케어 IoT

웹툰번역가

출처: 한국고용정보원 "함께 할 미래 for 2030 신직업"

웹툰번역가는 한국어로 제작된 국내 웹툰 작품을 외국어로 번역하거나 외국어로 된 만화를 웹툰 형식에 맞춰 한국어로 번역한다. 웹툰번역은 일반번역과 달리 만화 컷과 말풍선 등 제약된 공간 안에 글자를 맞춰 번역하며 원작 의도를 잘 전달하면서 현지인이 이해할 수 있는 표현을 쓴다. 만화 특성상 비속어 대한 이해를 비롯해 2차 저작이라고 부를 정도의 창의성도 필요하다. 규모가 큰 웹툰 회사는 번역 인력을 두고 있는 곳도 있으나 대부분 외부 전문 인력과 계약하여 프로젝트로 운영한다.

 관련 학과

국어국문학과
영미언어문화학과
러시아어언어문화학과
중국언어문화학과

 관련 자격

만화에 대한 이해와 해당 외국어에 대한 원어민 수준의 언어 실력이 필요하며 만화에 주로 쓰이는 의성어, 의태어, 구어체 등의 표현에 익숙해야 한다. 또한 무엇보다도 해당 국가의 문화, 사회관련 풍부한 지식과 미디어콘텐츠에 대한 관심이 중요하다.

 향후 전망

웹툰의 해외 수출이 확대되면서 만화 번역 수요도 늘고 있으나 웹툰의 특성과 표현언어를 이해하고 해당 언어에 정통한 사람이 부족하다. 최근에는 번역 대상 언어도 기존 영어, 중국어, 일본어, 프랑스어, 스페인어, 이탈리아어, 포르투갈어, 인도네시아어 등 다양화되고 있으며 장르별로 번역의 전문성이 요구되고 있다.

모바일 광고 기획자

출처: 한국고용정보원 "함께 할 미래 for 2030 신직업"

모바일광고기획자는 광고주의 요구와 의도를 반영하여 광고 형태, 주요 타깃, 활용 매체 등에 대한 적절한 의견을 제시하고, 모바일에 연계된 수많은 광고 매체에 보여줄 광고를 기획하는 일을 한다. 모바일광고 플랫폼을 활용한 배너, 스크린이 가득차는 전면광고, 거부감이 적은 콘텐츠형 네이티브광고, 비디오(영상)광고, 형식에 제한이 없는 멀티미디어형 광고, 특정 제품이나 서비스에 관심이 있는 유저에게 하는 리타깃팅 광고 등의 형태로 광고콘텐츠를 제작할 수 있도록 중간에서 기획하는 역할을 한다. 최근 들어 모바일만 특화하여 광고제작을 하는 전문회사들이 생기고 있으며, 기업 내에 별도의 모바일 마케팅팀을 갖추고 있는 곳도 늘고 있다.

 관련 학과

디지털미디어디자인학과
관광경영학과, 경영학과
행정학과
인문대학

 관련 자격

시각디자인기사(산업기사), 멀티미디어콘텐츠제작전문가, 컴퓨터그래픽스운용기능사 등의 국가자격이 있다.

 향후 전망

현재 모바일광고는 대부분 스마트폰을 통해 이뤄지지만 점차 스마트워치, 스마트밴드 등의 웨어러블 기기로 확장되고 콘텐츠도 다양해질 것으로 전망된다. 또한 빅데이터, 인공지능과 결합하여 맞춤 광고를 통한 타겟마케팅이 점차 중요해질 것으로 예상된다.

스포츠심리 상담사

출처: 한국고용정보원 "함께 할 미래 for 2030 신직업"

스포츠심리상담사는 선수들이 운동에 집중하고 운동능력을 보다 향상시킬 수 있도록 자기 관리, 실수 극복, 자신감 회복 등 다양한 정신적인 부분을 도와준다. 불안 관리, 자신감 향상 등을 위한 심리기술훈련을 제공하고 우울, 진로 전환, 부상 등의 위기상황을 겪고 있는 선수를 중재한다. 그 외 팀의 호흡을 제고하기 위해 리더십, 의사소통 과정 등에 대해서도 상담하며 학부모 대상 상담 및 강의를 실시한다. 스포츠심리상담사는 개업을 하거나 학교 운동부나 프로팀, 연구기관 등에 소속되어 활동한다.

 관련 학과

스포츠과학학과
체육학과
스포츠산업학과

 관련 자격

민간자격으로 한국스포츠심리학회의 스포츠심리상담사(1,2,3급)등이 있으며 현업에서 종사하는 사람들 중에는 1급 또는 2급 소지자가 많다.

 향후 전망

미국, 호주, 영국, 캐나다 등에서는 스포츠심리전문가가 국가대표를 비롯해 각급 선수들의 심리훈련 과정에 참여하고 있다. 최근 국내에도 프로스포츠 구단에서 스포츠심리상담사를 채용하고 있다. 향후 프로스포츠뿐만 아니라 공부와 운동을 겸하는 학생스포츠에서 경기력 향상, 진로 선택 등 여러 문제를 상담하고 지원하는 전문 심리상담사의 활약도 기대된다.

2.3 환경위기 · 기후위기

탄소중립	친환경식품	기타
- 신재생에너지 - 친환경자동차 - 그린리모델링 - 수소전문가 - 탄소포집기술 - 에너지저장장치 - ESG 컨설턴트	- 비건푸드 - 대체육 - 스마트팜 - 수직농장 - 친환경농법 - 식용곤충	- 대체플라스틱 - 제로웨이스트샵 - 친환경패션 - 재활용산업 - 업사이클링전문가 - 대기·수질관리

2.4 친환경자동차 · 스마트카

친환경자동차	스마트카
- 전기차/수소차 제조 - 전기차/수소차 수리 - 배터리연구원 - 전기차충전산업 - 수소에너지 연구원 - 수소에너지 저장/유통	- 자율주행연구원 - 스마트카 센서 산업 - 카인포테인먼트 산업 - 자동차SW개발자 - 디지털 정비 엔지니어 - 자율주행차 인테리어 - 스마트도시전문가 - 디지털도로인프라 산업

친환경자동차 · 스마트카

스마트도시 전문가

출처: 한국고용정보원 "함께 할 미래 for 2030 신직업"

스마트도시전문가의 영역에는 도시의 계획부터 설계, 건설, 유지관리 등 제반 분야가 포함된다. 도시인프라, 정보통신, 교통, 보안, 도시재생, 디자인 등 각 분야 전문가들과 관련 있다. 특히 전체 과정을 총괄하는 스마트도시기획자의 경우 스마트건설과 관련한 제반 사항의 큰 틀과 컨셉을 정하고 전문가와 주민을 통한 의견 수렴, 향후 서비스 고도화 방안 등에 대해 기획하고 컨설팅한다. 여러 분야의 전문가와 협업하고 소통해야 하므로 원만한 커뮤니케이션 역량이 필요하다.
스마트도시전문가는 정책개발 관련 연구소, 교통, 보안, 통신, 도시재생, 환경, 건축 및 토목 등 각 영역의 전문 기관 및 업체, 컨설팅 업체 등 다양한 분야에서 종사할 수 있다.

 관련 학과
전문 분야별로 전공이 상이할 수 있는데 정보 통신, 건축, 토목, 정보보안, 에너지, 환경, 교통 등 각 영역의 전공자들이 진출할 수 있다.

 관련 자격
국가자격으로 도시계획기사, 교통기사, 정보보안기사(산업기사), 정보통신기사(산업기사) 등이 관련 있다.

 향후 전망
정부 차원에서 2025년까지 스마트시티 관련한 스타트업을 비롯해 중소벤처기업을 육성하기 위한 연구개발자금 지원 등을 할 예정이어서 기술력과 콘텐츠에 바탕한 젊은층의 창업이 늘어날 것으로 기대된다. 또한 점차 인공지능, 빅데이터 등과 결합하여 재난, 교통, 환경 등의 여러 도시문제를 해결하고 거주민의 삶의 질이 향상되는 것과 직결되는 직업이다.

2.5 AI · 데이터 · VR/AR

인공지능 · 데이터

- 데이터사이언티스트
- 데이터엔지니어
- 데이터애널리스트
- 데이터라벨러
- 데이터거래전문가

- 머신러닝/딥러닝 연구원
- 머신러닝/딥러닝 개발자
- AI서비스 및 플랫폼 기획
- AI서비스 및 플랫폼 개발

- 인공지능윤리검수사
- 윤리기술변호사
- 프롬프트엔지니어
- 보안전문가

가상현실

- 3D 모델링
- 게임 개발자
- VR/AR 개발자
- 메타버스 건축가
- UI/UX 디자이너

- 모션캡쳐 전문가
- 버츄얼 유튜버
- AI인간 디자이너
- AI인간 매니저
- 아바타 개발자

2.6 로봇

- 저출산 고령화로 노동력 부족이 심화되고, 코로나19 확산 등 신변종 바이러스 증가에 따른 비대면 사회로의 전환과 디지털 트랜스포메이션의 가속화로 인해 생산 현장에서의 로봇 수요가 크게 증가하고 있다.
- 헬스케어, 배송, 재난 구호, 개인 비서 등 서비스 분야에서도 로봇의 수요가 증가하고 있다.

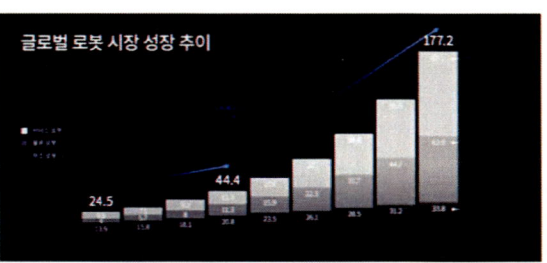

로봇

- 로봇공학자
- 로봇디자이너
- 로봇SW 개발자
- 로봇 유지보수 전문가
- 로봇 렌탈사업

- 로봇 서비스 기획
- 로봇 플랫폼 기획
- 로봇 카페
- 산업용 로봇 제어기사
- 로봇 관련 부품 산업

제14장 ESG 경영의 도입과 이행

제1절 ISO 경영시스템의 역할

1. 지속가능한 지구와 기후재앙

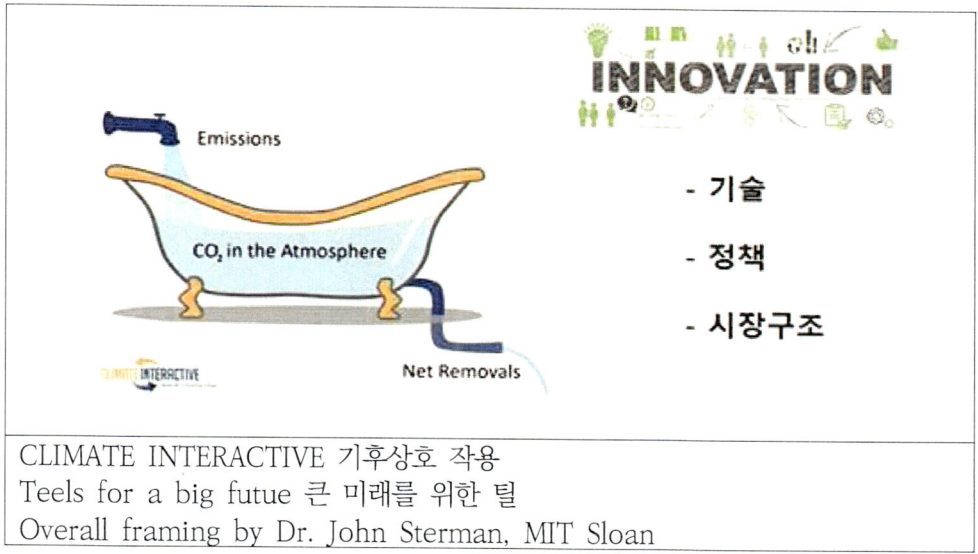

CLIMATE INTERACTIVE 기후상호 작용
Teels for a big futue 큰 미래를 위한 틸
Overall framing by Dr. John Sterman, MIT Sloan

2. 지속가능경영과 ESG 경영도입

3. 지속가능경영과 ESG 경영 도입

	ESG 경영 성과의 핵심 요소	예시 기업	모범 사례 내용
1	성장 전략과 ESG 전략의 통합	Unilever	"유니레버의 목적은 지속 가능한 삶을 흔하게 만드는 것입니다. 우리는 이것이 장기적인 지속 가능한 성장을 실현하기 위한 최선의 방법이라고 생각합니다."
2	경영진의 ESG 중요성 인지	SAP	"세계는 사회적, 환경적, 경제적 자원을 위해 그 어느 때보다 여러분을 필요로 합니다. 이를 위해, 관리자로서의 사용자는 결단력 있게 행동해야 합니다. 빌 맥더모트 (서비스나우 CEO)
3	우선순위 목표 설정	3M	"우리는 세 가지 우선순위에 초점을 맞추고 있습니다. 순환을 위한 과학, 기후를 위한 과학, 그리고 공동체를 위한 과학"
4	명확한 프로세스와 핵심성과지표(KPIs)를 통한 이행	PHILIPS	"Philips의 주요 지속가능성장 목표: 2030년까지 30억 인구의 삶 개선 - "Lives Improved" 기업 이니셔티브에 천명
5	기존 절차·문화에 ESG 가치 통합	IRELLI	"책임 있는 관리는 전체 공급망을 통해 이루어집니다. 모든 유닛은 경제적, 사회적, 환경적 책임을 자체 활동에 통합하면서 다른 유닛과 협력하고 전략적 지침을 이행합니다."
6	투명한 정보 공개	adidas	"2000년 이후 아디다스는 매년 지속 가능성 보고서를 발간했습니다. 2017년 보고서 기준으로 아디다스는 재무 정보와 비금융 정보를 하나의 통합 출판물인 연례 보고서에 결합합니다."

출처: PWC/전경련 보도자료(5.13)

4. ESG 경영도입

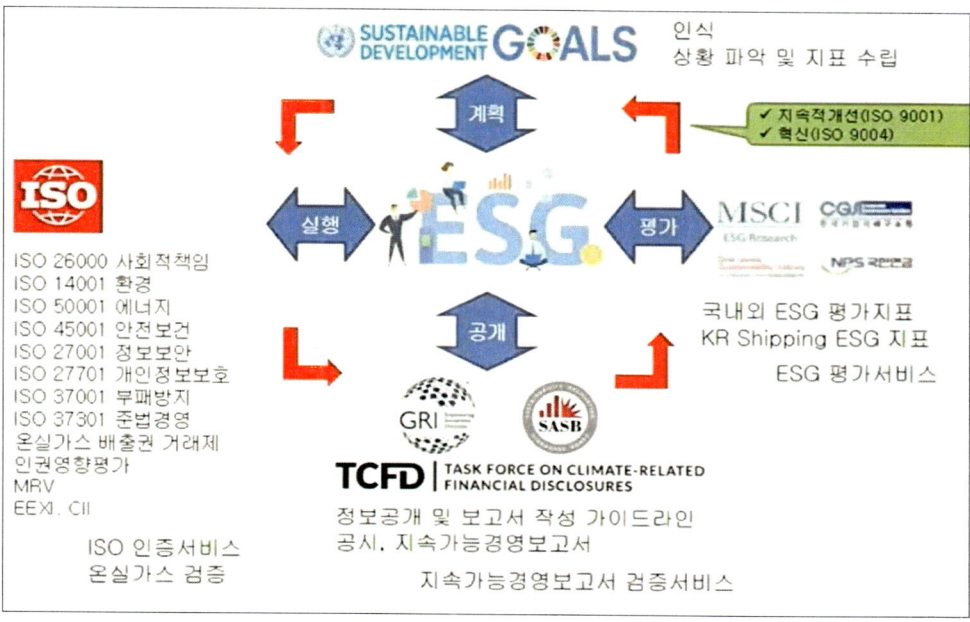

4.1 Plan

1. 인식	최고경영자 인식
	ESG 개념 교육
	ESG 경영시스템 구축 실무 교육
2. 상황 파악 및 지표 수립	UN SDGS
	ISO 26000
	GRI Guide line
	TCFD
	SASB
	ESG 지표 수립 실무 교육
	GRI 해설 교육
	ISO 26000 해설 교육
ESG 각 분야별 점검 항목 파악	점검 항목의 우선순위 평가 및 결정	상황 파악 및 대응 조치 수립
⇒ ⇒ ⇒ ⇒		

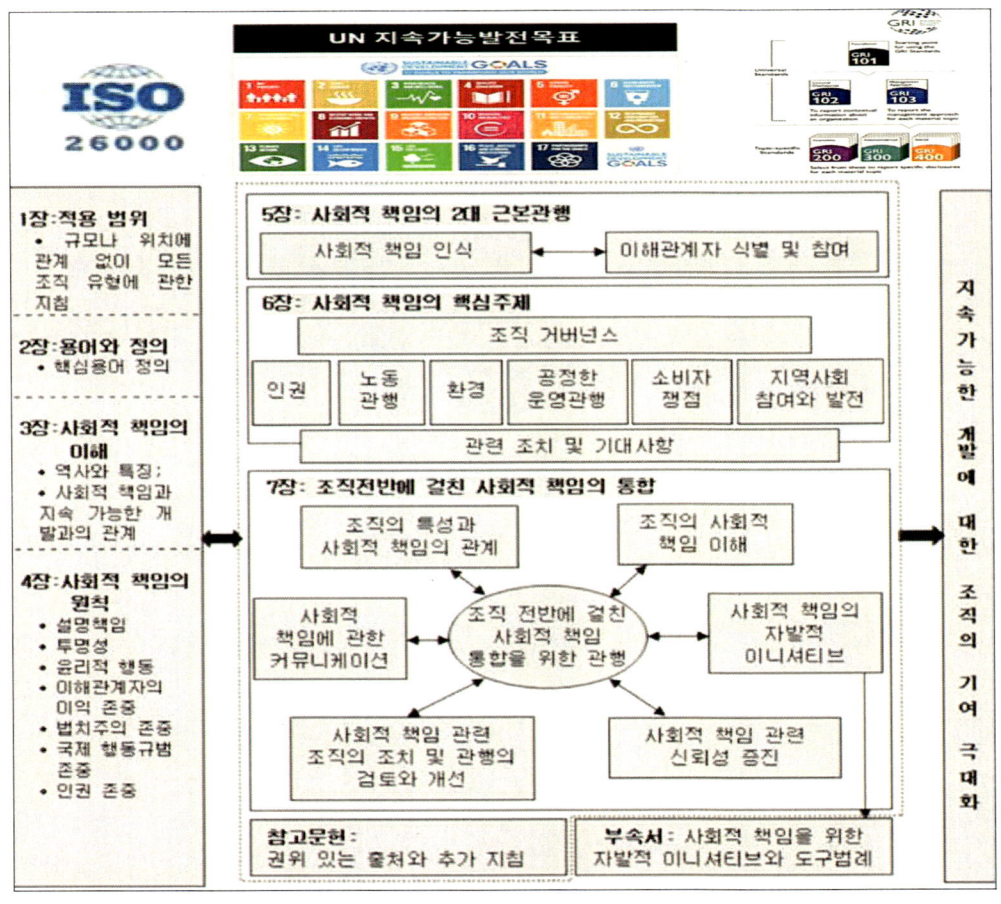

구분	대 분류	점검 항목	상황 파악	대응 조치	지표 수립
조직	ESG 경영	기업지배구조헌장을 공개하고 있는가?	미 수립	헌장 수립	헌장
	이사회	이사회 내 사외 이사 비율은?	5명중 1명 20%	사외이사 추가	사외 이사 비율
	감사	감사위원회의 개최 횟수는?	연 1회	연 2회 개최	감사위원회 횟수
환경	경영방침				조직
					구매 방침
					준수평가
	에너지사용	최근 3년간 에너지 사용량			에너지 사용량
		온실가스 배출량 감축실적 (Scope1)			온실가스 배출량
		온실가스 배출량 감축실적 (Scope2)			온실가스 배출량
	물사용	물사용 총량			물사용량
	폐기물	폐기물 배출 총량			폐기물 배출량

사회		법규위반 및 사고	환경 법규 위반 및 사고		사고 분석
	경영 방침	비정규직 근로자에 대한 복지 혜택이 제공되고있는가?			복지 상홍
		사회 공천 정책이 수립되어 있는가?			정책
	노사관계	노사협의회 또는 노동조합이 운영되고 있는가?			노사협의회
		근로자의 이직률 또는 재고용율을 관리하고 있는가?			이직률
	안전 및 보건	안전보건과 관련된 리스크 식별 및 평가를 시행하고 있는가?			리스크 평가
		산업재해율을 관리 및 공시하고 있는가?			재해율
		근로자 1인당 안전보건 교육 훈련이 산업평균 이상인가?			교육훈련
	정보보안	정보 보안 관련 인증을 취득하였는가?			인증
	공정경쟁	협력사 및 경쟁사에 대하여 공정거래 원칙을 적용하고 있는가?			원칙

4.2 Plan (상황 파악 및 지표 수립)

4.3 Do(경영시스템 구축)

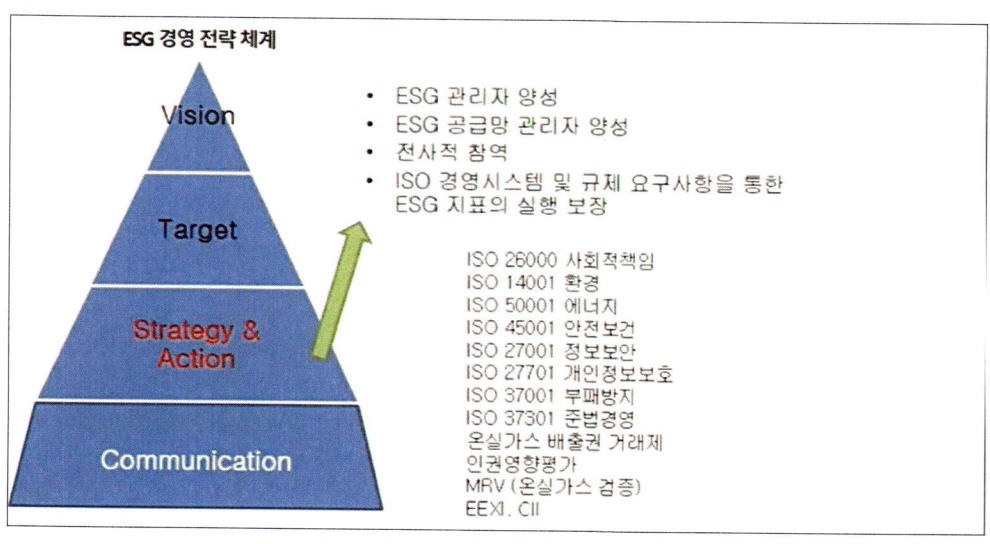

SDGs, ISO 표준과의 관계 : 지속가능발전의 의미를 자체적 수용하는데 있어 세계적으로 인정된 프레임워크를 도입, 다양한 SDG 달성을 위한 해결책 제시 가능 (UNIDO, UN공업개발기구)

4.4 Do(정보공개)

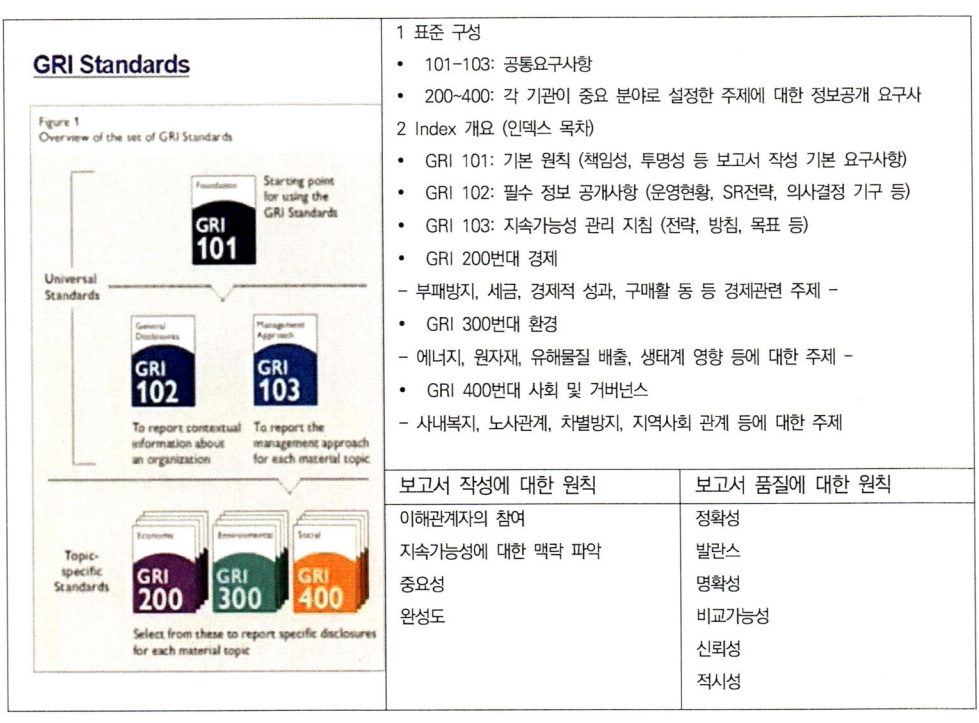

1 표준 구성
- 101-103: 공통요구사항
- 200~400: 각 기관이 중요 분야로 설정한 주제에 대한 정보공개 요구사

2 Index 개요 (인덱스 목차)
- GRI 101: 기본 원칙 (책임성, 투명성 등 보고서 작성 기본 요구사항)
- GRI 102: 필수 정보 공개사항 (운영현황, SR전략, 의사결정 기구 등)
- GRI 103: 지속가능성 관리 지침 (전략, 방침, 목표 등)
- GRI 200번대 경제
- 부패방지, 세금, 경제적 성과, 구매활동 등 경제관련 주제 -
- GRI 300번대 환경
- 에너지, 원자재, 유해물질 배출, 생태계 영향 등에 대한 주제 -
- GRI 400번대 사회 및 거버넌스
- 사내복지, 노사관계, 차별방지, 지역사회 관계 등에 대한 주제

보고서 작성에 대한 원칙	보고서 품질에 대한 원칙
이해관계자의 참여	정확성
지속가능성에 대한 맥락 파악	발란스
중요성	명확성
완성도	비교가능성
	신뢰성
	적시성

GRI Content Index			
	GRI Standards	Page	External Assurance
Strategy and Analysis			
1.1	Statement from the most senior decisionmaker of the organisation (e.g., CEO, chair, or equivalent senior position) about the relevance of sustainability to the organization and its strategy.	3	✓
1.2	Description of key impacts, risks, and opportunities.	4	
Organizational Profile			
2.2	Primary brands, products, and/or services.	12	
2.3	Operational structure of the organisation, including main divisions, operating companies, subsidiaries, and joint ventures.	8 - 10	
Report Parameters			
3.1	Reporting period (e.g., fiscal/calendar year) for information provided	1	✓
3.4	Contact point for questions regarding the report or its contents.	back cover	✓
3.5	Process for defining report content, including: • Determining materiality; • Prioritising topics within the report, and • Identifying stakeholders the organization expects to use the report.	32 - 34	✓

Additional column added to the GRI Content Index.

4.5 Check

구분		MSCI (글로벌 1위 업체)	한국기업지배구조원 (샘플보고서 기준)	Refinitiv (Thomson Reuter)
정의		ESG 별도 정의 없음. (ESG투자에 대해선 지속가능 투자, 사회책임투자, 미션관련 투자/스크리닝으로 정의)	ESG 홈페이지에 별도 공식적인 정의 없음	ESG 홈페이지에 별도 공식적인 정의 없음
평가기업수		8,500개 이상 글로벌 기업	906粒(유가 760 코스닥 148)	10,000개 이상 글로벌 기업
평가항목	E	기후변화 천연자원 오염 및 폐기물 환경적 기회	(환경전략), (환경조직) *괄호는 샘플보고서 기준항목 환경경영, 환경성과 이해관계자 대응	자원사용 배출(emissions) 제품혁신
	S	인적자본 제조물책임 이해관계자(stakeholder) 반대 사회적 기회	근로자 협력사/경쟁사 소비자 지역사회	인력 인권 사회 제조물책임

	G	기업지배구조 기업 행동	주주권리보호,이사회 감사기구 공시	경영(management) 이해관계자 CSR 전략
평가방식		37개 키 이슈에 대한 리스크 기회 메트릭스 분석·평가. ESG 컨트로버시(4단계) 반영	기본평가(가정), 심화평가를 통해 부정적 이슈(사건/사고 감점	KP 산출 후 정점수화, 항목별 점수 측정 후 가준치에 따라 계산, 건 트로버시 스코어 반영
평가등급		AAA, AA, A, BBB, BB, B, CCC (7단계)	S. A+, A, B+, B, C, D (7단계, ESG등급위원회가 결정)	100-75, 75-50, 50-25, 25-0점 (만점 100, 4단계)
데이터 수집		K-10, 지속가능보고서, CSP보고서 등 공시/공개데이터, 뉴스 정부·학계자료 등 활용	공시사업보고서, 지속가능보고서, 웹사이트) 보도, 감독기구·지자체 등 별도자료 (설문 병행)	공시, 웹사이트, 보도, NGO-정부 자료 등 활용·수집
평가피드백 절차		없음(일방적)	있음***	없음(일방적)
활용		블랙시에 제공되어 투자판단지표 활용, EFT구성 등 활용 기타 자산운용사 SSGA는 ISS Sustainalytics 등에서 기업 ESG 등급 등 정보를 제공받음	KRX ETF 지수 종목 구성 활용, 기 관투자자에 제공 (국민연금 책임 투자 등에 활용), 우수기업 시상 (지배구조원), 기업 자가진단 등	자산운용사펀드 구성 등) 등에 정보 제공. ESG 지수 구성
자료: 전경련				

4.6 Act

출처: WMO

5. 중소벤처기업의 ESG 경영 이슈 및 미적용시 문제점(예상)

기업 경영에 있어 매출, 이익과 같은 재무적인 요소 외에 환경(E), 사회(S), 지배구조(G) 등의 비재무요소 고려가 선택이 아닌 필수 생존으로 대두

- 공급망 실사 시 ESG 반영으로 협력업체 선정에서 탈락위험 증가
- 소비자의 수준 향상, 결과 지향에서 과정도 중요하게 생각하며 소비/기업이 제대로 대응하지 못하면 소비자 불매운동 등 발생
- 정부의 ESG 규제로 공공입찰 참여 시 불이익 발생 우려
- 투자자 및 금융기관도 ESG 우수 기업에 우선 투자와 자금 공급사

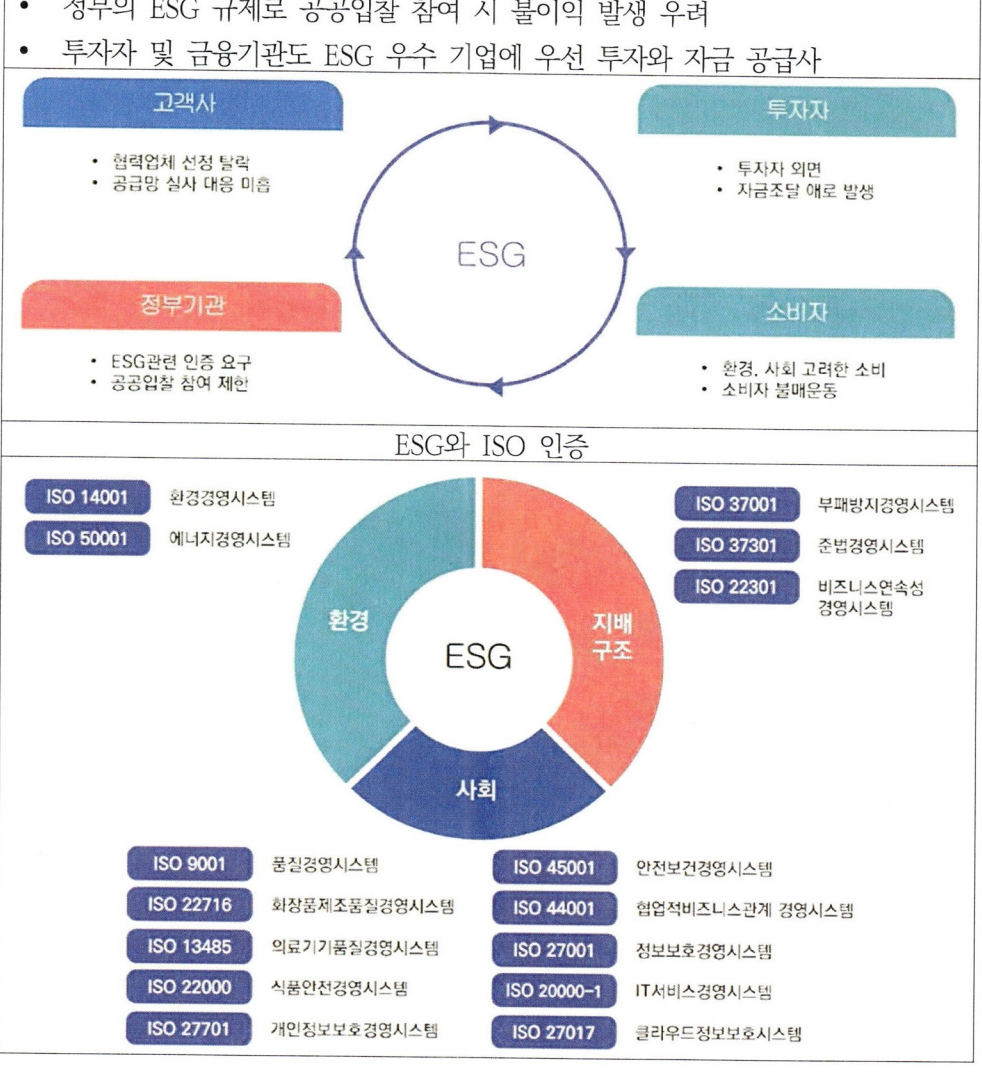

6. ESG시스템 구축 샘플

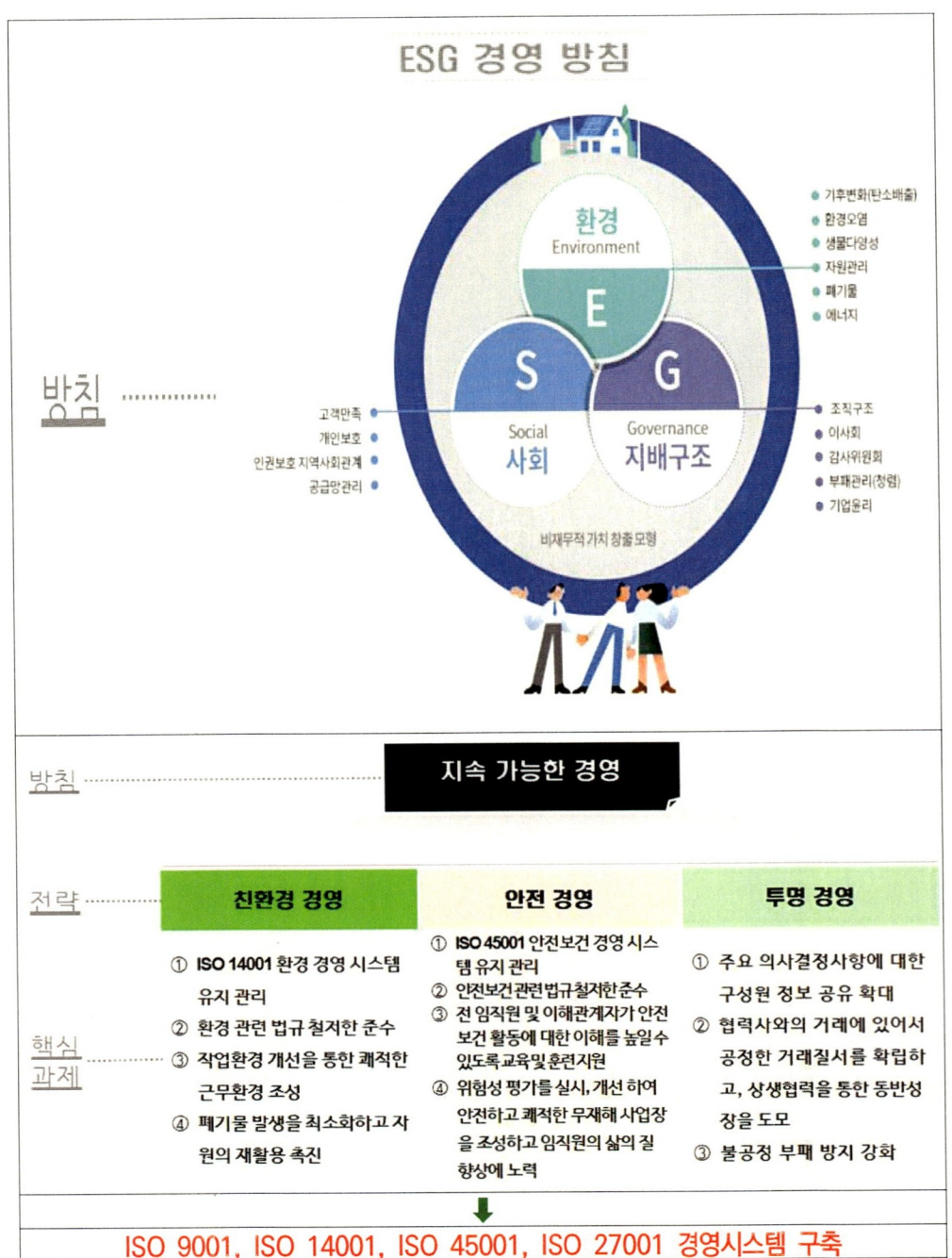

참고자료 및 사이트

1. 중소·벤처기업 지원사업(https://www.mss.go.kr)
2. 소상공인시장진흥공단(www.semas.or.kr)
3. 중소벤처기업진흥공단(www.kosmes.or.kr)
4. 기술보증기금(www.kibo.or.kr)
5. 신용보증기금(www.kodit.co.kr)
6. 국가법령정보센터(https://www.law.go.kr)
7. 창업진흥원(https://www.kised.or.kr)
8. 고용노동부(https://www.moel.go.kr)
9. 벤처기업협회(https://www.venture.or.kr)
10. 근로기준법 제17조(https://www.law.go.kr)
11. 중소기업창업지원법(https://www.law.go.kr)
12. 중소기업기본법(https://www.law.go.kr)
13. 사업자등록 신청(https://s.nts.go.kr)
14. 국민연금공단(https://www.nps.or.kr)
15. 국민건강보험공단(https://www.nhis.or.kr)
16. 조산업안전보건공단(https://www.kosha.or.kr)
17. 국민건강보험공단(https://www.nhis.or.kr)
18. 온라인 법인설립시스템(http://www.startbiz.go.kr)
19. 최저임금위원회(http://www.minimumwage.go.kr)
20. 고용보험(https://www.ei.go.kr)
21. HRDK 한국산업인력공단(https://www.hrdkorea.or.kr)
22. 부정경쟁방지및영업비밀보호에관한법률(https://www.law.go.kr)
23. 정보통신망이용촉진및정보보호등에관한법률(https://www.law.go.kr)
24. 기업부설연구소 신고관리시스템(https://www.rnd.or.kr)
25. 이노비즈협회(https://innobiz.or.kr)
26. 메인비즈(http://www.mainbiz.go.kr)

개정판

창업에서 중견기업까지

저자이력

석호삼

현)안양대학교 교수/공학박사
현)서울지방중소벤처기업청 비즈니스지원단 자문위원
전)경기지방중소벤처기업청 비즈니스지원단 상담위원
전)고용노동부/산업인력관리공단/대한민국산업현장 교수
전) LS전선주식회사
전) 대림산업주회사